U0733063

"区域教育改革与发展战略目标研究
——广西 2020 的实证"课题组成员

课题组组长：

李　康

课题组副组长：

高　枫　吴建新　杨伟嘉　袁　旭

课题组成员（按姓氏笔画排序）：

王　枏　王友保　文　现　甘　鹏　闭乐华　李　兵
李枭鹰　余　鑫　何茂勋　张建红　杨　雄　陈禄青
欧以克　郑作广　林霁峰　胡泽民　姚　华　钟海青
莫少林　黄艳芳　覃宇环

区域教育改革与
发展战略目标研究

——广西 2020 的实证

本书课题组　著

教育科学出版社
·北京·

前　　言

在经济社会发展的关键时期，制定并实施中长期教育规划纲要，是一个国家、一个地区在新的历史起点上对教育工作进行战略谋划的重要举措，对推动教育事业科学发展，更好地适应经济社会发展的新要求与人民群众的新期盼，具有重大而深远的战略意义。为了做好广西中长期教育改革和发展规划纲要，我们开展了区域教育改革与发展战略目标研究。

确定恰当的区域教育改革与发展战略目标是一个理论性和实践性并重的问题。目前，国内各省（自治区、直辖市）在实践中对本地区教育改革与发展战略目标主要有以下表述：一是教育大省，二是教育强省，三是教育现代化，四是学习型社会，五是人力资源强省。采用何种表述涉及诸多复杂的因素，包括国家中长期教育改革与发展规划的总体战略部署、区域经济社会发展的基础与目标、教育发展的规律、各省之间的横向比较、本地区党委和政府的决心与魄力以及民众的愿望等。本书围绕这些问题，依据相关理论，对以下 12 个问题进行了专题研究。

1. 研究背景和研究界定。区域教育改革与发展战略目标应符合国家总体战略框架，并依据本地区实际，在与相关省区的比较中确定。因此，本书在研究国家中长期教育改革与发展战略目标和分析相关省区目标框架的基础上，确定了相应的研究内容。

2. 人口发展趋势对教育的影响。学龄人口变动情况是制订各级各类教育发展规划的依据和出发点。本书研究表明，2010—2020 年间，广西学前、小学、初中教育阶段学龄人口总体呈现出上升的趋势，表明广西普及学前教育和义务教育的任务仍然十分艰巨；而高中与高等教育阶段学龄人口则呈下降趋势，这对于普及高中阶段教育与高等教育是一个有利条件。

3. 高等教育毛入学率。高等教育毛入学率是各级各类教育入学率的综合反映，也是提升人力资源类指标的关键。本书研究了广西高等教育毛入学率低的原因并提出相应的对策：一要多渠道提高高等教育毛入学率年增长速度，二要提高各级各类教育毛入学率，以扩大高等教育生源。

4. 各级各类教育规模测算。本书对各级各类教育发展规模采用两种方案进行了测算。结果表明，广西当前教育发展总体低于全国平均水平，尤其是义务教育辍学率较高，因此，未来的发展目标要务实，不宜定得太高。即使如此，仍需要各级党委、政府和广大人民群众付出巨大努力才可以实现。

5. 教育大省（区）和教育强省（区）问题。通过对教育大省和教育强省评价指标的研究发现，当前和今后 10 年，广西很难成为教育大省（区）和教育强省（区）。另外。教育大省（区）、教育强省（区）的提法只反映了单纯的教育指标，不能全面反映教育现代化内涵。因此，广西教育改革与发展战略目标不能简单照搬类似表述。

6. 人力资源强省（区）问题。研究表明，由于广西高等教育不发达，未来广西中高端人才培育也不占优势，无论人才资源总量、结构，还是总体竞争力，广西在全国的排位均不容乐观。因此，教育改革发展目标提"进入人力资源强省（区）行列"也不合适，建议考虑"努力提高劳动者素质，与全国平均水平差距明显减小"等更为务实的提法。

7. 学习型社会。构建学习型社会，关键是构建终身教育体系。现阶段，首先要做好广西区内继续教育资源整合；其次，要建立健全继续教育与传统教育的沟通机制，实现继续教育与常规教育之间的有效衔接；最后，要建立健全继续教育监管机制，保障继续教育健康发展。

8. 基本实现教育现代化问题。教育现代化指标可分为三大类：教育经济指标、教育事业指标和人力资源类指标。研究表明，今后一段时期内，广西仍应坚持教育优先发展战略，严格按照各项法律法规的要求安排教育支出，尤其应将提高生均教育经费支出摆在突出的位置。就教育事业指标和人力资源类指标而言，广西教育面临的挑战也很严峻。通过比较分析，本书认为，广西教育改革与发展战略目标中关于教育现代化的表述，建议采用"与国家同步基本实现教育现代化"的提法。

9. 边境民族地区教育改革与发展。通过对8个边境县（市、区）以及享受边境地区待遇的两个县进行调研，本书提出"高度重视边境民族地区教育，加大对边境民族地区教育发展的扶持力度"等多项政策措施。

10. 广西"国家民族地区职业教育综合改革试验区"研究。本书对国家民族地区职业教育综合改革试验区的建设目标、内容与运行机制进行了专题研究，为广西职业教育攻坚提供决策参考。

11. 面向东盟的教育国际交流与合作。广西具备打造成面向东盟的教育国际交流与合作高地的潜力和可能。广西正在日益发展成中国—东盟教育国际交流与合作的平台，并为进一步推进中国—东盟的友好乃至与东亚地区的合作作出新的更大贡献。

12. 广西教育改革与发展战略目标分析与选择。在前面研究的基础上，本书应用战略分析的SWOT模型，分析提炼了广西教育改革与发展面临的机遇与挑战、优势与劣势，构建了四个战略方案，建议采用适应型追赶式发展战略。

本书内容具有以下两个显著的创新点：

一是坚持现代化教育观。这是广西首次制定中长期教育改革与发展规划（过去只做五年规划且只考虑教育事业发展指标），充分考虑教育在人力资源开发中的基础作用和在经济社会系统中的优先发展地位，突破了教育内部论教育的传统方式，秉持现代教育观，认为教育现代化是教育发展的较高水平状态，是对传统教育的超越，是一种整体转化运动，其核心是实现人的现代化，其基本特征是普及性、公平性、开放性、科学性、实践性，终身化、法制化、信息化、多样化和个性化。

二是提出符合广西实际的适应型追赶式发展战略。广西与全国同步基本实现教育现代化的战略属于适应型追赶式发展模式。这是在国家教育发展战略框架下，在广西经济社会发展、人力资源需求和广西人口约束条件下，在与兄弟省区比较中产生的务实的战略选择。其核心是"基本实现教育现代化"，"基本形成学习型社会"，"与全国人力资源平均水平差距明显减小"，"打造面向东盟的教育国际交流与合作高地"，"加强民族地区教育基础能力建设和民族地区职业教育综合改革试验区建设"。

目　　录

第一章　研究背景和研究界定 ——————————————
　　一、研究背景/1
　　二、我国部分省、市、自治区的教育改革与发展战略目标比较分析/2
　　三、广西教育改革与发展战略目标的研究框架与研究方法/8

第二章　广西人口发展趋势对教育的影响分析 ———————
　　一、广西学龄人口变动预测的意义、预测的方法及数据说明/10
　　二、广西 2010—2020 年学龄段总人口变动及对各教育阶段
　　　　影响的预测分析/12
　　三、广西各学龄段人口变动对广西各级教育影响分析/36
　　四、小结/62

第三章　广西高等教育毛入学率的现状分析及对策研究 ———
　　一、高等教育毛入学率计算公式/66
　　二、广西高等教育毛入学率在全国的排名状况分析/68
　　三、广西高等教育毛入学率落后的原因探析/71
　　四、广西高等教育毛入学率的发展目标规划/78
　　五、加快广西高等教育毛入学率提高的对策建议/79
　　六、小结/84

第四章　广西各级各类教育规模测算（2010—2020 年）
————方案二的测算

一、测算方法/85

二、各学段的测算/86

三、小结/92

第五章　关于教育大省（区）和教育强省（区）的分析

一、关于教育大省（区）的分析/96

二、关于教育强省（区）的分析/108

三、小结/119

第六章　关于"进入人力资源强省（区）"问题分析

一、广西从业人口素质现状分析/155

二、人力资源类指标预测及比较分析/163

三、建议/166

四、小结/169

第七章　发挥继续教育的骨干作用，构建学习型社会

一、对构建终身教育体系和建设学习型社会的认识/171

二、广西高等学校继续教育的现状分析/172

三、着眼于构建终身教育体系，关于大力发展广西继续教育的建议/188

四、广西加快继续教育发展的措施/192

五、小结/194

第八章　关于"基本实现教育现代化"问题研究

一、教育现代化的相关研究概述/195

二、广西教育现代化指标选择/199

三、教育经济指标分析/200

四、教育事业指标分析/202

五、人力资源类指标分析/208

六、小结/209

第九章　广西边境民族地区教育改革与发展调研报告 ————

一、调研背景/212

二、广西边境民族地区的基本概况/214

三、广西边境民族地区教育发展现状/216

四、广西边境民族地区教育发展的主要措施及成效/219

五、广西边境民族地区教育发展存在的困难/222

六、广西边境民族地区教育发展的建议与对策/230

第十章　广西"国家民族地区职业教育综合改革试验区"研究 ——

一、需求研究/235

二、目标研究/246

三、内容研究/256

四、措施研究/262

五、小结/264

第十一章　打造面向东盟的教育国际交流与合作高地 ————

一、广西打造面向东盟的教育国际交流与合作高地的必要性/267

二、广西打造面向东盟的教育国际交流与合作高地的可行性/273

三、广西面向东盟的教育交流与合作的发展现状与问题/275

四、广西打造面向东盟的教育国际交流与合作高地的应对策略/281

五、小结/284

第十二章　广西教育改革与发展战略目标选择 ————

一、外部机遇和挑战/286

二、内部优势和劣势/297

三、SWOT 矩阵及战略选择/301

后　记 ————

第一章

研究背景和研究界定

一、研究背景

根据党的十七大关于"优先发展教育，建设人力资源强国"的战略部署，为促进教育事业科学发展，全面提高国民素质，加快社会主义现代化进程，国家制定了《国家中长期教育改革和发展规划纲要（2010—2020 年)》（下文简称《教育规划纲要》）。《教育规划纲要》提出我国中长期教育改革和发展的战略目标为：到 2020 年，基本实现教育现代化，基本形成学习型社会，进入人力资源强国行列。

国家基本实现教育现代化是指到 2020 年，教育发展水平达到 2005 年左右的中等偏上收入国家教育发展平均水平。就全国而言，东部发达地区可以率先实现教育现代化，中等收入地区基本实现教育现代化，大多数西部等经济发展落后地区初步实现教育现代化，这样可以确保全国到 2020 年达到基本实现教育现代化的平均水平，其主要定量指标见《教育规划纲要》专栏 1 和专栏 2。

国家基本实现教育现代化的战略选择是通过各种测算和模拟，并基于应对国际竞争新形势的迫切需要、适应我国经济社会新发展的迫切需要、满足人民群众新企盼的迫切需要、推动教育事业科学发展的迫切需要而确定的。

从历史经验看，世界经济史上先后出现过三次现代化后发国家追赶先行国家的成功范例，每次成功追赶的经验都是以优先改革和发展教育为先导。改革开放三十多年来，教育的跨越式发展使我国成为世界教育大国和人力资源大国，支撑了我国经济的快速发展，创造了又一个在世界现代化进程中的后型型人口大国经济迅速崛起的经验，也为教育发展创造了有利条件。

从实际情况看，我国目前属于中等偏下收入国家，但教育发展水平各项主要指标已相当于世界平均水平，教育发展也超前于经济发展水平。按照经济年增长9％的速度计算，我国大约在2030—2035年就能够达到中等发达国家水平。但作为发展中国家，我国人均自然资源量偏低，人均物质生产资本偏少，以廉价劳动力和技术含量低的产品参与国际经济分工与角逐的优势将难以为继。实现国家现代化，需要转变经济发展方式，就是要把经济发展真正转移到依靠科技进步、劳动者素质提高和管理创新的轨道上来，就是通过教育发展将人口的数量优势转变为人力资源优势，发挥教育在经济结构战略性调整、科技进步和创新、保障和改善民生、深化改革开放等方面的基础性、先导性、全局性、民生性的作用。因此，未来十年必须率先基本实现教育现代化，实现从人力资源大国向人力资源强国的迈进，为到21世纪中叶实现国家整体基本现代化奠定基础。

广西教育现代化是国家教育现代化的重要组成部分，因此必须遵循国家教育现代化总纲，问题的焦点是，提“基本”还是“初步”实现教育现代化。“基本”实现教育现代化就是在定量指标上基本达到《教育规划纲要》中专栏1的2020年标准；“初步”实现教育现代化则是在定量指标上基本达到专栏1的2015年标准。为此，自治区人民政府设置了快速反应项目“2020广西教育改革和发展战略目标研究”课题，对广西教育现代化的一些重大问题、难点问题及瓶颈问题进行了调查和研究。

二、我国部分省、市、自治区的教育改革与发展战略目标比较分析

地方教育改革与发展战略目标的实现是国家战略目标实现的基础。广西地处西部，属于教育后发展、欠发达地区，比较分析广西与我国部分省、市、自治区尤其是周边省、市、自治区教育改革与发展战略目标，可以为广西教

育改革与发展战略目标的确定提供借鉴。

我国北京、上海、天津、江苏、山西、云南、新疆等20个省、市、自治区2020年教育改革与发展战略目标如表1-1所示。

表1-1　部分省、市、自治区中长期教育改革与发展战略目标

序号	省、市、自治区	2020年教育改革与发展战略目标	是否有教育强（大）省、人力资源强（大）省等提法	蒋莉莉、赵宏斌研究分类	
				教育大省	教育强省
1	北京（试点）	全面实施以"内涵发展、人才强教、资源统筹、开放创新"为核心的首都教育发展战略，大力推进北京教育优先发展、创新发展、优质发展、公平发展、协调发展，力争到2020年全面实现教育现代化	教育现代化	第一类	第一类
2	上海（试点）	到2020年率先实现教育现代化，率先基本建成学习型社会，每一个人的发展潜能得到激发，教育发展和人力资源开发水平迈入世界先进行列	教育现代化学习型社会	第一类	第二类
3	天津	到2020年，天津教育总体水平要达到发达国家平均水平，成为教育强市和人力资源强市，建成学习型城市和创新型城市，率先实现教育现代化	教育强市人力资源强市教育现代化	第一类	第三类
4	江苏	到2015年，教育发展规模、教育质量、教育投入、教育贡献度继续走在全国前列，率先建成教育强省；到2020年，教育发展主要指标达到国际先进水平，率先实现教育现代化，建成学习型社会和人力资源强省	教育现代化教育强省学习型社会人力资源强省	第一类	第三类

序号	省、市、自治区	2020 年教育改革与发展战略目标	是否有教育强（大）省、人力资源强（大）省等提法	蒋莉莉、赵宏斌研究分类	
				教育大省	教育强省
5	辽宁（试点）	2020 年，高水平高质量普及从学前 3 年到高中阶段的 15 年教育，实现人人享受良好教育；各级各类教育水平稳居全国前列；全面实现教育现代化；形成完善的终身教育体系，基本建成学习型社会	教育现代化 教育强省 学习型社会	第一类	第四类
6	山东	到 2020 年，在全社会形成支持教育优先发展的良好环境，公平的教育机会和良好的教育质量切实满足社会需求。在全省基本实现教育现代化，基本建成学习型社会，实现由人力资源大省向人力资源强省的跨越	教育现代化 学习型社会 人力资源强省	第一类	第四类
7	广东（试点）	实现义务教育均衡化、高中教育普及化、高等教育大众化、社区环境学习化、教育合作国际化；建立起结构优化、协调发展、具有特色、充满生机与活力的现代国民教育体系和终身教育体系，形成满足人民群众多样化学习需求的学习型社会	教育强省 学习型社会	第二类	第四类
8	浙江	深入实施"八八战略"和"创业富民、创新强省"总战略，以实施"科教兴省"战略、加快建设教育强省为统领，以"公平、均衡、素质、质量、协调"为重点，全面推进教育改革；加快建设教育强省，率先实现教育现代化	教育强省	第二类	第四类

序号	省、市、自治区	2020 年教育改革与发展战略目标	是否有教育强（大）省、人力资源强（大）省等提法	蒋莉莉、赵宏斌研究分类	
				教育大省	教育强省
9	山西	力争 2020 年前在中西部省份率先实现教育现代化，基本形成学习型社会，进入人力资源强省行列	教育现代化 学习型社会 人力资源强省	第二类	第五类
10	云南（试点）	到 2020 年基本实现教育现代化，基本形成学习型社会，进入人力资源强省行列。具体表现为：实现更高水平的普及教育；形成惠及全民的公平教育；提供更加丰富的优质教育；构建体系完备的终身教育；健全充满活力的教育体制	教育现代化 学习型社会 人力资源强省	第三类	第五类
11	新疆（试点）	到 2020 年，新疆教育事业有一个快速的发展，基本实现普及 15 年教育，教育发展达到西部先进水平；基本建成教育强区，建设学习型社会	教育强区 学习型社会	第三类	第五类
12	青海	到 2012 年，基本完成中小学布局结构调整，基本消除校舍安全隐患，基本实现县域内义务教育初步均衡；到 2015 年，基本解决农牧区教师周转房问题，基本普及学前一年教育，基本普及高中阶段教育，高等教育大众化水平进一步提高，15 周岁以上人口人均受教育年限提高到 9 年，全省教育发展总体达到西部平均水平；力争 2020 年达到全国平均水平，初步实现教育现代化，形成学习型社会	教育现代化 学习型社会	第三类	第五类

续表

序号	省、市、自治区	2020 年教育改革与发展战略目标	是否有教育强（大）省、人力资源强（大）省等提法	蒋莉莉、赵宏斌研究分类	
				教育大省	教育强省
13	陕西	到 2020 年，建成教育强省，在西部地区率先基本实现教育现代化，基本形成学习型社会，进入人力资源强省行列	教育强省 教育现代化 学习型社会 人力资源强省	第一类	第三类
14	甘肃	到 2015 年，各级各类学校特别是农村中小学办学条件明显改善，办学能力、办学质量和办学效益明显提高，总体达到西部平均水平，部分办学指标达到西部先进水平，为建设西部教育强省和人力资源强省、基本实现教育现代化奠定决定性基础（2010 年征求意见稿）	西部教育强省 人力资源强省 教育现代化	第三类	第四类
15	宁夏	到 2020 年基本实现教育强区目标。主要发展指标达到全国平均水平，部分指标达到全国先进水平。基本实现教育现代化，基本形成学习型社会，基本满足人民群众对教育的多样化需求，进入人力资源强区行列（2010 年征求意见稿）	教育强区 教育现代化 学习型社会 人力资源强区	第三类	第五类
16	内蒙古	到 2020 年，全区基本实现教育现代化，各级各类教育协调发展，教育水平和教育质量明显提高，自治区进入教育和人力资源强省（市、自治区）行列（2010 年征求意见稿）	教育现代化 教育强省 人力资源强省	第三类	第五类

续表

序号	省、市、自治区	2020年教育改革与发展战略目标	是否有教育强（大）省、人力资源强（大）省等提法	蒋莉莉、赵宏斌研究分类	
				教育大省	教育强省
17	西藏	到2020年，全区教育发展总体接近全国平均水平，有中国特色、西藏特点的现代教育体系更加完善，终身教育体系基本形成（2010年征求意见稿）	现代教育体系终身教育体系	第三类	第五类
18	贵州	到2020年，各级各类教育普及程度达到全国平均水平，从根本上改变我省教育长期落后于全国平均水平的状况，逐步向实现教育现代化目标迈进，基本形成学习型社会，进入西部人力资源强省行列	教育现代化学习型社会西部人力资源强省	第三类	第五类
19	四川	到2020年，基本实现教育现代化，基本形成学习型社会，建成教育强省和西部人才高地	教育现代化学习型社会教育强省西部人才高地	第二类	第四类
20	重庆	到2020年，把重庆建设成为西部地区教育高地和长江上游地区教育中心，实现城乡教育一体化、教育现代化和教育国际化，基本形成学习型社会，进入人力资源强省（市、自治区）行列	教育现代化教育国际化学习型社会人力资源强省	第二类	第四类

　　根据蒋莉莉、赵宏斌对"教育大省"、"教育强省"的研究分类可知，表1-1的20个省、市、自治区分类如下：北京、上海、天津、江苏、辽宁、山东、陕西属于第一类教育大省，广东、浙江、山西、四川和重庆属于第二类

教育大省，其余省、市、自治区为第三类；在教育强省的分类中，北京是第一类，上海是第二类，江苏、天津、陕西是第三类，辽宁、山东、广东、浙江、四川、重庆和甘肃是第四类，其余省、市、自治区是第五类。广西教育大省和教育强省分别为第三类和第五类，均为最后一个类别，而西部省市、自治区大部分属于分类标准中靠后的类别，其他省、市、自治区的教育水平均远高于广西。因此，我们重点比较分析与广西教育水平相对接近且同属西部的省、市、自治区的教育改革与发展战略目标，为科学合理地制订广西的教育改革与发展战略目标提供借鉴。

　　如表 1-1 所示，在西部 11 个省、市、自治区当中，教育改革与发展战略目标，提"教育强省（区）"的有新疆、陕西、甘肃、宁夏、内蒙古和四川等；提"学习型社会"的有上海、江苏、辽宁、山西、青海、云南、新疆、陕西、宁夏、贵州、四川、广东和重庆等；提"人力资源强省（区）"的有云南、陕西、甘肃、宁夏、内蒙古、贵州和重庆等；提"教育现代化"的有青海、云南、陕西、甘肃、宁夏、内蒙古、贵州、四川和重庆等。西藏是提形成"现代教育体系"和"终身教育体系"。四川的教育改革与发展战略目标还提到建成"西部人才高地"。

三、广西教育改革与发展战略目标的研究框架与研究方法

　　除广西外的西部省、市、自治区的教育改革与发展战略目标如上所述，广西教育水平与这些省、市、自治区相对接近且同属西部地区，但广西与这些省、市、自治区又有不同之处，那广西的教育改革与发展战略目标该怎么提？这些提法如何体现广西教育发展的特色？对于"教育大省""教育强省""学习型社会""人力资源强省""各级各类教育发展规模""教育现代化"这些提法是全部提还是提一部分或是不提，提到什么程度？

　　作为快速反应项目，本研究主要是调查和研究并回答这些问题，主要内容如图 1-1 所示。

　　本研究在充分调研与咨询的基础上，综合运用产业经济学、发展经济学、

教育经济学、系统工程理论、劳动就业与劳动力转移理论、社会学、统计学、数量经济学等相关理论，采取数量分析、预测模型与政策模拟相结合，定性与定量相结合的研究办法。

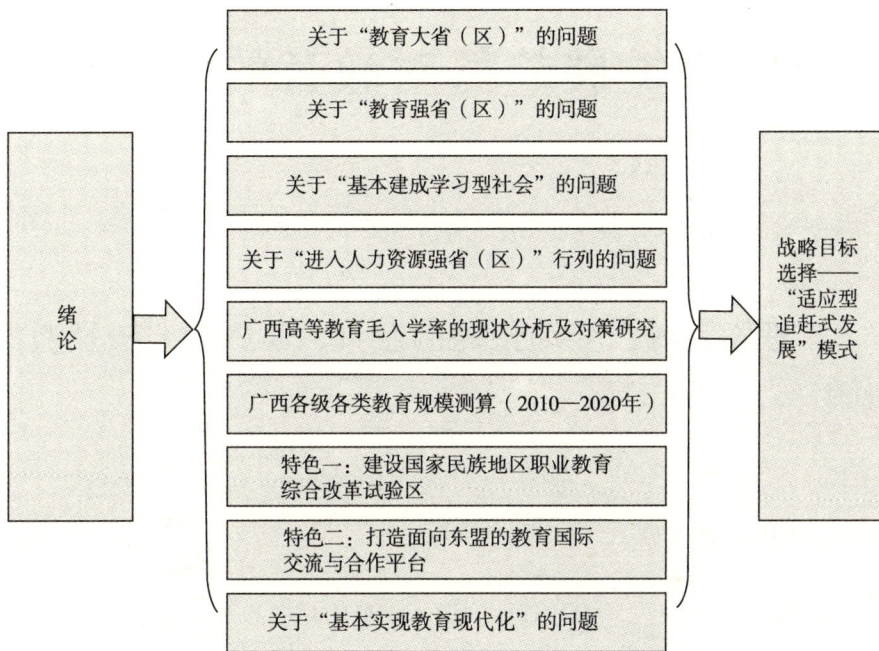

图 1-1　广西 2020 年教育改革与发展战略目标研究框架图

参考文献

[1] 胡瑞文.《国家中长期教育改革和发展规划纲要》主要精神解读与热点、难点探析 [J]. 中国高等教育评估，2010（2）.

[2] 胡瑞文. 高等教育应坚持适度超前和可持续发展 [J]. 中国高等教育，2004（3）.

[3] 蒋莉莉，赵宏斌. 我国高等教育大省和高等教育强省的评价与分类 [J]. 高教探索，2008（6）.

第二章

广西人口发展趋势对教育的影响分析

一、广西学龄人口变动预测的意义、预测的方法及数据说明

(一) 预测的意义

人口问题是教育发展的基础性问题，人口的规模和结构直接影响教育发展的规模、速度和水平。预测各级各类学龄人口的数量，尤其是预测各个年龄段学龄人口的数量，一可为教育部门制定教育发展规划及预计必需的学校数、教室数和教师数以及教育经费提供科学的参考依据；二是对研究教育发展特点与趋势，制定教育政策，规划教育发展方案等，为广西教育发展对策提供科学可靠的依据，解决广西教育各个阶段发展的重点、难点、热点问题，具有十分重要的现实意义和战略意义。

(二) 预测的方法及数据

本研究采用广西人口计生委提供的数据，数据测算说明如下。

1. 测算原理

年龄人口数量变动取决于三个因素，即进入、死亡和退出，进入、退出有年龄因素和迁移因素，由于迁移因素较为复杂，数据来源不足。故本测算不考虑迁移因素，所以本研究中某年龄人数为上一年龄人数存活进入到该年

龄的人数。

2. 存活模式

依据"五普"死亡模式和人口平均预期寿命变动规律计算。具体是根据人口预测软件计算结果获得。

3. 测算基数

（1）第五次人口普查数据。广西全面的人口年龄结构只有第五次人口普查数据，总人口数公布有两个数值，为 4 744.2 万（包括外出人口，不包括外来人口）和 4 489.37 万（包括外来人口，不包括外出人口，主要受往广东务工经商等非迁移流动人口影响）。本预测采用 4 744.2 万为基数调整测算。理由如下：一是广西户籍外出人口主要是往广东务工经商等非迁移流动人口，他们在外的大部分目的都不是迁移定居，流出人口的孩子绝大部分都在户籍地接受教育；二是 4 744.2 万也吻合广西年度统计公布的人口数。（2）调整考虑因素。一是用第四次人口普查数据与第五次人口普查数据年龄移算相对应人数为参考值，适当消除年龄偏好堆积情况；二是考虑低年龄人数统计不全情况（以广西各年度统计公布的出生数及对照第四次人口普查数据与第三次人口普查数据 0—5 岁间的年龄移算漏统率作参考值）。（3）统计局统计年鉴公布的年度出生数。2008 年采用卫生部门提供的分市出生数。

4. 预测基数中的分龄人口

对于 2001 年至 2007 年度 0 岁组人口数用统计局年度公布数拟合。对于 2009 年以后年龄人口按生育水平通过专用人口预测软件测算结果。生育水平按现实估算值及未来平稳降到 1.80 进行取值。

5. 测算软件

本测算使用国家人口计生委提供的"中国人口预测系统"（CPPS）软件。

人口与教育有着不可分割的内在联系，社会人口再生产是一个连续不断的过程，教育是以人为对象的社会现象，人口与教育是两大社会问题。广西与全国一样在人口控制中已取得了可喜的成就，人口生育率下降，出生人数呈现出下降的趋势。但各个学龄段人口也有起伏，这将直接影响到广西教育的发展规划及教育资源的配置与效益。研究未来学龄人口的变化趋势，正是为了正确预测未来学生人数的发展变化趋势，更科学地测定教育发展规模与人口数量的关联度，实现广西各级各类教育又好又快发展。

二、广西2010—2020年学龄段总人口变动及对各教育阶段影响的预测分析

（一）广西2010—2020年学龄人口预测分析

表 2-1　广西 2010—2020 年学龄人口分年龄预测分析　（单位：万人）

学段	年龄	2010年	2011年	2012年	2013年	2014年	2015年	2016年	2017年	2018年	2019年	2020年
学前教育	0 岁	82.24	84.39	83.68	82.23	80.17	78.45	76.30	73.87	71.32	68.80	66.36
	1 岁	76.61	79.78	81.86	81.17	79.77	77.77	76.10	74.01	71.65	69.18	66.73
	2 岁	70.20	75.85	78.98	81.04	80.36	78.97	76.99	75.34	73.27	70.93	68.49
	3 岁	67.97	69.99	75.62	78.74	80.80	80.12	78.73	76.76	75.11	73.05	70.72
	4 岁	67.91	67.90	69.92	75.55	78.66	80.72	80.04	78.65	76.68	75.04	72.97
	5 岁	66.89	67.85	67.84	69.86	75.48	78.59	80.64	79.96	78.58	76.61	74.97
	6 岁	62.88	66.84	67.79	67.78	69.80	75.42	78.53	80.58	79.90	78.52	76.55
小学教育	7 岁	63.93	62.84	66.79	67.75	67.74	69.76	75.37	78.48	80.53	79.85	78.47
	8 岁	61.04	63.90	62.81	66.76	67.71	67.70	69.72	75.33	78.44	80.48	79.80
	9 岁	62.91	61.01	63.87	62.78	66.73	67.68	67.67	69.69	75.29	78.40	80.45
	10 岁	63.51	62.89	60.98	63.84	62.75	66.70	67.65	67.64	69.66	75.26	78.36
	11 岁	64.69	63.48	62.86	60.95	63.81	62.72	66.67	67.62	67.61	69.63	75.22
	12 岁	67.70	64.66	63.45	62.83	60.93	63.78	62.70	66.64	67.59	67.58	69.60
初中教育	13 岁	69.15	67.67	64.64	63.43	62.81	60.90	63.76	62.67	66.61	67.56	67.56
	14 岁	69.67	69.12	67.64	64.61	63.40	62.78	60.88	63.73	62.65	66.59	67.54
	15 岁	76.72	69.64	69.09	67.61	64.58	63.37	62.76	60.85	63.71	62.62	66.56

续表

学段	年龄	2010年	2011年	2012年	2013年	2014年	2015年	2016年	2017年	2018年	2019年	2020年
高中教育	16岁	79.25	76.68	69.61	69.06	67.58	64.55	63.34	62.72	60.82	63.67	62.59
	17岁	82.17	79.20	76.63	69.57	69.02	67.54	64.51	63.30	62.69	60.79	63.64
	18岁	83.90	82.11	79.15	76.58	69.52	68.97	67.49	64.47	63.26	62.64	60.74
高等教育	19岁	86.48	83.83	82.05	79.08	76.52	69.46	68.91	67.44	64.42	63.21	62.59
	20岁	98.31	86.40	83.76	81.98	79.01	76.45	69.40	68.85	67.38	64.36	63.15
	21岁	99.87	98.20	86.31	83.67	81.88	78.93	76.36	69.32	68.78	67.30	64.29
	22岁	102.16	99.75	98.08	86.20	83.57	81.79	78.83	76.27	69.24	68.69	67.22

数据来源：依据广西人口计生委提供的数据整理。

1. 各学龄人数情况

0—2岁组学龄人数变动情况：0岁组儿童人数2011年达到最高峰84.39万以后，逐年下降，2020年下降到66.36万，比2010年的82.24万减少15.88万。1岁组的儿童数在2012年达最高峰81.86万以后也同样呈现出下降趋势，2020年下降到66.73万，比2010年76.61万减少9.88万。2岁组儿童人数在2013年达到最高峰81.04万以后也逐年下降，2020年下降到68.49万，比2010年70.20万减少1.71万。

3—12岁组学龄人数变动情况：3岁组儿童人数在2014年达到最高峰80.80万以后呈现出下降趋势，2020年下降到70.72万，但比2010年67.97万增加2.75万。4岁组儿童人数在2015年达到最高峰80.72万以后也同样呈现出下降趋势，2020年下降到72.97万，但比2010年67.91万增加5.06万。5岁组儿童人数在2016年达到最高峰80.64万以后也同样呈现出下降趋势，2020年下降到74.97万，比2010年66.89万增加8.08万。6岁组儿童人数在2017年达到最高峰80.58万以后也同样呈现出下降趋势，2020年下降到76.55万，比2010年62.88万增加13.67万。7岁组儿童人数在2018年达到最高峰80.53万以后逐年下降，2020年下降到78.47万，比2010年63.93万增加14.54万。8岁组儿童人数在2019年达到最高峰80.48万以后也同样呈现出下降趋势，2020年下降到79.80万，比2010年61.04万增加18.76万。

9 岁组儿童人数在 2020 年达到最高峰 80.45 万，比 2010 年 62.91 万增加 17.54 万。10 岁组儿童人数在 2020 年达到最高峰 78.36 万，比 2010 年 63.51 万增加 14.85 万。11 岁组儿童人数在 2020 年达到最高峰 75.22 万，比 2010 年 64.69 万增加 10.53 万。12 岁组儿童人数在 2020 年达到最高峰 69.60 万，比 2010 年 67.70 万增加 1.9 万。

13—22 岁组学龄人数情况：13 岁组学龄人数在 2010 年由 69.15 万开始下降，在 2015 年降至谷底以后开始回升，2020 年人数为 67.56 万，比 2010 年减少 1.59 万。14 岁组学龄人数在 2010 年达到最高峰 69.67 万，2020 年为 67.54 万，与 2010 年相比，减少 2.13 万。15 岁组学龄人数在 2010 年达到最高峰 76.72 万，2020 年为 66.56 万，比 2010 年减少 10.16 万。16 岁组学龄人数在 2010 年达到最高峰 79.25 万，2020 年为 62.59 万，比 2010 年减少 16.66 万。17 岁组学龄人数在 2010 年达到最高峰 82.17 万，2020 年为 63.64 万，比 2010 年减少 18.53 万。18 岁组学龄人数在 2010 年达到最高峰 83.90 万，2020 年为 60.74 万，比 2010 年减少 23.16 万。19 岁组学龄人数在 2010 年达到最高峰 86.48 万，2020 年为 62.59 万，比 2010 年减少 23.89 万。20 岁组学龄人数在 2010 年达到最高峰 98.31 万，2020 年为 63.15 万，比 2010 年减少 35.16 万。21 岁组学龄人数在 2010 年达到最高峰 99.87 万，2020 年为 64.29 万，比 2010 年减少 35.58 万。22 岁组学龄人数在 2010 年达到最高峰 102.16 万，2020 年为 67.22 万，比 2010 年减少 34.94 万。

2. 分年度高峰值学龄人数情况

2010—2015 年，高峰值均为 22 岁学龄人口数，分别为 102.16 万、99.75 万、98.08 万、86.20 万、83.57 万、81.79 万。2016 年高峰值为 5 岁组学龄人口数，达到 80.64 万；2017 年高峰值为 6 岁组学龄人口数，达到 80.58 万；2018 年高峰值为 7 岁组学龄人口数，达到 80.53 万；2019 年高峰值为 8 岁组学龄人口数，达到 80.48 万；2020 年高峰值为 9 岁组学龄人口数，达到 80.45 万。

（二）广西各市（地级）2010—2020 年各年学龄人口分年龄预测分析

1. 广西各市（地级）2010—2020 年各年学龄人口分年龄预测

（1）南宁市 2010—2020 年学龄人口分年龄预测分析

表 2-2　南宁市 2010—2020 年学龄人口分年龄预测分析 （单位：万人）

学段	年龄	2010年	2011年	2012年	2013年	2014年	2015年	2016年	2017年	2018年	2019年	2020年
学前教育	0 岁	10.00	10.30	10.20	10.00	9.79	9.58	9.32	9.02	8.71	8.40	8.10
	1 岁	9.35	9.74	9.99	9.91	9.74	9.49	9.29	9.04	8.75	8.45	8.15
	2 岁	9.00	9.30	9.60	9.90	9.80	9.60	9.40	9.20	9.00	8.70	8.40
	3 岁	8.21	8.97	9.23	9.61	9.87	9.78	9.61	9.37	9.17	8.92	8.63
	4 岁	8.23	8.20	8.97	9.22	9.60	9.86	9.77	9.60	9.36	9.16	8.91
	5 岁	7.95	8.22	8.19	8.96	9.22	9.60	9.85	9.76	9.59	9.35	9.15
	6 岁	7.58	7.95	8.21	8.19	8.95	9.21	9.59	9.84	9.76	9.59	9.35
	3—6 岁合计	31.97	33.34	34.60	35.98	37.64	38.45	38.82	38.57	37.88	37.02	36.04
小学教育	7 岁	8.38	7.58	7.94	8.21	8.18	8.94	9.20	9.58	9.83	9.75	9.58
	8 岁	7.83	8.37	7.57	7.94	8.20	8.18	8.94	9.20	9.58	9.83	9.74
	9 岁	8.15	7.83	8.37	7.57	7.93	8.20	8.17	8.94	9.19	9.57	9.82
	10 岁	8.23	8.15	7.82	8.36	7.57	7.93	8.19	8.17	8.93	9.19	9.57
	11 岁	7.90	8.20	8.10	7.80	8.40	7.60	7.90	8.20	8.20	8.90	9.20
	12 岁	8.27	7.90	8.22	8.14	7.82	8.36	7.56	7.92	8.19	8.16	8.92
	合计	48.76	48.03	48.02	48.02	48.10	49.21	49.96	52.01	53.92	55.40	56.83
初中教育	13 岁	8.44	8.26	7.89	8.22	8.14	7.81	8.35	7.56	7.92	8.18	8.16
	14 岁	8.51	8.44	8.26	7.89	8.21	8.13	7.81	8.35	7.55	7.92	8.18
	15 岁	9.37	8.50	8.44	8.25	7.89	8.21	8.13	7.81	8.35	7.55	7.91
	合计	26.32	25.20	24.59	24.36	24.24	24.15	24.29	23.72	23.82	23.65	24.25
高中教育	16 岁	9.68	9.36	8.50	8.43	8.25	7.88	8.21	8.13	7.80	8.34	7.55
	17 岁	10.03	9.67	9.36	8.49	8.43	8.25	7.88	8.20	8.12	7.80	8.34
	18 岁	10.24	10.03	9.66	9.35	8.49	8.42	8.24	7.87	8.20	8.12	7.79
	合计	29.95	29.06	27.52	26.27	25.17	24.55	24.33	24.20	24.12	24.26	23.68

续表

学段	年龄	2010年	2011年	2012年	2013年	2014年	2015年	2016年	2017年	2018年	2019年	2020年
高等教育	19岁	10.56	10.24	10.02	9.66	9.34	8.48	8.41	8.23	7.87	8.19	8.11
	20岁	12.00	10.55	10.23	10.01	9.65	9.33	8.47	8.41	8.23	7.86	8.18
	21岁	12.19	11.99	10.54	10.22	10.00	9.64	9.32	8.46	8.40	8.22	7.85
	22岁	12.47	12.18	11.98	10.53	10.20	9.99	9.63	9.31	8.45	8.39	8.21
	合计	47.22	44.96	42.77	40.42	39.19	37.44	35.83	34.41	32.95	32.66	32.35

数据来源：依据广西人口计生委提供的数据整理。

从表 2-2 中可见，南宁市 2010—2020 年学前教育阶段学龄人数先升后降，但 2017 年后上升趋缓；小学教育阶段学龄人数总体呈上升趋势；初中教育阶段学龄人数总体呈下降趋势，但 2020 年有上升的迹象；高中教育阶段与高等教育阶段学龄人数均呈下降趋势。

（2）柳州市 2010—2020 年学龄人口分年龄预测分析

表 2-3　柳州市 2010—2020 年学龄人口分年龄预测分析　（单位：万人）

学段	年龄	2010年	2011年	2012年	2013年	2014年	2015年	2016年	2017年	2018年	2019年	2020年
学前教育	0岁	5.95	6.11	6.06	5.95	5.80	5.68	5.52	5.35	5.16	4.98	4.80
	1岁	5.54	5.77	5.92	5.87	5.77	5.63	5.51	5.36	5.19	5.01	4.83
	2岁	4.60	5.50	5.70	5.90	5.80	5.70	5.60	5.50	5.30	5.10	5.00
	3岁	4.59	4.57	5.47	5.70	5.85	5.80	5.70	5.56	5.44	5.29	5.12
	4岁	4.66	4.59	4.56	5.47	5.69	5.84	5.79	5.69	5.55	5.43	5.28
	5岁	5.70	4.65	4.58	4.56	5.46	5.69	5.84	5.79	5.69	5.54	5.43
	6岁	4.83	5.69	4.65	4.58	4.55	5.46	5.68	5.83	5.78	5.68	5.54
	3—6岁合计	19.78	19.50	19.26	20.31	21.55	22.79	23.01	22.87	22.46	21.94	21.37
小学教育	7岁	3.83	4.83	5.69	4.65	4.58	4.55	5.45	5.68	5.83	5.78	5.68
	8岁	3.52	3.83	4.82	5.69	4.64	4.57	4.55	5.45	5.68	5.82	5.78
	9岁	3.73	3.52	3.82	4.82	5.68	4.64	4.57	4.55	5.45	5.67	5.82

续表

学段	年龄	2010年	2011年	2012年	2013年	2014年	2015年	2016年	2017年	2018年	2019年	2020年
小学教育	10 岁	3.76	3.73	3.52	3.82	4.82	5.68	4.64	4.57	4.55	5.45	5.67
	11 岁	4.70	3.80	3.70	3.50	3.80	4.80	5.70	4.60	4.60	4.50	5.40
	12 岁	4.90	4.68	3.76	3.72	3.51	3.82	4.82	5.68	4.64	4.57	4.54
	合计	24.44	24.39	25.31	26.20	27.03	28.06	29.73	30.53	30.75	31.79	32.89
初中教育	13 岁	5.00	4.90	4.68	3.76	3.72	3.51	3.82	4.81	5.67	4.63	4.56
	14 岁	5.04	5.00	4.90	4.68	3.76	3.72	3.51	3.82	4.81	5.67	4.63
	15 岁	5.55	5.04	5.00	4.89	4.67	3.75	3.72	3.51	3.81	4.81	5.67
	合计	15.59	14.94	14.58	13.33	12.15	10.98	11.05	12.14	14.29	15.11	14.86
高中教育	16 岁	5.74	5.55	5.04	5.00	4.89	4.67	3.75	3.72	3.51	3.81	4.81
	17 岁	5.95	5.73	5.55	5.03	4.99	4.89	4.67	3.75	3.71	3.51	3.81
	18 岁	6.07	5.94	5.73	5.54	5.03	4.99	4.88	4.67	3.75	3.71	3.50
	合计	17.76	17.22	16.32	15.57	14.91	14.55	13.30	12.14	10.97	11.03	12.12
高等教育	19 岁	6.26	6.07	5.94	5.72	5.54	5.03	4.99	4.88	4.66	3.75	3.71
	20 岁	7.11	6.25	6.06	5.93	5.72	5.53	5.02	4.98	4.88	4.66	3.74
	21 岁	7.23	7.11	6.25	6.06	5.93	5.71	5.53	5.02	4.98	4.87	4.65
	22 岁	7.39	7.22	7.10	6.24	6.05	5.92	5.71	5.52	5.01	4.97	4.87
	合计	27.99	26.65	25.35	23.95	23.24	22.19	21.25	20.40	19.53	18.25	16.97

数据来源：依据广西人口计生委提供的数据整理。

从表2-3中可见，柳州市 2010—2020 年学前教育阶段学龄人数先升后降；小学教育阶段学龄人数呈上升趋势；初中教育阶段学龄人数呈先下降后上升趋势，谷底在 2015 年；高中教育阶段学龄人数均呈先下降后上升趋势，谷底在 2018 年；高等教育阶段学龄人数呈现持续下降趋势。

（3）桂林市 2010—2020 年学龄人口分年龄预测分析

表 2-4　桂林市 2010—2020 年学龄人口分年龄预测分析　（单位：万人）

学段	年龄	2010年	2011年	2012年	2013年	2014年	2015年	2016年	2017年	2018年	2019年	2020年
学前教育	0 岁	6.95	7.13	7.07	6.95	6.77	6.63	6.45	6.24	6.03	5.81	5.61
	1 岁	6.47	6.74	6.92	6.86	6.74	6.57	6.43	6.25	6.05	5.84	5.64
	2 岁	5.80	6.40	6.70	6.90	6.80	6.70	6.50	6.40	6.20	6.00	5.80
	3 岁	6.15	5.77	6.39	6.65	6.83	6.77	6.65	6.48	6.35	6.17	5.97
	4 岁	5.73	6.14	5.77	6.38	6.65	6.82	6.76	6.65	6.48	6.34	6.17
	5 岁	5.64	5.73	6.14	5.76	6.38	6.64	6.81	6.76	6.64	6.47	6.33
	6 岁	5.09	5.64	5.72	6.13	5.76	6.37	6.63	6.81	6.75	6.63	6.47
	3—6岁合计	22.61	23.28	24.02	24.92	25.62	26.60	26.85	26.70	26.22	25.61	24.94
小学教育	7 岁	4.82	5.09	5.64	5.72	6.13	5.75	6.37	6.63	6.80	6.75	6.63
	8 岁	4.39	4.82	5.09	5.63	5.72	6.12	5.75	6.36	6.63	6.80	6.74
	9 岁	4.59	4.39	4.82	5.08	5.63	5.71	6.12	5.75	6.36	6.62	6.80
	10 岁	4.63	4.59	4.39	4.82	5.08	5.63	5.71	6.12	5.75	6.36	6.62
	11 岁	5.50	4.60	4.60	4.40	4.80	5.10	5.60	5.70	6.10	5.70	6.40
	12 岁	5.72	5.46	4.63	4.59	4.38	4.81	5.08	5.62	5.71	6.11	5.74
	合计	29.65	28.95	29.17	30.24	31.74	33.12	34.63	36.18	37.35	38.34	38.93
初中教育	13 岁	5.84	5.72	5.46	4.63	4.58	4.38	4.81	5.08	5.62	5.70	6.11
	14 岁	5.89	5.84	5.71	5.46	4.63	4.58	4.38	4.81	5.07	5.62	5.70
	15 岁	6.48	5.88	5.84	5.71	5.46	4.63	4.58	4.38	4.81	5.07	5.62
	合计	18.21	17.44	17.01	15.80	14.67	13.59	13.77	14.27	15.50	16.39	17.43
高中教育	16 岁	6.70	6.48	5.88	5.83	5.71	5.45	4.62	4.58	4.38	4.80	5.07
	17 岁	6.94	6.69	6.47	5.88	5.83	5.71	5.45	4.62	4.58	4.37	4.80
	18 岁	7.09	6.94	6.69	6.47	5.87	5.83	5.70	5.45	4.62	4.57	4.37
	合计	20.73	20.11	19.04	18.18	17.41	16.99	15.77	14.65	13.58	13.74	14.24
高等教育	19 岁	7.31	7.08	6.93	6.68	6.46	5.87	5.82	5.70	5.44	4.61	4.57
	20 岁	8.31	7.30	7.08	6.93	6.68	6.46	5.86	5.82	5.69	5.44	4.61
	21 岁	8.44	8.30	7.29	7.07	6.92	6.67	6.45	5.86	5.81	5.69	5.43
	22 岁	8.63	8.43	8.29	7.28	7.06	6.91	6.66	6.44	5.85	5.80	5.68
	合计	32.69	31.11	29.59	27.96	27.12	25.91	24.79	23.82	22.79	21.54	20.29

数据来源：依据广西人口计生委提供的数据整理。

从表 2-4 中可见，桂林市 2010—2020 年学前教育阶段学龄人数先升后降，2016 年达到最高峰后开始逐年下降；小学教育阶段学龄人数呈上升趋势；初中教育阶段学龄人数呈先下降后上升趋势，谷底在 2015 年；高中教育阶段学龄人数均呈先下降后上升趋势，谷底在 2018 年；高等教育阶段学龄人数呈现下降的趋势。

（4）梧州市 2010—2020 年学龄人口分年龄预测分析

表 2-5　梧州市 2010—2020 年学龄人口分年龄预测分析　（单位：万人）

学段	年龄	2010年	2011年	2012年	2013年	2014年	2015年	2016年	2017年	2018年	2019年	2020年
学前教育	0 岁	5.81	5.96	5.91	5.81	5.67	5.54	5.39	5.22	5.04	4.86	4.69
	1 岁	5.41	5.64	5.79	5.74	5.64	5.50	5.38	5.23	5.06	4.89	4.72
	2 岁	4.70	5.40	5.60	5.70	5.70	5.60	5.40	5.30	5.20	5.00	4.80
	3 岁	4.66	4.65	5.34	5.57	5.71	5.66	5.56	5.42	5.31	5.16	5.00
	4 岁	4.64	4.66	4.65	5.34	5.56	5.70	5.66	5.56	5.42	5.30	5.16
	5 岁	4.70	4.63	4.65	4.64	5.33	5.55	5.70	5.65	5.55	5.41	5.30
	6 岁	5.04	4.70	4.63	4.65	4.64	5.33	5.55	5.69	5.65	5.55	5.41
	3—6 岁合计	19.04	18.64	19.27	20.20	21.24	22.24	22.47	22.32	21.93	21.42	20.87
小学教育	7 岁	4.41	5.04	4.69	4.62	4.65	4.64	5.33	5.55	5.69	5.64	5.55
	8 岁	4.26	4.41	5.04	4.69	4.62	4.64	4.64	5.32	5.54	5.69	5.64
	9 岁	4.38	4.26	4.41	5.04	4.69	4.62	4.64	4.63	5.32	5.54	5.69
	10 岁	4.42	4.37	4.26	4.40	5.03	4.69	4.62	4.64	4.63	5.32	5.54
	11 岁	4.60	4.40	4.40	4.30	4.40	5.00	4.70	4.60	4.60	4.60	5.30
	12 岁	4.78	4.57	4.41	4.37	4.26	4.40	5.03	4.68	4.61	4.63	4.63
	合计	26.85	27.05	27.21	27.42	27.65	27.99	28.96	29.42	30.39	31.42	32.35
初中教育	13 岁	4.89	4.78	4.57	4.41	4.37	4.25	4.40	5.03	4.68	4.61	4.63
	14 岁	4.92	4.89	4.78	4.57	4.41	4.37	4.25	4.40	5.03	4.68	4.61
	15 岁	5.42	4.92	4.88	4.78	4.56	4.41	4.36	4.25	4.39	5.02	4.68
	合计	15.23	14.59	14.23	13.76	13.34	13.03	13.01	13.68	14.10	14.31	13.92

续表

学段	年龄	2010年	2011年	2012年	2013年	2014年	2015年	2016年	2017年	2018年	2019年	2020年
高中教育	16 岁	5.60	5.42	4.92	4.88	4.78	4.56	4.40	4.36	4.25	4.39	5.02
	17 岁	5.81	5.60	5.42	4.92	4.88	4.77	4.56	4.40	4.36	4.25	4.39
	18 岁	5.93	5.80	5.59	5.41	4.91	4.87	4.77	4.56	4.40	4.36	4.24
	合计	17.34	16.82	15.93	15.21	14.57	14.20	13.73	13.32	13.01	13.00	13.65
高等教育	19 岁	6.11	5.92	5.80	5.59	5.41	4.91	4.87	4.77	4.55	4.40	4.35
	20 岁	6.95	6.11	5.92	5.79	5.58	5.40	4.90	4.87	4.76	4.55	4.39
	21 岁	7.06	6.94	6.10	5.91	5.79	5.58	5.40	4.90	4.86	4.76	4.54
	22 岁	7.22	7.05	6.93	6.09	5.91	5.78	5.57	5.39	4.89	4.85	4.75
	合计	27.34	26.02	24.75	23.38	22.69	21.67	20.74	19.93	19.06	18.56	18.03

数据来源： 依据广西人口计生委提供的数据整理。

从表 2-5 中可见，梧州市 2010—2020 年学前教育阶段学龄人数先升后降，2016 年达到高峰后缓慢下降；小学教育阶段学龄人数呈上升趋势；初中教育阶段学龄人数呈先降后升趋势，谷底在 2016 年；高中教育阶段学龄人数均呈先降后升趋势，谷底在 2019 年；高等教育阶段学龄人数呈现下降的趋势。

（5）北海市 2010—2020 年学龄人口分年龄预测分析

表 2-6　北海市 2010—2020 年学龄人口分年龄预测分析　（单位：万人）

学段	年龄	2010年	2011年	2012年	2013年	2014年	2015年	2016年	2017年	2018年	2019年	2020年
学前教育	0 岁	2.43	2.49	2.47	2.43	2.37	2.32	2.25	2.18	2.11	2.03	1.96
	1 岁	2.26	2.36	2.42	2.40	2.36	2.30	2.25	2.19	2.12	2.04	1.97
	2 岁	2.34	2.24	2.33	2.39	2.37	2.33	2.27	2.22	2.16	2.09	2.02
	3 岁	1.93	2.34	2.23	2.32	2.39	2.37	2.32	2.27	2.22	2.16	2.09
	4 岁	2.06	1.93	2.33	2.23	2.32	2.38	2.36	2.32	2.26	2.22	2.15
	5 岁	1.80	2.05	1.92	2.33	2.23	2.32	2.38	2.36	2.32	2.26	2.21
	6 岁	1.76	1.80	2.05	1.92	2.33	2.23	2.32	2.38	2.36	2.32	2.26
	3—6 岁 合计	7.55	8.12	8.53	8.80	9.27	9.30	9.38	9.33	9.16	8.96	8.71

续表

学段	年龄	2010年	2011年	2012年	2013年	2014年	2015年	2016年	2017年	2018年	2019年	2020年
小学教育	7岁	1.49	1.76	1.80	2.05	1.92	2.33	2.23	2.32	2.38	2.36	2.32
	8岁	1.53	1.49	1.76	1.80	2.05	1.92	2.33	2.22	2.32	2.38	2.36
	9岁	1.64	1.53	1.48	1.76	1.80	2.05	1.92	2.33	2.22	2.31	2.38
	10岁	1.66	1.64	1.53	1.48	1.76	1.80	2.05	1.92	2.33	2.22	2.31
	11岁	1.91	1.66	1.64	1.53	1.48	1.76	1.80	2.05	1.92	2.32	2.22
	12岁	2.00	1.91	1.66	1.64	1.53	1.48	1.76	1.80	2.05	1.92	2.32
	合计	10.23	9.99	9.87	10.26	10.54	11.34	12.09	12.64	13.22	13.51	13.91
初中教育	13岁	2.04	2.00	1.91	1.65	1.64	1.53	1.48	1.76	1.80	2.05	1.92
	14岁	2.06	2.04	2.00	1.91	1.65	1.64	1.53	1.48	1.76	1.79	2.05
	15岁	2.27	2.06	2.04	2.00	1.91	1.65	1.64	1.53	1.48	1.76	1.79
	合计	6.37	6.10	5.95	5.56	5.20	4.82	4.65	4.77	5.04	5.60	5.76
高中教育	16岁	2.34	2.26	2.06	2.04	2.04	1.91	1.65	1.64	1.53	1.48	1.75
	17岁	2.43	2.34	2.26	2.05	2.04	1.99	1.90	1.65	1.64	1.53	1.48
	18岁	2.48	2.42	2.34	2.26	2.05	2.04	1.99	1.90	1.65	1.63	1.52
	合计	7.25	7.02	6.66	6.35	6.09	5.94	5.54	5.19	4.82	4.64	4.75
高等教育	19岁	2.55	2.48	2.42	2.33	2.26	2.05	2.03	1.99	1.90	1.65	1.63
	20岁	2.90	2.55	2.47	2.42	2.33	2.26	2.05	2.03	1.99	1.90	1.65
	21岁	2.95	2.90	2.55	2.47	2.42	2.33	2.25	2.05	2.03	1.99	1.90
	22岁	3.02	2.95	2.90	2.55	2.47	2.41	2.33	2.25	2.04	2.03	1.98
	合计	11.42	10.88	10.34	9.77	9.48	9.05	8.66	8.32	7.96	7.57	7.16

数据来源：依据广西人口计生委提供的数据整理。

从表2-6中可见，北海市2010—2020年学前教育阶段学龄人数呈先上升后下降趋势，最高峰在2016年；小学教育阶段学龄人数呈上升趋势；初中教育阶段学龄人数呈先降后升趋势，谷底在2016年；高中教育阶段和高等教育阶段学龄人数都呈下降趋势。

（6）防城港市2010—2020年学龄人口分年龄预测分析

表 2-7　防城港市 2010—2020 年学龄人口分年龄预测分析（单位：万人）

学段	年龄	2010年	2011年	2012年	2013年	2014年	2015年	2016年	2017年	2018年	2019年	2020年
学前教育	0 岁	1.88	1.93	1.92	1.88	1.84	1.80	1.75	1.69	1.63	1.58	1.52
	1 岁	1.75	1.83	1.87	1.86	1.83	1.78	1.74	1.69	1.64	1.58	1.53
	2 岁	1.33	1.74	1.81	1.86	1.84	1.81	1.76	1.72	1.68	1.62	1.57
	3 岁	1.43	1.32	1.73	1.80	1.85	1.83	1.80	1.76	1.72	1.67	1.62
	4 岁	1.29	1.42	1.32	1.73	1.80	1.85	1.83	1.80	1.76	1.72	1.67
	5 岁	1.86	1.29	1.42	1.32	1.73	1.80	1.85	1.83	1.80	1.75	1.72
	6 岁	1.79	1.86	1.29	1.42	1.32	1.73	1.80	1.84	1.83	1.80	1.75
	3—6 岁合计	6.37	5.89	5.76	6.27	6.70	7.21	7.28	7.23	7.11	6.94	6.76
小学教育	7 岁	1.16	1.79	1.86	1.29	1.42	1.32	1.73	1.80	1.84	1.83	1.80
	8 岁	1.11	1.16	1.79	1.86	1.29	1.42	1.32	1.72	1.80	1.84	1.83
	9 岁	1.07	1.11	1.16	1.79	1.86	1.29	1.42	1.32	1.72	1.80	1.84
	10 岁	1.08	1.07	1.11	1.16	1.79	1.86	1.29	1.42	1.32	1.72	1.79
	11 岁	1.48	1.08	1.07	1.11	1.16	1.79	1.85	1.29	1.42	1.31	1.72
	12 岁	1.55	1.48	1.08	1.07	1.11	1.16	1.79	1.85	1.29	1.42	1.31
	合计	7.45	7.69	8.07	8.28	8.63	8.84	9.40	9.40	9.39	9.92	10.29
初中教育	13 岁	1.58	1.55	1.48	1.08	1.07	1.11	1.16	1.79	1.85	1.29	1.42
	14 岁	1.60	1.58	1.55	1.48	1.08	1.07	1.11	1.16	1.79	1.85	1.29
	15 岁	1.76	1.59	1.58	1.55	1.48	1.08	1.07	1.11	1.16	1.79	1.85
	合计	4.94	4.72	4.61	4.11	3.63	3.26	3.34	4.06	4.80	4.93	4.56
高中教育	16 岁	1.81	1.76	1.59	1.58	1.55	1.48	1.08	1.06	1.11	1.16	1.78
	17 岁	1.88	1.81	1.75	1.59	1.58	1.55	1.48	1.07	1.06	1.11	1.16
	18 岁	1.92	1.88	1.81	1.75	1.59	1.58	1.55	1.48	1.07	1.06	1.11
	合计	5.61	5.45	5.15	4.92	4.72	4.61	4.11	3.61	3.24	3.33	4.05
高等教育	19 岁	1.98	1.92	1.88	1.81	1.75	1.59	1.58	1.54	1.47	1.07	1.06
	20 岁	2.25	1.98	1.92	1.88	1.81	1.75	1.59	1.58	1.54	1.47	1.07
	21 岁	2.29	2.25	1.98	1.92	1.87	1.81	1.75	1.59	1.57	1.54	1.47
	22 岁	2.34	2.28	2.25	1.97	1.91	1.87	1.80	1.75	1.59	1.57	1.54
	合计	8.86	8.43	8.03	7.58	7.34	7.02	6.72	6.46	6.17	5.65	5.14

数据来源：依据广西人口计生委提供的数据整理。

从表 2-7 中可见，防城港市 2010—2020 年学前教育阶段学龄人数呈先升后降趋势，最高峰在 2016 年；小学教育阶段学龄人数呈上升趋势；初中教育阶段学龄人数呈先降后升趋势，谷底在 2015 年；高中教育阶段学龄人数也呈先降后升趋势，谷底在 2018 年；高等教育阶段学龄人数呈现下降的趋势。

（7）钦州市 2010—2020 年学龄人口分年龄预测分析

表 2-8　钦州市 2010—2020 年学龄人口分年龄预测分析　（单位：万人）

学段	年龄	2010年	2011年	2012年	2013年	2014年	2015年	2016年	2017年	2018年	2019年	2020年
学前教育	0 岁	6.35	6.52	6.46	6.35	6.19	6.06	5.89	5.70	5.51	5.31	5.12
	1 岁	5.92	6.16	6.32	6.27	6.16	6.00	5.88	5.71	5.53	5.34	5.15
	2 岁	5.40	5.86	6.10	6.26	6.21	6.10	5.94	5.82	5.66	5.48	5.29
	3 岁	4.82	5.38	5.84	6.08	6.24	6.19	6.08	5.93	5.80	5.64	5.46
	4 岁	4.89	4.82	5.37	5.83	6.07	6.23	6.18	6.07	5.92	5.79	5.63
	5 岁	6.46	4.89	4.81	5.37	5.83	6.07	6.23	6.17	6.07	5.92	5.79
	6 岁	4.45	6.46	4.88	4.81	5.36	5.82	6.06	6.22	6.17	6.06	5.91
	3—6 岁合计	20.62	21.55	20.90	22.09	23.50	24.31	24.55	24.39	23.96	23.41	22.79
小学教育	7 岁	4.98	4.45	6.45	4.88	4.81	5.36	5.82	6.06	6.22	6.17	6.06
	8 岁	5.00	4.98	4.45	6.45	4.88	4.80	5.36	5.82	6.06	6.21	6.16
	9 岁	5.08	5.00	4.97	4.45	6.45	4.87	4.80	5.36	5.81	6.05	6.21
	10 岁	5.13	5.08	5.00	4.97	4.45	6.44	4.87	4.80	5.35	5.81	6.05
	11 岁	5.00	5.13	5.08	5.00	4.97	4.44	6.44	4.87	4.80	5.35	5.81
	12 岁	5.23	4.99	5.12	5.07	5.00	4.97	4.44	6.44	4.87	4.80	5.35
	合计	30.42	29.63	31.07	30.82	30.56	30.88	31.73	33.35	33.11	34.39	35.64
初中教育	13 岁	5.34	5.23	4.99	5.12	5.07	4.99	4.97	4.44	6.44	4.86	4.79
	14 岁	5.38	5.34	5.22	4.99	5.12	5.07	4.99	4.96	4.44	6.43	4.86
	15 岁	5.92	5.38	5.34	5.22	4.99	5.12	5.07	4.99	4.96	4.44	6.43
	合计	16.64	15.95	15.55	15.33	15.18	15.18	15.03	14.39	15.84	15.73	16.08
高中教育	16 岁	6.12	5.92	5.38	5.33	5.22	4.98	5.11	5.07	4.99	4.96	4.43
	17 岁	6.35	6.12	5.92	5.37	5.33	5.22	4.98	5.11	5.06	4.98	4.96
	18 岁	6.48	6.34	6.11	5.91	5.37	5.33	5.21	4.98	5.11	5.06	4.98
	合计	18.95	18.38	17.41	16.61	15.92	15.53	15.30	15.16	15.16	15.00	14.37

续表

学段	年龄	2010年	2011年	2012年	2013年	2014年	2015年	2016年	2017年	2018年	2019年	2020年
高等教育	19 岁	6.68	6.47	6.34	6.11	5.91	5.36	5.32	5.21	4.97	5.10	5.05
	20 岁	7.59	6.67	6.47	6.33	6.10	5.90	5.36	5.32	5.20	4.97	5.10
	21 岁	7.71	7.58	6.66	6.46	6.32	6.09	5.90	5.35	5.31	5.20	4.96
	22 岁	7.89	7.70	7.57	6.66	6.45	6.32	6.09	5.89	5.35	5.30	5.19
	合计	29.87	28.42	27.04	25.56	24.78	23.67	22.67	21.77	20.83	20.57	20.30

数据来源：依据广西人口计生委提供的数据整理。

从表 2-8 中可见，钦州市 2010—2020 年学前教育阶段学龄人数呈先升后降趋势，最高峰在 2016 年；小学教育阶段学龄人数总体呈上升趋势；初中教育阶段学龄人数呈先降后升趋势，谷底在 2017 年；高中教育阶段和高等教育阶段学龄人数均呈下降趋势。

（8）贵港市 2010—2020 年学龄人口分年龄预测分析

表 2-9 贵港市 2010—2020 年学龄人口分年龄预测分析 （单位：万人）

学段	年龄	2010年	2011年	2012年	2013年	2014年	2015年	2016年	2017年	2018年	2019年	2020年
学前教育	0 岁	8.35	8.56	8.49	8.34	8.14	7.96	7.74	7.50	7.24	6.98	6.73
	1 岁	7.77	8.10	8.31	8.24	8.09	7.89	7.72	7.51	7.27	7.02	6.77
	2 岁	7.16	7.70	8.01	8.22	8.15	8.01	7.81	7.65	7.43	7.20	6.95
	3 岁	7.33	7.14	7.67	7.99	8.20	8.13	7.99	7.79	7.62	7.41	7.18
	4 岁	7.64	7.32	7.13	7.67	7.98	8.19	8.12	7.98	7.78	7.61	7.41
	5 岁	5.69	7.63	7.31	7.12	7.66	7.98	8.18	8.11	7.97	7.77	7.61
	6 岁	6.23	5.68	7.63	7.31	7.12	7.65	7.97	8.18	8.11	7.97	7.77
	3—6 岁合计	26.89	27.77	29.74	30.09	30.96	31.95	32.26	32.06	31.48	30.76	29.97
小学教育	7 岁	7.13	6.22	5.68	7.62	7.30	7.11	7.65	7.96	8.17	8.10	7.96
	8 岁	7.02	7.12	6.22	5.68	7.62	7.30	7.11	7.64	7.96	8.17	8.10
	9 岁	7.34	7.02	7.12	6.22	5.67	7.61	7.30	7.11	7.64	7.96	8.16

续表

学段	年龄	2010年	2011年	2012年	2013年	2014年	2015年	2016年	2017年	2018年	2019年	2020年
小学教育	10岁	7.40	7.33	7.02	7.12	6.22	5.67	7.61	7.29	7.10	7.64	7.95
	11岁	6.56	7.40	7.33	7.01	7.11	6.21	5.67	7.61	7.29	7.10	7.63
	12岁	6.87	6.56	7.40	7.33	7.01	7.11	6.21	5.67	7.60	7.29	7.10
	合计	42.32	41.65	40.77	40.98	40.93	41.01	41.55	43.28	45.76	46.26	46.90
初中教育	13岁	7.02	6.87	6.56	7.40	7.32	7.01	7.11	6.21	5.66	7.60	7.28
	14岁	7.07	7.01	6.86	6.56	7.39	7.32	7.00	7.11	6.20	5.66	7.60
	15岁	7.79	7.07	7.01	6.86	6.55	7.39	7.32	7.00	7.10	6.20	5.66
	合计	21.88	20.95	20.43	20.82	21.26	21.72	21.43	20.32	18.96	19.46	20.54
高中教育	16岁	8.04	7.78	7.06	7.01	6.86	6.55	7.39	7.31	7.00	7.10	6.20
	17岁	8.34	8.04	7.78	7.06	7.00	6.85	6.55	7.38	7.31	6.99	7.09
	18岁	8.51	8.33	8.03	7.77	7.05	7.00	6.85	6.54	7.38	7.30	6.99
	合计	24.89	24.15	22.87	21.84	20.91	20.40	20.79	21.23	21.69	21.39	20.28
高等教育	19岁	8.78	8.51	8.33	8.03	7.76	7.05	6.99	6.84	6.54	7.37	7.30
	20岁	9.98	8.77	8.50	8.32	8.02	7.76	7.04	6.99	6.84	6.53	7.36
	21岁	10.13	9.97	8.76	8.49	8.31	8.01	7.75	7.03	6.98	6.83	6.52
	22岁	10.37	10.12	9.95	8.75	8.48	8.30	8.00	7.74	7.03	6.97	6.82
	合计	39.26	37.37	35.54	33.59	32.57	31.12	29.78	28.60	27.39	27.70	28.00

数据来源：依据广西人口计生委提供的数据整理。

从表2-9中可见，贵港市2010—2020年学前教育阶段学龄人数呈先升后降趋势，2017年开始回落；小学教育阶段学龄人数总体呈上升趋势；初中教育阶段学龄人数总体平稳，2018年有波动；高中教育阶段学龄人数有波动，2010—2015年下降，2016—2018年上升，2019—2020年下降；高等教育阶段学龄人数呈先降后升的趋势，谷底在2018年。

（9）玉林市2010—2020年学龄人口分年龄预测分析

表 2-10 玉林市 2010—2020 年学龄人口分年龄预测分析 （单位：万人）

学段	年龄	2010年	2011年	2012年	2013年	2014年	2015年	2016年	2017年	2018年	2019年	2020年
学前教育	0 岁	10.99	11.28	11.18	10.99	10.71	10.48	10.20	9.87	9.53	9.19	8.87
	1 岁	10.24	10.66	10.94	10.85	10.66	10.39	10.17	9.89	9.57	9.24	8.92
	2 岁	10.28	10.14	10.55	10.83	10.74	10.55	10.29	10.07	9.79	9.48	9.15
	3 岁	9.35	10.25	10.11	10.52	10.80	10.71	10.52	10.26	10.04	9.76	9.45
	4 岁	9.37	9.35	10.24	10.10	10.51	10.79	10.70	10.51	10.25	10.03	9.75
	5 岁	8.15	9.36	9.34	10.23	10.09	10.50	10.78	10.69	10.50	10.24	10.02
	6 岁	7.69	8.14	9.35	9.33	10.22	10.08	10.49	10.77	10.68	10.49	10.23
	3—6 岁合计	34.56	37.10	39.04	40.18	41.62	42.08	42.49	42.23	41.47	40.52	39.45
小学教育	7 岁	9.34	7.68	8.14	9.35	9.32	10.21	10.07	10.49	10.76	10.67	10.49
	8 岁	9.30	9.33	7.68	8.13	9.34	9.32	10.21	10.07	10.48	10.76	10.66
	9 岁	9.52	9.30	9.33	7.68	8.13	9.34	9.31	10.20	10.06	10.48	10.75
	10 岁	9.61	9.52	9.29	9.32	7.67	8.13	9.33	9.31	10.20	10.06	10.47
	11 岁	8.64	9.61	9.51	9.29	9.32	7.67	8.12	9.33	9.31	10.19	10.05
	12 岁	9.05	8.64	9.60	9.51	9.29	9.32	7.67	8.12	9.32	9.30	10.19
	合计	55.46	54.08	53.55	53.28	53.07	53.99	54.71	57.52	60.13	61.46	62.61
初中教育	13 岁	9.24	9.04	8.64	9.60	9.51	9.28	9.31	7.66	8.11	9.32	9.30
	14 岁	9.31	9.24	9.04	8.63	9.60	9.50	9.28	9.31	7.66	8.11	9.32
	15 岁	10.25	9.31	9.23	9.04	8.63	9.59	9.50	9.27	9.30	7.66	8.11
	合计	28.80	27.59	26.91	27.27	27.74	28.37	28.09	26.24	25.07	25.09	26.73
高中教育	16 岁	10.59	10.25	9.30	9.23	9.03	8.63	9.59	9.49	9.27	9.30	7.65
	17 岁	10.98	10.58	10.24	9.30	9.22	9.03	8.62	9.58	9.49	9.26	9.29
	18 岁	11.21	10.97	10.58	10.23	9.29	9.22	9.02	8.62	9.58	9.48	9.26
	合计	32.78	31.80	30.12	28.76	27.54	26.88	27.23	27.69	28.34	28.04	26.20
高等教育	19 岁	11.56	11.20	10.96	10.57	10.23	9.28	9.21	9.01	8.61	9.57	9.47
	20 岁	13.14	11.55	11.19	10.95	10.56	10.22	9.27	9.20	9.00	8.60	9.56
	21 岁	13.35	13.12	11.53	11.18	10.94	10.55	10.20	9.26	9.19	8.99	8.59
	22 岁	13.65	13.33	13.11	11.52	11.17	10.93	10.53	10.19	9.25	9.18	8.98
	合计	51.70	49.20	46.79	44.22	42.90	40.98	39.21	37.66	36.05	36.34	36.60

数据来源：依据广西人口计生委提供的数据整理。

从表2-10中可见，玉林市2010—2020年学前教育阶段学龄人数呈先升后降趋势，2017年开始回落；小学教育阶段学龄人数呈先降后升趋势；初中教育阶段学龄人数有波动；高中教育阶段学龄人数也有波动，2010—2015年下降，2016—2018年上升，2019年下降，2020年上升；高等教育阶段学龄人数呈先降后升的趋势，谷底在2018年。

（10）来宾市2010—2020年学龄人口分年龄预测分析

表2-11　来宾市2010—2020年学龄人口分年龄预测分析（单位：万人）

学段	年龄	2010年	2011年	2012年	2013年	2014年	2015年	2016年	2017年	2018年	2019年	2020年
学前教育	0岁	4.14	4.25	4.22	4.14	4.04	3.95	3.84	3.72	3.59	3.47	3.34
	1岁	3.86	4.02	4.13	4.09	4.02	3.92	3.83	3.73	3.61	3.49	3.36
	2岁	3.21	3.82	3.98	4.08	4.05	3.98	3.88	3.80	3.69	3.57	3.45
	3岁	3.04	3.20	3.81	3.97	4.07	4.04	3.97	3.87	3.79	3.68	3.56
	4岁	2.96	3.04	3.19	3.81	3.96	4.07	4.03	3.96	3.86	3.78	3.68
	5岁	3.98	2.96	3.04	3.19	3.80	3.96	4.06	4.03	3.96	3.86	3.78
	6岁	3.74	3.97	2.96	3.04	3.19	3.80	3.96	4.06	4.03	3.96	3.86
	3—6岁合计	13.72	13.17	13.00	14.01	15.02	15.87	16.02	15.92	15.64	15.28	14.88
小学教育	7岁	3.00	3.74	3.97	2.96	3.03	3.19	3.80	3.95	4.06	4.02	3.95
	8岁	2.63	3.00	3.74	3.97	2.95	3.03	3.18	3.80	3.95	4.06	4.02
	9岁	2.75	2.63	3.00	3.73	3.97	2.95	3.03	3.18	3.79	3.95	4.05
	10岁	2.77	2.74	2.63	2.99	3.73	3.96	2.95	3.03	3.18	3.79	3.95
	11岁	3.26	2.77	2.74	2.63	2.99	3.73	3.96	2.95	3.03	3.18	3.79
	12岁	3.41	3.26	2.77	2.74	2.62	2.99	3.73	3.96	2.95	3.03	3.18
	合计	17.82	18.14	18.85	19.02	19.29	19.85	20.65	20.87	20.96	22.03	22.94
初中教育	13岁	3.48	3.41	3.26	2.77	2.74	2.62	2.99	3.73	3.96	2.95	3.03
	14岁	3.51	3.48	3.41	3.26	2.77	2.74	2.62	2.99	3.73	3.96	2.95
	15岁	3.87	3.51	3.48	3.41	3.25	2.77	2.74	2.62	2.99	3.72	3.96
	合计	10.86	10.40	10.15	9.44	8.76	8.13	8.35	9.34	10.68	10.63	9.94

续表

学段	年龄	2010年	2011年	2012年	2013年	2014年	2015年	2016年	2017年	2018年	2019年	2020年
高中教育	16岁	3.99	3.86	3.51	3.48	3.41	3.25	2.76	2.74	2.62	2.99	3.72
	17岁	4.14	3.99	3.86	3.51	3.48	3.40	3.25	2.76	2.74	2.62	2.99
	18岁	4.23	4.14	3.99	3.86	3.50	3.48	3.40	3.25	2.76	2.73	2.62
	合计	12.36	11.99	11.36	10.85	10.39	10.13	9.41	8.75	8.12	8.34	9.33
高等教育	19岁	4.36	4.22	4.13	3.99	3.86	3.50	3.47	3.40	3.25	2.76	2.73
	20岁	4.95	4.35	4.22	4.13	3.98	3.85	3.50	3.47	3.40	3.24	2.76
	21岁	5.03	4.95	4.35	4.22	4.13	3.98	3.85	3.49	3.47	3.39	3.24
	22岁	5.15	5.03	4.94	4.34	4.21	4.12	3.97	3.84	3.49	3.46	3.39
	合计	19.49	18.55	17.64	16.68	16.18	15.45	14.79	14.20	13.61	12.85	12.12

数据来源：依据广西人口计生委提供的数据整理。

从表2-11中可见，来宾市2010—2020年学前教育阶段学龄人数呈先降后升趋势，谷底在2012年；小学教育阶段学龄人数呈上升趋势；初中教育阶段学龄人数先降后升，谷底在2015年，2018年达到高点后，又有所下降；高中教育阶段学龄人数先降后升，谷底在2018年；高等教育阶段学龄人数呈现持续下降的趋势。

（11）贺州市2010—2020年学龄人口分年龄预测分析

表2-12　贺州市2010—2020年学龄人口分年龄预测分析（单位：万人）

学段	年龄	2010年	2011年	2012年	2013年	2014年	2015年	2016年	2017年	2018年	2019年	2020年
学前教育	0岁	3.65	3.75	3.71	3.65	3.56	3.48	3.39	3.28	3.17	3.05	2.94
	1岁	3.40	3.54	3.63	3.60	3.54	3.45	3.38	3.28	3.18	3.07	2.96
	2岁	3.41	3.37	3.50	3.60	3.57	3.50	3.42	3.34	3.25	3.15	3.04
	3岁	2.89	3.40	3.36	3.49	3.59	3.56	3.49	3.41	3.33	3.24	3.14
	4岁	2.98	2.89	3.39	3.35	3.49	3.58	3.55	3.49	3.40	3.33	3.24
	5岁	2.92	2.98	2.89	3.39	3.35	3.49	3.58	3.55	3.49	3.40	3.33
	6岁	2.69	2.91	2.97	2.89	3.39	3.35	3.48	3.58	3.55	3.48	3.40
	3—6岁合计	11.48	12.18	12.61	13.12	13.82	13.98	14.10	14.03	13.77	13.45	13.11

续表

学段	年龄	2010年	2011年	2012年	2013年	2014年	2015年	2016年	2017年	2018年	2019年	2020年
小学教育	7岁	2.57	2.69	2.91	2.97	2.88	3.38	3.34	3.48	3.57	3.54	3.48
	8岁	2.47	2.57	2.69	2.91	2.97	2.88	3.38	3.34	3.48	3.57	3.54
	9岁	2.54	2.47	2.57	2.69	2.91	2.97	2.88	3.38	3.34	3.48	3.57
	10岁	2.56	2.54	2.47	2.57	2.69	2.91	2.97	2.88	3.38	3.34	3.48
	11岁	2.87	2.56	2.54	2.46	2.56	2.69	2.91	2.97	2.88	3.38	3.34
	12岁	3.00	2.87	2.56	2.54	2.46	2.56	2.68	2.91	2.96	2.88	3.38
	合计	16.01	15.70	15.74	16.14	16.47	17.39	18.16	18.96	19.61	20.19	20.79
初中教育	13岁	3.07	3.00	2.87	2.56	2.54	2.46	2.56	2.68	2.90	2.96	2.88
	14岁	3.09	3.07	3.00	2.87	2.56	2.54	2.46	2.56	2.68	2.90	2.96
	15岁	3.40	3.09	3.07	3.00	2.87	2.56	2.53	2.46	2.56	2.68	2.90
	合计	9.56	9.16	8.94	8.43	7.97	7.56	7.55	7.70	8.14	8.54	8.74
高中教育	16岁	3.52	3.40	3.09	3.06	3.00	2.86	2.56	2.53	2.46	2.56	2.68
	17岁	3.65	3.51	3.40	3.09	3.06	3.00	2.86	2.56	2.53	2.46	2.56
	18岁	3.72	3.64	3.51	3.40	3.09	3.06	3.00	2.86	2.56	2.53	2.46
	合计	10.89	10.55	10.00	9.55	9.15	8.92	8.42	7.95	7.55	7.55	7.70
高等教育	19岁	3.84	3.72	3.64	3.51	3.40	3.08	3.06	2.99	2.86	2.55	2.53
	20岁	4.36	3.83	3.72	3.64	3.51	3.39	3.08	3.06	2.99	2.86	2.55
	21岁	4.43	4.36	3.83	3.71	3.63	3.50	3.39	3.08	3.05	2.99	2.85
	22岁	4.53	4.43	4.35	3.83	3.71	3.63	3.50	3.38	3.07	3.05	2.98
	合计	17.16	16.34	15.54	14.69	14.25	13.60	13.03	12.51	11.97	11.45	10.91

数据来源：依据广西人口计生委提供的数据整理。

从表2-12中可见，贺州市2010—2020年学前教育阶段学龄人数呈先升后降趋势，高峰值在2016年；小学教育阶段学龄人数呈上升趋势；初中教育阶段学龄人数先下降后上升，谷底在2016年；高中教育阶段学龄人数呈下降趋势，2020年有回升；高等教育阶段学龄人数呈现持续下降的趋势。

（12）百色市2010—2020年学龄人口分年龄预测分析

表 2-13　百色市 2010—2020 年学龄人口分年龄预测分析（单位：万人）

学段	年龄	2010 年	2011 年	2012 年	2013 年	2014 年	2015 年	2016 年	2017 年	2018 年	2019 年	2020 年
学前教育	0 岁	6.10	6.26	6.21	6.10	5.95	5.82	5.66	5.48	5.29	5.10	4.92
	1 岁	5.68	5.92	6.07	6.02	5.92	5.77	5.65	5.49	5.32	5.13	4.95
	2 岁	4.89	5.63	5.86	6.01	5.96	5.86	5.71	5.59	5.44	5.26	5.08
	3 岁	5.50	4.87	5.61	5.84	6.00	5.94	5.84	5.70	5.57	5.42	5.25
	4 岁	5.27	5.50	4.87	5.61	5.84	5.99	5.94	5.84	5.69	5.57	5.41
	5 岁	4.30	5.27	5.49	4.86	5.60	5.83	5.98	5.93	5.83	5.68	5.56
	6 岁	4.94	4.29	5.26	5.49	4.86	5.60	5.83	5.98	5.93	5.83	5.68
	3—6 岁合计	20.01	19.93	21.23	21.80	22.30	23.36	23.59	23.45	23.02	22.50	21.90
小学教育	7 岁	5.17	4.94	4.29	5.26	5.48	4.85	5.59	5.82	5.98	5.92	5.82
	8 岁	4.89	5.16	4.93	4.29	5.26	5.48	4.85	5.59	5.82	5.97	5.92
	9 岁	4.97	4.89	5.16	4.93	4.29	5.25	5.48	4.85	5.59	5.82	5.97
	10 岁	5.01	4.97	4.89	5.16	4.93	4.28	5.25	5.48	4.85	5.58	5.81
	11 岁	4.80	5.01	4.96	4.88	5.16	4.93	4.28	5.25	5.47	4.85	5.58
	12 岁	5.02	4.80	5.01	4.96	4.88	5.15	4.93	4.28	5.25	5.47	4.84
	合计	29.86	29.77	29.24	29.48	30.00	29.94	30.38	31.27	32.96	33.61	33.94
初中教育	13 岁	5.13	5.02	4.80	5.01	4.96	4.88	5.15	4.92	4.28	5.25	5.47
	14 岁	5.17	5.13	5.02	4.79	5.01	4.96	4.88	5.15	4.92	4.28	5.24
	15 岁	5.69	5.17	5.13	5.02	4.79	5.00	4.96	4.87	5.15	4.92	4.27
	合计	15.99	15.32	14.95	14.82	14.76	14.84	14.99	14.94	14.35	14.45	14.98
高中教育	16 岁	5.88	5.69	5.17	5.12	5.01	4.79	5.00	4.95	4.87	5.15	4.92
	17 岁	6.10	5.88	5.69	5.16	5.12	5.01	4.79	5.00	4.95	4.87	5.14
	18 岁	6.23	6.09	5.87	5.68	5.16	5.12	5.01	4.78	4.99	4.95	4.87
	合计	18.21	17.66	16.73	15.96	15.29	14.92	14.80	14.73	14.81	14.97	14.93

学段	年龄	2010年	2011年	2012年	2013年	2014年	2015年	2016年	2017年	2018年	2019年	2020年
高等教育	19岁	6.42	6.22	6.09	5.87	5.68	5.15	5.11	5.00	4.78	4.99	4.94
	20岁	7.29	6.41	6.21	6.08	5.86	5.67	5.15	5.11	5.00	4.78	4.99
	21岁	7.41	7.29	6.40	6.21	6.08	5.86	5.67	5.14	5.10	4.99	4.77
	22岁	7.58	7.40	7.28	6.40	6.20	6.07	5.85	5.66	5.14	5.10	4.99
	合计	28.70	27.32	25.98	24.56	23.82	22.75	21.78	20.91	20.02	19.86	19.69

数据来源：依据广西人口计生委提供的数据整理。

从表2-13中可见，百色市2010—2020年学前教育阶段学龄人数总体呈先升后降趋势，高峰值在2016年；小学教育阶段学龄人数前三年略有下降，之后总体呈上升趋势；初中教育阶段学龄人数有波动，2010—2014年下降，2015—2016年上升，2017—2018年下降，2019—2020年上升；高中教育阶段学龄人数先降后升，谷底在2017年；高等教育阶段学龄人数呈现持续下降的趋势。

（13）河池市2010—2020年学龄人口分年龄预测分析

表2-14　河池市2010—2020年学龄人口分年龄预测分析（单位：万人）

学段	年龄	2010年	2011年	2012年	2013年	2014年	2015年	2016年	2017年	2018年	2019年	2020年
学前教育	0岁	6.15	6.31	6.25	6.14	5.99	5.86	5.70	5.52	5.33	5.14	4.96
	1岁	5.72	5.96	6.12	6.06	5.96	5.81	5.69	5.53	5.35	5.17	4.99
	2岁	5.27	5.67	5.90	6.06	6.00	5.90	5.75	5.63	5.47	5.30	5.12
	3岁	5.09	5.25	5.65	5.88	6.04	5.99	5.88	5.74	5.61	5.46	5.28
	4岁	5.19	5.09	5.25	5.64	5.88	6.03	5.98	5.88	5.73	5.61	5.45
	5岁	4.90	5.18	5.08	5.24	5.64	5.87	6.03	5.97	5.87	5.72	5.60
	6岁	4.64	4.90	5.18	5.08	5.24	5.63	5.87	6.02	5.97	5.87	5.72
	3—6岁合计	19.82	20.42	21.16	21.84	22.80	23.52	23.76	23.61	23.18	22.66	22.05

续表

学段	年龄	2010年	2011年	2012年	2013年	2014年	2015年	2016年	2017年	2018年	2019年	2020年
小学教育	7 岁	4.72	4.64	4.90	5.18	5.07	5.23	5.63	5.86	6.02	5.97	5.86
	8 岁	4.50	4.72	4.63	4.89	5.17	5.07	5.23	5.63	5.86	6.01	5.96
	9 岁	4.55	4.50	4.72	4.63	4.89	5.17	5.07	5.23	5.63	5.86	6.01
	10 岁	4.59	4.55	4.50	4.72	4.63	4.89	5.17	5.07	5.23	5.62	5.86
	11 岁	4.83	4.59	4.54	4.50	4.71	4.63	4.89	5.17	5.07	5.23	5.62
	12 岁	5.06	4.83	4.59	4.54	4.50	4.71	4.62	4.89	5.16	5.06	5.22
	合计	28.25	27.83	27.88	28.46	28.97	29.70	30.61	31.85	32.97	33.75	34.53
初中教育	13 岁	5.17	5.06	4.83	4.59	4.54	4.49	4.71	4.62	4.88	5.16	5.06
	14 岁	5.21	5.16	5.05	4.83	4.58	4.54	4.49	4.71	4.62	4.88	5.16
	15 岁	5.73	5.20	5.16	5.05	4.83	4.58	4.54	4.49	4.71	4.62	4.88
	合计	16.11	15.42	15.04	14.47	13.95	13.61	13.74	13.82	14.21	14.66	15.10
高中教育	16 岁	5.92	5.73	5.20	5.16	5.05	4.82	4.58	4.53	4.49	4.70	4.62
	17 岁	6.14	5.92	5.73	5.20	5.16	5.05	4.82	4.58	4.53	4.49	4.70
	18 岁	6.27	6.14	5.91	5.72	5.19	5.15	5.04	4.82	4.57	4.53	4.48
	合计	18.33	17.79	16.84	16.08	15.40	15.02	14.44	13.93	13.59	13.72	13.80
高等教育	19 岁	6.46	6.26	6.13	5.91	5.72	5.19	5.15	5.04	4.81	4.57	4.53
	20 岁	7.35	6.46	6.26	6.12	5.90	5.71	5.19	5.14	5.03	4.81	4.57
	21 岁	7.46	7.34	6.45	6.25	6.12	5.90	5.71	5.18	5.14	5.03	4.80
	22 岁	7.63	7.45	7.33	6.44	6.24	6.11	5.89	5.70	5.17	5.13	5.02
	合计	28.90	27.51	26.17	24.72	23.98	22.91	21.94	21.06	20.15	19.54	18.92

数据来源：依据广西人口计生委提供的数据整理。

从表 2-14 中可见，河池市 2010—2020 年学前教育阶段学龄人数呈先上升后下降趋势，拐点在 2016 年；小学教育阶段学龄人数呈上升趋势；初中教育阶段学龄人数先下降后上升，拐点在 2015 年；高中教育阶段学龄人数呈先下降后回升趋势，拐点在 2018 年；高等教育阶段学龄人数呈现持续下降的趋势。

（14）崇左市 2010—2020 年学龄人口分年龄预测分析

表 2-15　崇左市 2010—2020 年学龄人口分年龄预测分析（单位：万人）

学段	年龄	2010年	2011年	2012年	2013年	2014年	2015年	2016年	2017年	2018年	2019年	2020年
学前教育	0岁	3.45	3.54	3.51	3.45	3.36	3.29	3.20	3.10	2.99	2.89	2.78
	1岁	3.21	3.35	3.43	3.40	3.35	3.26	3.19	3.10	3.01	2.90	2.80
	2岁	2.90	3.18	3.31	3.40	3.37	3.31	3.23	3.16	3.07	2.97	2.87
	3岁	2.97	2.89	3.17	3.30	3.39	3.36	3.30	3.22	3.15	3.06	2.97
	4岁	3.01	2.97	2.88	3.17	3.30	3.39	3.36	3.30	3.22	3.15	3.06
	5岁	2.84	3.01	2.96	2.88	3.17	3.30	3.38	3.35	3.30	3.21	3.14
	6岁	2.40	2.84	3.01	2.96	2.88	3.16	3.29	3.38	3.35	3.29	3.21
	3—6岁合计	11.22	11.71	12.02	12.31	12.74	13.21	13.33	13.25	13.02	12.71	12.38
小学教育	7岁	2.94	2.39	2.84	3.00	2.96	2.88	3.16	3.29	3.38	3.35	3.29
	8岁	2.56	2.94	2.39	2.84	3.00	2.96	2.88	3.16	3.29	3.38	3.35
	9岁	2.62	2.56	2.94	2.39	2.83	3.00	2.96	2.87	3.16	3.29	3.37
	10岁	2.64	2.62	2.56	2.94	2.39	2.83	3.00	2.95	2.87	3.16	3.29
	11岁	2.71	2.64	2.61	2.56	2.94	2.39	2.83	3.00	2.95	2.87	3.15
	12岁	2.84	2.71	2.64	2.61	2.56	2.94	2.39	2.83	3.00	2.95	2.87
	合计	16.31	15.86	15.98	16.34	16.68	17.00	17.22	18.10	18.65	19.00	19.32
初中教育	13岁	2.90	2.84	2.71	2.64	2.61	2.56	2.94	2.39	2.83	3.00	2.95
	14岁	2.92	2.90	2.84	2.71	2.64	2.61	2.56	2.94	2.39	2.83	2.99
	15岁	3.22	2.92	2.90	2.84	2.71	2.64	2.61	2.56	2.93	2.39	2.83
	合计	9.04	8.66	8.45	8.19	7.96	7.81	8.11	7.89	8.15	8.22	8.77
高中教育	16岁	3.32	3.22	2.92	2.90	2.83	2.71	2.63	2.61	2.55	2.93	2.38
	17岁	3.45	3.32	3.21	2.92	2.89	2.83	2.71	2.63	2.61	2.55	2.93
	18岁	3.52	3.44	3.32	3.21	2.92	2.89	2.83	2.70	2.63	2.61	2.55
	合计	10.29	9.98	9.45	9.03	8.64	8.43	8.17	7.94	7.79	8.09	7.86
高等教育	19岁	3.63	3.52	3.44	3.32	3.21	2.91	2.89	2.83	2.70	2.63	2.60
	20岁	4.12	3.62	3.51	3.44	3.31	3.21	2.91	2.89	2.83	2.70	2.63

续表

学段	年龄	2010年	2011年	2012年	2013年	2014年	2015年	2016年	2017年	2018年	2019年	2020年
高等教育	21岁	4.19	4.12	3.62	3.51	3.43	3.31	3.20	2.91	2.88	2.82	2.70
	22岁	4.28	4.18	4.11	3.62	3.50	3.43	3.31	3.20	2.90	2.88	2.82
	合计	16.22	15.44	14.68	13.89	13.45	12.86	12.31	11.83	11.31	11.03	10.75

数据来源：依据广西人口计生委提供的数据整理。

从表 2-15 中可见，崇左市 2010—2020 年学前教育阶段学龄人数呈先上升后下降趋势，拐点在 2016 年；小学教育阶段学龄人数呈上升趋势；初中教育阶段学龄人数先下降后上升，拐点在 2015 年，2016 年略有波动；高中教育阶段学龄人数总体呈下降趋势，2019—2020 年有小幅波动；高等教育阶段学龄人数呈现持续下降的趋势。

2. 广西 2010—2020 年各学龄段人口变动对广西各级教育阶段影响分析

本研究以广西人口计生委提供的广西 2010—2020 年 0—22 岁人口规模作为基本数据，推算出广西 2010—2020 年各教育阶段学龄人口变化情况，其中，学前教育学龄儿童总数为 3—6 岁的儿童总数，小学教育学龄儿童总数为 7—12 岁的儿童总数，初中教育学龄人数为 13—15 岁学龄人口的总数，高中教育学龄人数为 16—18 岁学龄人口的总数，高等教育学龄人数为 19—22 岁学龄人口的总数。

表 2-16　广西 2010—2020 年各级教育学龄人口总数　（单位：万人）

年份	学前教育 (3—6)		小学教育 (7—12)		初中教育 (13—15)		高中教育 (16—18)		高等教育 (19—22)	
2010	265.65		383.77		215.54	高峰	245.32	高峰	386.82	高峰
2011	272.58		378.77		206.43	高峰	237.99	高峰	368.19	高峰
2012	281.18		380.76		201.37	高峰	225.39	高峰	350.20	高峰
2013	291.93		384.91		195.65		215.20	高峰	330.93	高峰
2014	304.74		389.67		190.79		206.12		320.98	高峰
2015	314.84	高峰	398.34		187.05		201.06		306.62	

续表

人口总数 学段 年份	学前教育 (3—6)		小学教育 (7—12)		初中教育 (13—15)		高中教育 (16—18)	高等教育 (19—22)
2016	317.94	高峰	409.77		187.40		195.35	293.51
2017	315.95	高峰	425.39	高峰	187.25		190.49	281.89
2018	310.28	高峰	439.11	高峰	192.97		186.77	269.81
2019	303.22		451.19	高峰	196.77		187.10	263.56
2020	295.21		461.90	高峰	201.66	高峰	186.97	257.25

数据来源：依据广西人口计生委提供的数据整理。

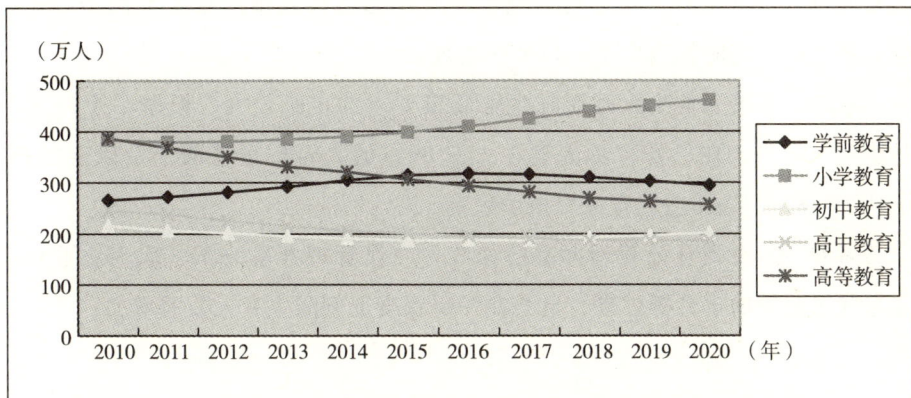

图2-1　2010—2020年广西各级教育学龄人数变动图

从表2-16中可见，2010—2020年各级教育学龄人口的高峰期是不一样的。学前教育在2014年有所上升，2015—2018年出现学前教育人口的高峰期；2019年虽有所下降，但总数仍在300万以上，学前教育的压力严重。小学教育阶段学龄人口数比学前教育学龄人口数的高峰期后延，2016年突破400万后，也于2017—2020年达到高峰期，在2020年达到峰值，小学教育也同样面临压力。初中教育阶段学龄人口的高峰期在2010—2012年，随后呈现出下降的趋势，但2018—2020年又呈上升态势，预计紧随小学高峰期后再次出现高峰期。高中教育阶段学龄人口的高峰期出现在2010—2013年，之后呈现下降趋势。高等教育阶段学龄人口高峰期在2010—2014年，之后呈现下降趋势。

未来几年广西出现这种学前、小学、初中教育阶段学龄人口总体上上升的态势，是广西进入第四次人口生育高峰的结果。广西第四次人口生育高峰，从 2005 年开始形成，据测算，将持续到 2014 年左右，时间跨度达 10 年左右。

以下原因促成了广西第四次人口生育高峰形成。

第一，由于受第三次人口生育高峰以及生育政策"开小口"因素叠加影响，广西每年新进入婚龄期的育龄妇女数（指满 20 岁）从"十五"期间的年平均 41 万，增加到"十一五"期间的 49 万，年平均增加 8 万多人。生育旺盛期（20—29 岁）妇女数从"十五"期间的年均 385.4 万，增加到"十一五"期间的年均 439.44 万，年均增加 54 万。

第二，广西实施《计划生育条例》后生育的第一代独生子女在 2004 年后开始进入婚育年龄，双方均为独生子女结婚后按政策允许生育两个孩子，也会导致在一定时期内出生人口有所增加。

第三，育龄人群生育意愿与生育政策要求的差距较大。根据"十一五"基线调研结果，在已婚育龄人群中，有 89% 的人希望生育两个及以上的孩子，10.48% 的人希望生育三个孩子以上。

另外，新婚姻登记管理办法的修改、户籍管理办法改革、取消农业税、普惠优惠政策的出台等因素，也会在一定程度上刺激生育人数的增加。

三、广西各学龄段人口变动对广西各级教育影响分析

（一）广西 3—6 岁学龄人口变动对广西学前教育影响分析

1. 2001—2020 年广西学前教育阶段（3—6 岁）学龄儿童人数

表 2-17　2001—2020 年广西学前教育阶段（3—6 岁）学龄儿童人数

（单位：万人）

年　　份	学龄儿童人数	年　　份	学龄儿童人数
2001	284.61	2011	272.58
2002	272.42	2012	281.17
2003	266.11	2013	291.93

年　　份	学龄儿童人数	年　　份	学龄儿童人数
2004	259.75	2014	304.74
2005	252.95	2015	314.85
2006	252.07	2016	317.94
2007	251.31	2017	315.95
2008	255.15	2018	310.27
2009	261.83	2019	303.22
2010	265.65	2020	295.21

数据来源：依据广西人口计生委提供的数据整理。

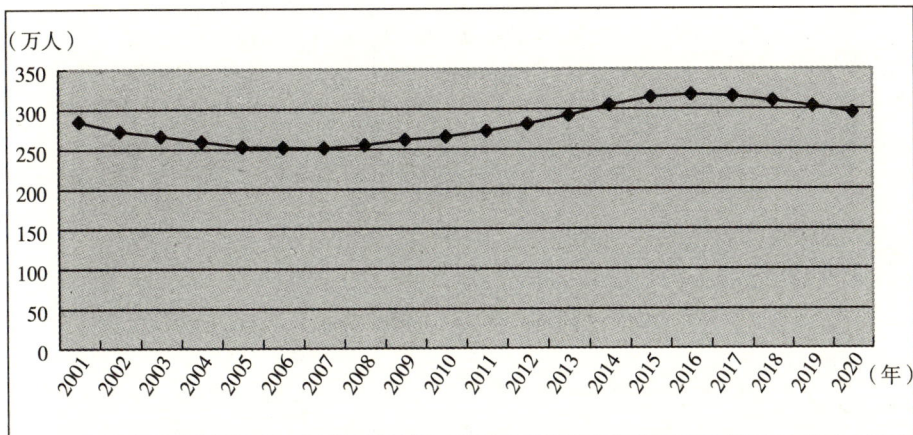

图 2-2　2001—2020 年广西学前教育阶段（3—6 岁）学龄儿童人数变动图

由表 2-16 与图 2-2 可见，2001—2020 年广西学前教育阶段学龄儿童数经过了一个下降到上升再下降的过程。第一个谷底在 2007 年，学前儿童数从 2001 年的峰值 284.61 万下降到 2007 年的 251.31 万，减少了 33.30 万。第一个峰值在 2001 年，学龄儿童人数为 284.61 万；第二个峰值在 2016 年，学龄儿童人数达到 317.94 万，与第一个峰值 284.61 万相比，增量为 33.33 万，增率为 11.71%。第二个峰值过后，学前教育阶段学龄儿童人数下降，但到 2020 年止，学龄儿童人数仍高达 295.21 万，比 2001 年增加了 10.60 万，增率为 3.72%。

2. 2010—2020 年广西学前教育阶段（3—6 岁）学龄儿童预测数据

广西 2010—2020 年学前教育人口总数保持在年均 260 万人以上的水平，

学龄儿童数呈上升趋势，2014 年以后学龄儿童人数大于 300 万，高峰期在 2016 年，学龄儿童数达到 317.94 万。2011—2020 年学前教育阶段人口数分别比 2010 年增加 6.93 万、15.53 万、26.28 万、39.09 万、49.19 万、52.29 万、50.30 万、44.63 万、37.57 万、29.56 万。具体见表 2-18。

表 2-18　2010—2020 年广西学前教育人口统计分析指标　（单位：万人）

年　　份	2010	2011	2012	2013	2014	2015	2016	2017	2018	2019	2020
学龄人数	265.65	272.58	281.18	291.93	304.74	314.84	317.94	315.95	310.28	303.22	295.21
各年增量	—	6.93	8.60	10.75	12.81	10.10	3.10	-1.99	-5.67	-7.06	-8.01
相比 2010 年增量	—	6.93	15.53	26.28	39.09	49.19	52.29	50.30	44.63	37.57	29.56
小班（3 岁）	67.97	69.99	75.62	78.74	80.80	80.12	78.73	76.76	75.11	73.05	70.72
各年增量	—	2.02	5.63	3.12	2.06	-0.68	-1.39	-1.97	-1.65	-2.06	-2.33
相比 2010 年增量	—	2.02	7.65	10.77	12.83	12.15	10.76	8.79	7.14	5.08	2.75
中班（4 岁）	67.91	67.90	69.92	75.55	78.66	80.72	80.04	78.65	76.68	75.04	72.97
各年增量	—	-0.01	2.02	5.63	3.11	2.06	-0.68	-1.39	-1.97	-1.64	-2.07
相比 2010 年增量	—	-0.01	2.01	7.64	10.75	12.81	12.13	10.74	8.77	7.13	5.06
大班（5 岁）	66.89	67.85	67.84	69.86	75.48	78.59	80.64	79.96	78.58	76.61	74.97
各年增量	—	0.96	-0.01	2.02	5.62	3.11	2.05	-0.68	-1.38	-1.97	-1.64
相比 2010 年增量	—	0.96	0.95	2.97	8.59	11.70	13.75	13.07	11.69	9.72	8.08
学前班（6 岁）	62.88	66.84	67.79	67.78	69.80	75.42	78.53	80.58	79.90	78.52	76.55
各年增量	—	3.96	0.95	-0.01	2.02	5.62	3.11	2.05	-0.68	-1.38	-1.97
相比 2010 年增量	—	3.96	4.91	4.90	6.92	12.54	15.65	17.70	17.02	15.64	13.67

数据来源：依据广西人口计生委提供的数据整理。

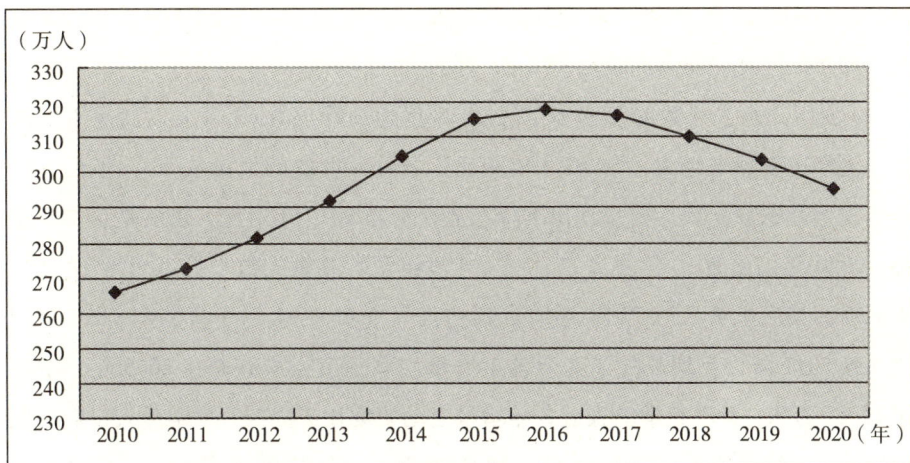

图 2-3　广西 2010—2020 年学前教育（3—6 岁）学龄人口数变动图

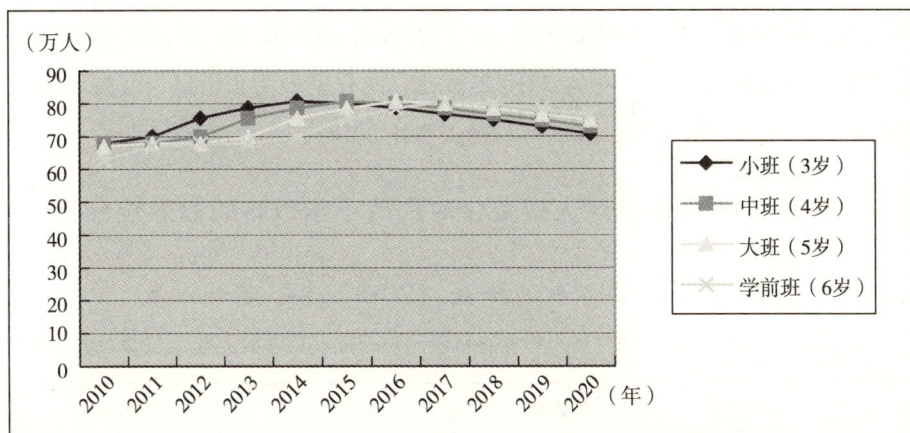

图 2-4　广西 2010—2020 年 3—6 岁学龄儿童人数变动图

　　由表 2-18 中可见，受 2011 年人口生育高峰影响，进入学前教育阶段的人口数，3 岁组（小班）人数最高峰在 2014 年，学龄人数达到 80.80 万人；4 岁组（中班）人数最高峰在 2015 年，学龄人数达到 80.72 万人；5 岁组（大班）人数最高峰在 2016 年，学龄人数达到 80.64 万人；6 岁组（学前班）人数最高峰在 2017 年，学龄人数达到 80.58 万人。2010—2014 年学龄儿童人数最多的是 3 岁组，学龄人数分别为 67.97 万人、69.99 万人、75.62 万人、78.74 万人、80.80 万人；2015 年学龄儿童人数最多的是 4 岁组，学龄人数为 80.72 万人；2016 年学龄儿童人数最多的是 5 岁组，学龄人数为 80.64 万人；2017—2020 年学龄儿童人数最多的是 6 岁组，学龄人数分别为 80.58 万人、79.90 万人、78.52 万人、76.55 万人。

3 岁组儿童人口数的年递增量在 2012 年达到峰值 5.63 万人以后呈下降趋势，下降速度越来越大；与 2010 年相比，学龄人口数的增量从 2011 年至 2014 年呈现上升态势，其后虽呈现出下降态势，但与 2010 年对比，仍然是正增长态势，2020 年仍比 2010 年增 2.75 万人。4 岁组学龄儿童人数增量 2011 年比 2010 年下降，其后上升，在 2013 年增量到达高峰 5.63 万人后下降；与 2010 年相比，除 2011 年为负增长外，其余各年增量均呈正值，最高峰在 2015 年，增量达 12.81 万人。5 岁组学龄人数各年增量变动幅度比 3 岁与 4 岁学龄人口数的变动幅度小，增量最高值是 2014 年，增 5.62 万人；但与 2010 年相比，同样呈现为正增量，最高增量在 2016 年，达到 13.75 万人；与 2010 年相比，2020 年学龄人数增加 8.08 万人。6 岁组学龄人口数增量波动比较大，增量最高值是在 2015 年，增加 5.62 万人；但与 2010 年相比，同样呈现为正增量，最高增量在 2017 年，达到 17.70 万人；2020 年学龄人数比 2010 年增加 13.67 万人。

（二）广西 7—12 岁学龄人口变化对广西小学教育阶段影响分析

1. 2001—2020 年广西小学教育阶段（7—12 岁）学龄人数

表 2-19　2001—2020 年广西小学教育阶段（7—12 岁）学龄人数　（单位：万人）

年　　份	学龄人数	年　　份	学龄人数
2001	532.50	2011	378.78
2002	508.85	2012	380.76
2003	479.76	2013	384.91
2004	462.11	2014	389.67
2005	445.63	2015	398.34
2006	427.92	2016	409.78
2007	411.98	2017	425.40
2008	397.99	2018	439.12
2009	389.17	2019	451.20
2010	383.78	2020	461.90

数据来源：依据广西人口计生委提供的数据整理。

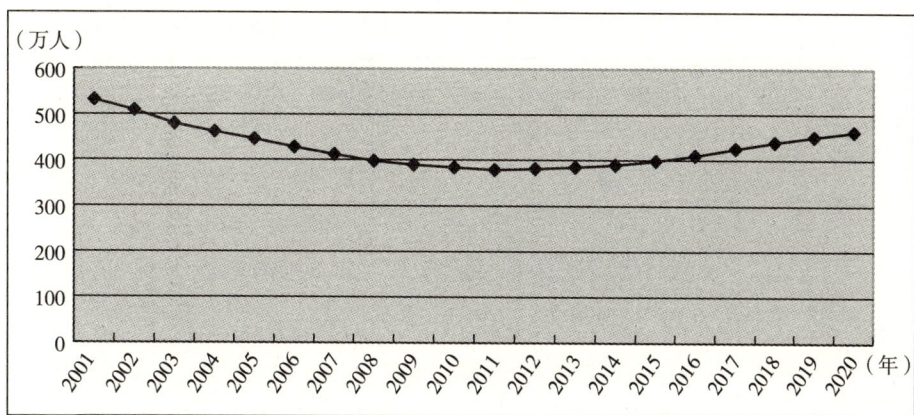

图2-5　2001—2020年广西小学教育阶段（7—12岁）学龄人数变动图

　　按7—12岁为小学适龄人口计算的小学学龄人口数，2001—2020年广西小学适龄人口的第一个高峰期在2001年至2007年之间，期间适龄人口数每年在410万—533万人之间，平均466.96万人左右；2008—2015年，广西小学适龄人口数每年在370万—400万人之间，平均387.93万人左右；2016—2020年广西小学适龄人数出现21世纪第二个高峰期，期间适龄人口数每年在400万—462万人之间，平均437.48万人左右，广西小学学龄儿童人数即使上升，上升的速度仍然趋缓。可见，2001—2020年小学教育阶段学龄人数呈U形分布，谷底在2011年，适龄人口为378.78万人，比2001年的532.50万人减少153.72万人，下降了28.87%；峰值在2001年与2020年，其中2020年适龄人口为461.90万人，仍然比2001年高峰值的532.50万人少70.60万人，下降13.26%。

2. 2010—2020年广西小学教育阶段（7—12岁）学龄人数预测

　　2010—2020年，广西小学教育阶段儿童总数总的发展方向呈上升趋势，人口数保持在年均370万人以上，其中2010—2015年年均人数在390万以下，2016—2020年年均人数在400万以上，2020年为最高峰，适龄儿童总数达到461.90万人。

区域教育改革与发展战略目标研究
——广西 2020 的实证

表 2-20   2010—2020 年广西小学教育人口统计分析指标 （单位：万人）

年份 指标	2010	2011	2012	2013	2014	2015	2016	2017	2018	2019	2020
学龄人口数	383.78	378.78	380.76	384.91	389.67	398.34	409.78	425.40	439.11	451.19	461.90
各年增长量	—	-5.00	1.99	4.15	4.76	8.67	11.44	15.62	13.72	12.08	10.71
相比 2010 年增量	—	-5.00	-3.01	1.14	5.90	14.57	26.00	41.62	55.34	67.42	78.13
1 年级（7 岁）	63.93	62.84	66.79	67.75	67.74	69.76	75.37	78.48	80.53	79.85	78.47
各年增量	—	-1.09	3.95	0.96	-0.01	2.02	5.61	3.11	2.05	-0.68	-1.38
相比 2010 年增量	—	-1.09	2.86	3.82	3.81	5.83	11.44	14.55	16.60	15.92	14.54
2 年级（8 岁）	61.04	63.90	62.81	66.76	67.71	67.70	69.72	75.33	78.44	80.48	79.80
各年增量	—	2.86	-1.09	3.95	0.95	-0.01	2.02	5.61	3.11	2.04	-0.68
相比 2010 年增量	—	2.86	1.77	5.72	6.67	6.66	8.68	14.29	17.40	19.44	18.76
3 年级（9 岁）	62.91	61.01	63.87	62.78	66.73	67.68	67.67	69.69	75.29	78.40	80.45
各年增量	—	-1.90	2.86	-1.09	3.95	0.95	-0.01	2.02	5.60	3.11	2.05
相比 2010 年增量	—	-1.90	0.96	-0.13	3.82	4.77	4.76	6.78	12.38	15.49	17.54
4 年级（10 岁）	63.51	62.89	60.98	63.84	62.75	66.70	67.65	67.64	69.66	75.26	78.36
各年增量	—	-0.62	-1.91	2.86	-1.09	3.95	0.95	-0.01	2.02	5.60	3.10
相比 2010 年增量	—	-0.62	-2.53	0.33	-0.76	3.19	4.14	4.13	6.15	11.75	14.85

续表

指标 \ 年份	2010	2011	2012	2013	2014	2015	2016	2017	2018	2019	2020
5 年级 （11 岁）	64.69	63.48	62.86	60.95	63.81	62.72	66.67	67.62	67.61	69.63	75.22
各年增量	—	-1.21	-0.62	-1.91	2.86	-1.09	3.95	0.95	-0.01	2.02	5.59
相比 2010 年增量	—	-1.21	-1.83	-3.74	-0.88	-1.97	1.98	2.93	2.92	4.94	10.53
6 年级 （12 岁）	67.70	64.66	63.45	62.83	60.93	63.78	62.70	66.64	67.59	67.58	69.60
各年增量	—	-3.04	-1.21	-0.62	-1.90	2.85	-1.08	3.94	0.95	-0.01	2.02
相比 2010 年增量	—	-3.04	-4.25	-4.87	-6.77	-3.92	-5.00	-1.06	-0.11	-0.12	1.90

数据来源：依据广西计生委提供的数据整理。

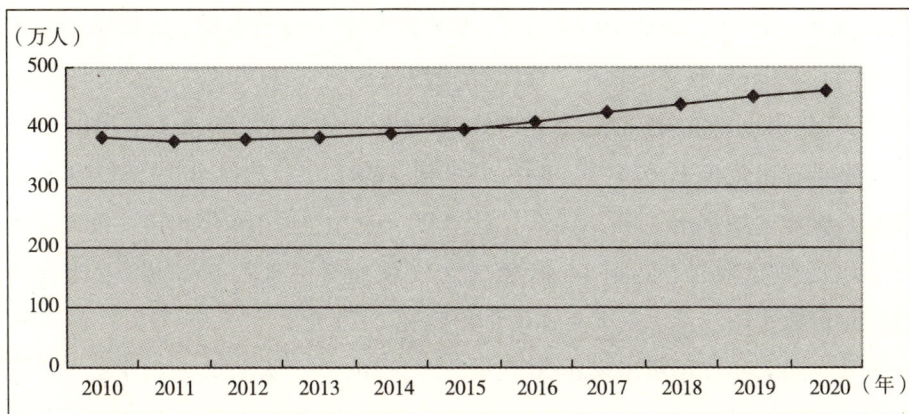

图 2-6　2010—2020 年广西小学教育阶段（7—12 岁）学龄人数变动图

根据小学教育阶段学龄人口数据可以看出，2011—2020 年广西小学人口变动呈上升发展趋势，为正"J"形分布。各年增量数据显示，2017 年为最大增量，达 15.62 万人；与 2010 年相比，2020 年为最大增量，达到 78.13 万人，可见广西普及小学义务教育的艰巨性。

7 岁组儿童人数总体上呈上升趋势，其中 2014 年有所回落，2019—2020 年有一定程度的减少。各年增量数据显示，2016 年为最大增量，达 5.61 万

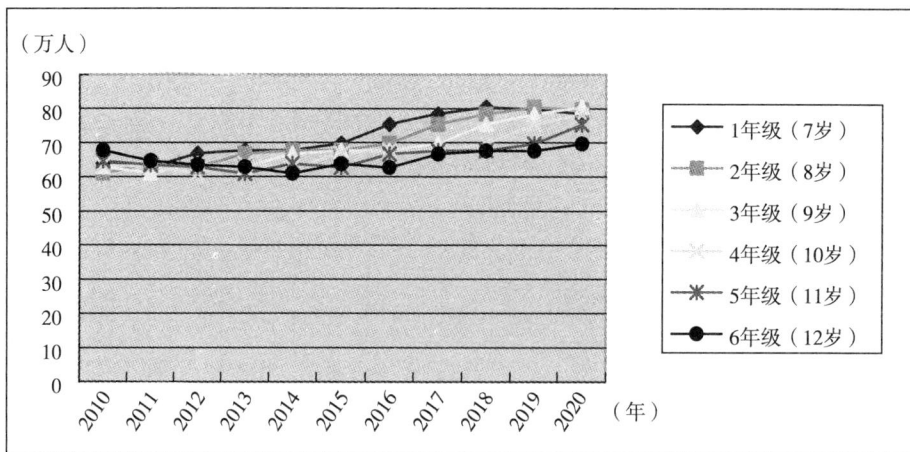

图 2-7　2010—2020 年广西小学教育阶段（7—12 岁）学龄儿童各学龄人数变动图

人；与 2010 年相比，最大年递增量值在 2018 年，达到 16.60 万人。8 岁组儿童人数总体上也呈现出上升态势，其中 2012 年、2015 年与 2020 年有回落。最大年递增量出现在 2017 年，达到 5.61 万人；与 2010 年相比，最大年递增量出现在 2019 年，达到 19.44 万人。9 岁组儿童人数也是呈上升趋势，其中 2013 年、2016 年有小幅回落。最大年递增量出现在 2018 年，达 5.60 万人；与 2010 年相比，最大年递增量出现在 2020 年，达到 17.54 万人。10 岁组学龄人数同样呈现出上升趋势，其中 2011 年、2012 年、2014 年与 2017 年有回落。最大年递增量出现在 2019 年，达 5.60 万人；与 2010 年相比，最大年递增量出现在 2020 年，达到 14.85 万人。11 岁组学龄人数总体也是呈上升趋势，中间有小幅波动。最大年递增量出现在 2020 年，达 5.59 万人；与 2010 年相比，最大年递增量出现在 2020 年，达到 10.53 万人。12 岁组学龄人数有波动，其中 2011—2014 年呈下降趋势，2015 年有所上升，2016 年下降，2017 年、2018 年上升，2019 年下降，2020 年上升。最大年递增量为 2017 年，达 3.94 万人，最大年递减量出现在 2011 年，达 3.04 万人；与 2010 年相比，总体上呈现出明显的下降趋势，只有 2020 年为上升趋势，最大年递减量出现在 2014 年，达 6.77 万人。

（三）广西13—15岁学龄人口变化对广西初中教育阶段影响分析

1. 2001—2020年广西初中教育阶段（13—15岁）学龄人数

表2-21　2001—2020年广西初中教育阶段（13—15岁）学龄人数　（单位：万人）

年　份	学龄人数	年　份	学龄人数
2001	332.37	2011	206.43
2002	319.06	2012	201.37
2003	301.85	2013	195.65
2004	285.80	2014	190.79
2005	269.51	2015	187.05
2006	253.13	2016	187.40
2007	245.70	2017	187.25
2008	238.36	2018	192.97
2009	225.74	2019	196.77
2010	215.54	2020	201.66

数据来源：依据广西人口计生委提供的数据整理。

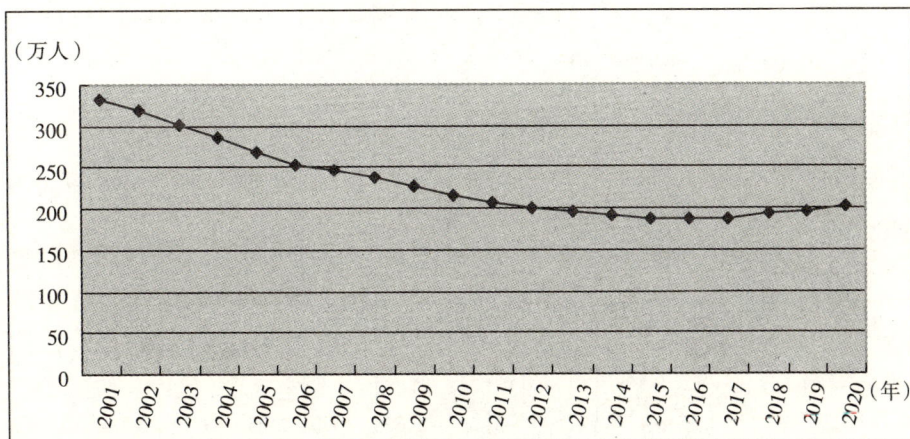

图2-8　2001—2020年广西初中教育阶段（13—15岁）学龄人数变动图

数据表明，2001—2017年广西初中教育阶段学龄人数呈现持续下降趋势，为反"J"形分布，谷底在2017年，学龄人数为187.25万人，比2001

年峰值的学龄人数 332.37 万人减少 145.12 万人，下降 43.66%；2018 年以后回升，2020 年学龄人数为 201.66 万人，比 2001 年减少 130.71 万人，下降 39.33%。

2. 2010—2020 年广西初中教育阶段（13—15 岁）学龄人数预测

2010—2020 年广西初中学龄人口年均规模在 196 万人左右，呈先降后升的态势，从 2010 年的 215.54 万人下降到 2015 年的 187.05 万人，然后从 2016 年的 187.40 万人上升到 2020 年的 196.77 万人，但仍然没有达到 2010 年的水平。2013—2019 年广西初中学龄人口规模低于 200 万人，这对于广西从低层次教育向中层次教育过渡，提高初中升学率，大力发展高中阶段教育是一个有利时机。

表 2-22　2010—2020 年广西初中教育人口统计分析指标（单位：万人）

指标 \ 年份	2010	2011	2012	2013	2014	2015	2016	2017	2018	2019	2020
学龄人口数	215.54	206.43	201.37	195.65	190.79	187.05	187.40	187.25	192.97	196.77	201.66
各年增量	—	-9.11	-5.06	-5.72	-4.86	-3.74	0.35	-0.15	5.72	3.80	4.89
相比 2010 年增量	—	-9.11	-14.17	-19.89	-24.75	-28.49	-28.14	-28.29	-22.57	-18.77	-13.88
1 年级（13 岁）	69.15	67.67	64.64	63.43	62.81	60.90	63.76	62.67	66.61	67.56	67.56
各年增量	—	-1.48	-3.03	-1.21	-0.62	-1.91	2.86	-1.09	3.94	0.95	0.00
相比 2010 年增量	—	-1.48	-4.51	-5.72	-6.34	-8.25	-5.39	-6.48	-2.54	-1.59	-1.59
2 年级（14 岁）	69.67	69.12	67.64	64.61	63.40	62.78	60.88	63.73	62.65	66.59	67.54
各年增量	—	-0.55	-1.48	-3.03	-1.21	-0.62	-1.90	2.85	-1.08	3.94	0.95
相比 2010 年增量	—	-0.55	-2.03	-5.06	-6.27	-6.89	-8.79	-5.94	-7.02	-3.08	-2.13

续表

年份 指标	2010	2011	2012	2013	2014	2015	2016	2017	2018	2019	2020
3 年级 （15 岁）	76.72	69.64	69.09	67.61	64.58	63.37	62.76	60.85	63.71	62.62	66.56
各年增量	—	-7.08	-0.55	-1.48	-3.03	-1.21	-0.61	-1.91	2.86	-1.09	3.94
相比 2010 年增量	—	-7.08	-7.63	-9.11	-12.14	-13.35	-13.96	-15.87	-13.01	-14.10	-10.16

数据来源：依据广西人口计生委提供的数据整理。

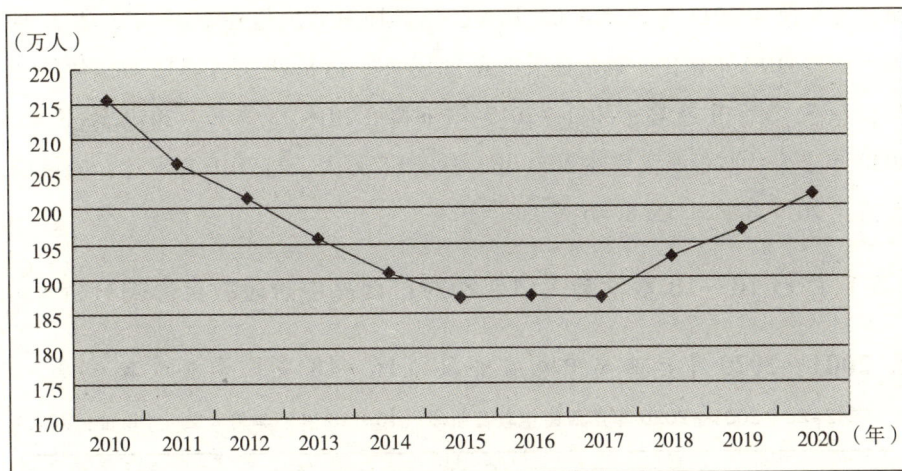

图 2-9　2010—2020 年广西初中教育阶段（13—15 岁）学龄人口数变动图

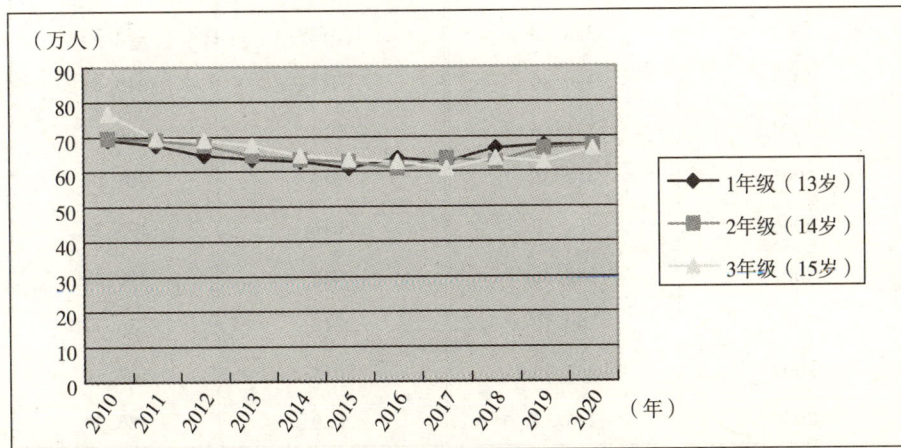

图 2-10　2010—2020 年广西初中教育阶段（13—15 岁）各学龄人数变动图

数据显示，广西初中阶段学龄人口呈现出先下降后上升的发展趋势，从增量看，2010—2015 年增量减少，年递减量最大值在 2011 年，减幅达 9.11 万人；2018—2020 年增量上升，年递增量最大值在 2018 年，达到 5.72 万人；与 2010 年相比，年递减量最大值在 2015 年，达 28.49 万人。13 岁组学龄人数呈先下降后上升趋势；从增量看，减少最大值在 2012 年，减量达 3.03 万人；增量最大值在 2018 年，达 3.94 万人；与 2010 年相比，减量最大值在 2015 年，达 8.25 万人。14 岁组学龄人数也呈现出先下降后上升趋势，2011—2016 年下降，2017 年上升，2018 年下降，2019—2020 年上升；年递减量最大值在 2013 年，达 3.03 万人，年递增量最大值在 2019 年，达 3.94 万人；与 2010 年相比，减量最大值在 2016 年，达 8.79 万人。15 岁组学龄人数也呈先降后升趋势，2011—2017 年下降，2018 年上升，2019 年下降，2020 年上升；减量最大值在 2011 年，达 7.08 万人；与 2010 年相比，减量最大值在 2017 年，达 15.87 万人。

（四）广西 16—18 岁学龄人口变动对广西高中阶段教育影响分析

1. 2001—2020 年广西高中教育阶段（16—18 岁）学龄人数

表 2-23　2001—2020 年广西高中教育阶段（16—18 岁）学龄人数　（单位：万人）

年　　份	高中人数	年　　份	高中人数
2001	300.85	2011	237.99
2002	328.25	2012	225.39
2003	339.80	2013	215.21
2004	331.86	2014	206.12
2005	318.56	2015	201.06
2006	301.39	2016	195.34
2007	285.36	2017	190.49
2008	269.10	2018	186.77
2009	252.73	2019	187.10
2010	245.32	2020	186.97

数据来源：依据广西人口计生委提供的数据整理。

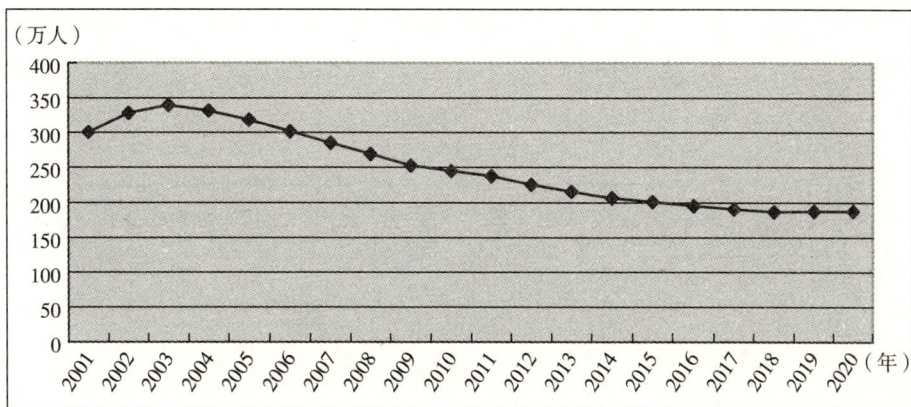

图 2-11　2001—2020 年广西高中教育阶段（16—18 岁）学龄人数变动图

从表 2-23 和图 2-11 可见，2001—2020 年广西高中教育阶段学龄人数在 2003 年出现高峰值 339.80 万人，2004—2018 年呈下降趋势，谷底在 2018 年，学龄人数为 186.77 万人，比 2001 年的 300.85 万人减少 114.08 万人，下降 37.92%；比 2003 年高峰值 339.80 万人减少 153.03 万人，下降 45.04%。2019 年小幅回升，2020 年又回落，学龄人数为 186.97 万人，比 2001 年的 300.85 万人减少 113.88 万人，下降 37.85%；比 2003 年高峰值 339.80 万人减少 152.83 万人，下降 44.98%。

2. 2010—2020 年广西高中教育阶段（16—18 岁）学龄人数预测

党的十六大确定了全面建设小康社会的宏伟蓝图和长远目标，将"人民享有接受良好教育的机会，基本普及高中阶段教育，形成全民学习、终身学习的学习型社会，促进人的全面发展"作为全面建设小康社会的四大目标之一。2002 年，教育部召开了全国高中建设与发展经验交流会，明确了我国高中阶段教育发展方向、目标，提出了更为明确的发展思路。广西高中教育发展可以分为两个阶段。一是从 2000 年到 2015 年，这一阶段广西高中学龄人口保持在 200 万人以上，重点应放在扩大规模、加强学校校舍建设和师资建设方面，力争为以后高中阶段教育打下良好的物质和师资基础。二是从 2016 年到 2020 年，高中学龄人口在 200 万以下，这对于提高广西高中阶段入学率比较有利。2020 年高中阶段学龄人口数已经呈现出上升的态势，初中阶段学龄人口数也于 2019 年、2020 年呈现出增加的趋势，所以，预计 2020 年后广西高中阶段学龄人口数会出现高峰期。

表 2-24　2010—2020 年广西高中教育阶段（16—18 岁）
人口统计分析指标　　　　　　（单位：万人）

年份／指标	2010	2011	2012	2013	2014	2015	2016	2017	2018	2019	2020
学龄人口数	245.32	237.99	225.39	215.21	206.12	201.06	195.34	190.49	186.77	187.10	186.97
各年增量	—	-7.33	-12.60	-10.18	-9.09	-5.06	-5.72	-4.85	-3.72	0.33	-0.13
相比 2010 年增量	—	-7.33	-19.93	-30.11	-39.20	-44.26	-49.98	-54.83	-58.55	-58.22	-58.35
1 年级（16 岁）	79.25	76.68	69.61	69.06	67.58	64.55	63.34	62.72	60.82	63.67	62.59
各年增量	—	-2.57	-7.07	-0.55	-1.48	-3.03	-1.21	-0.62	-1.90	2.85	-1.08
相比 2010 年增量	—	-2.57	-9.64	-10.19	-11.67	-14.7	-15.91	-16.53	-18.43	-15.58	-16.66
2 年级（17 岁）	82.17	79.20	76.63	69.57	69.02	67.54	64.51	63.30	62.69	60.79	63.64
各年增量	—	-2.97	-2.57	-7.06	-0.55	-1.48	-3.03	-1.21	-0.61	-1.90	2.85
相比 2010 年增量	—	-2.97	-5.54	-12.60	-13.15	-14.63	-17.66	-18.87	-19.48	-21.38	-18.53
3 年级（18 岁）	83.90	82.11	79.15	76.58	69.52	68.97	67.49	64.47	63.26	62.64	60.74
各年增量	—	-1.79	-2.96	-2.57	-7.06	-0.55	-1.48	-3.02	-1.21	-0.62	-1.90
相比 2010 年增量	—	-1.79	-4.75	-7.32	-14.38	-14.93	-16.41	-19.43	-20.64	-21.26	-23.16

数据来源：根据广西人口计生委提供的数据整理。

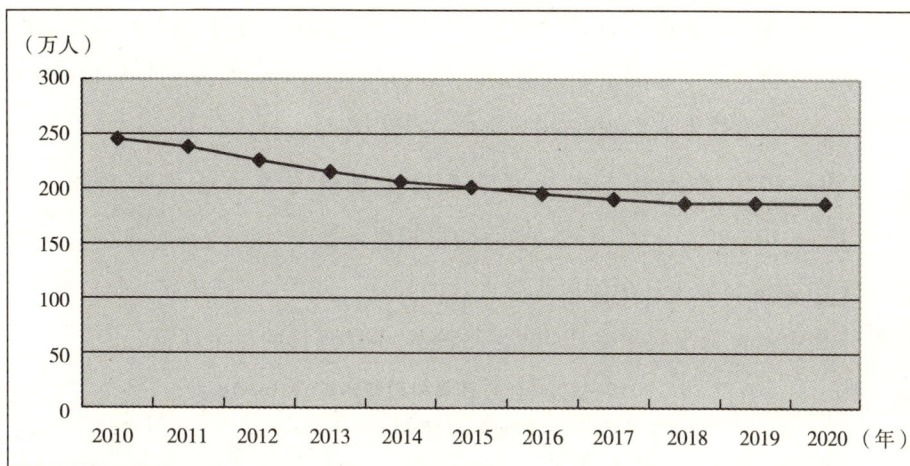

（万人）

图 2-12　2010—2020 年广西高中教育阶段（16—18 岁）学龄人口数变动图

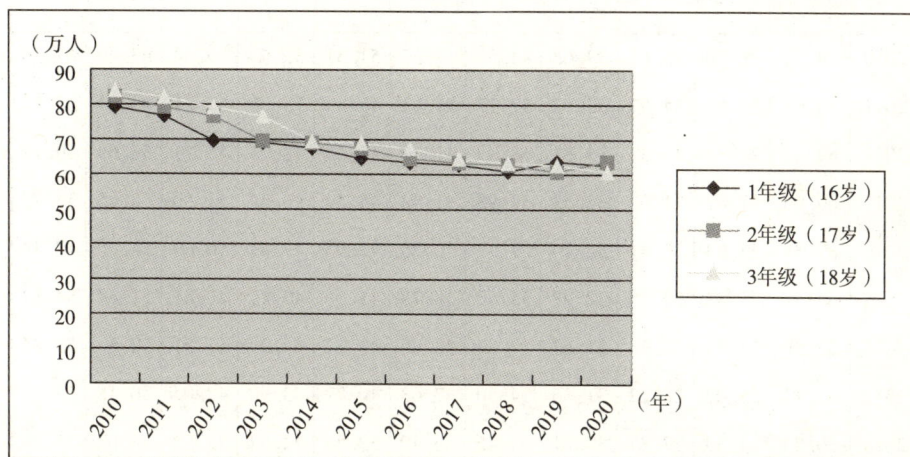

（万人）

图 2-13　2010—2020 年广西高中教育阶段（16—18 岁）各学龄人数变动图

从表 2-24 和图 2-12、图 2-13 可见，2010—2020 年广西高中阶段教育学龄人数呈现出下降趋势，只有 2019 年有微弱上升。从年递减量看，年递减量最大值在 2012 年，达 12.60 万人；与 2010 年相比，减量最大值在 2018 年，达 58.55 万人。16 岁组学龄人数也是呈现出下降的发展趋势，只在 2019 年上升，年递减量最大值出现在 2012 年，达 7.07 万人；与 2010 年相比，年递减量最大值在 2018 年，达 18.43 万人。17 岁组学龄人数也是呈下降趋势，2020 年出现上升趋势，年递减量最大值在 2013 年，达 7.06 万人；与 2010 年相比，年递减量最大值在 2019 年，达 21.38 万人。18 岁组学龄人数同样呈现出下降发展趋势，年递减量最大值出现在 2014 年，达 7.06 万人；与 2010 年相比，年递减量最大值出现在 2020 年，达 23.16 万人。

3. 2010—2020 年广西高中教育阶段招生规模与在校生规模预测

（1）2010—2020 年广西高中教育阶段招生人数。

以 16 岁人口数为高中阶段入学人数的基数，表 2-25 列出了广西 2010—2020 年高中教育阶段入学率从 40%—85% 时各年预计的招生规模。

表 2-25　2010—2020 年广西高中教育阶段（16—18 岁）
招生规模预测　　　　　　（单位：万人）

年份	16 岁学龄人数	40%	45%	50%	55%	60%	65%	70%	75%	80%	85%
2010	79.25	31.70	35.66	39.63	43.59	47.55	51.51	55.47	59.44	63.40	67.36
2011	76.68	30.67	34.51	38.34	42.17	46.01	49.84	53.68	57.51	61.34	65.18
2012	69.61	27.84	31.32	34.81	38.29	41.77	45.25	48.73	52.21	55.69	59.17
2013	69.06	27.62	31.08	34.53	37.98	41.44	44.89	48.34	51.80	55.25	58.70
2014	67.58	27.03	30.41	33.79	37.17	40.55	43.93	47.31	50.69	54.06	57.44
2015	64.55	25.82	29.05	32.28	35.50	38.73	41.96	45.18	48.41	51.64	54.87
2016	63.34	25.34	28.50	31.67	34.84	38.00	41.17	44.34	47.51	50.67	53.84
2017	62.72	25.09	28.22	31.36	34.50	37.63	40.77	43.90	47.04	50.18	53.31
2018	60.82	24.33	27.37	30.41	33.45	36.49	39.53	42.57	45.62	48.66	51.70
2019	63.67	25.47	28.65	31.84	35.02	38.20	41.39	44.57	47.75	50.94	54.12
2020	62.59	25.04	28.17	31.30	34.42	37.55	40.68	43.81	46.94	50.07	53.20

2010—2020 年广西高中教育阶段招生规模以 16 岁学龄人口数据为依据，各年 16 岁人口数呈先下降后上升趋势，2010—2018 年下降，2019 年有所上升，2020 年又呈现出下降趋势。以 40%—85% 的入学率计算的各年招生人数与 16 岁组学龄人数呈现出同样的发展趋势。

（2）2010—2020 年广西高中教育阶段在校生人数。

以 16—18 岁的学龄人口为基础数据，分别测算 50%—85% 的入学率高

中阶段在校生规模变化情况。由于高中教育阶段 16—18 岁学龄人数呈现下降
趋势，相应地测算出的高中教育在校生人数也呈现出同样的趋势。2020 年高
中教育阶段按 85% 的入学率计算的在校生人数为 158.92 万人。

表 2-26　2010—2020 年广西不同入学率计算的高中

教育阶段（16—18 岁）在校生人数　　　　（单位：万人）

年份	2010	2011	2012	2013	2014	2015	2016	2017	2018	2019	2020
人数	245.32	237.99	225.39	215.20	206.12	201.06	195.35	190.49	186.77	187.10	186.97
50%	122.66	119.00	112.70	107.60	103.06	100.53	97.68	95.25	93.39	93.55	93.49
51%	125.11	121.37	114.95	109.75	105.12	102.54	99.63	97.15	95.25	95.42	95.35
52%	127.57	123.75	117.20	111.90	107.18	104.55	101.58	99.05	97.12	97.29	97.22
53%	130.02	126.13	119.46	114.06	109.24	106.56	103.54	100.96	98.99	99.16	99.09
54%	132.47	128.51	121.71	116.21	111.30	108.57	105.49	102.86	100.86	101.03	100.96
55%	134.93	130.89	123.96	118.36	113.37	110.58	107.44	104.77	102.72	102.91	102.83
56%	137.38	133.27	126.22	120.51	115.43	112.59	109.40	106.67	104.59	104.78	104.70
57%	139.83	135.65	128.47	122.66	117.49	114.60	111.35	108.58	106.46	106.65	106.57
58%	142.29	138.03	130.73	124.82	119.55	116.61	113.30	110.48	108.33	108.52	108.44
59%	144.74	140.41	132.98	126.97	121.61	118.63	115.26	112.39	110.19	110.39	110.31
60%	147.19	142.79	135.23	129.12	123.67	120.64	117.21	114.29	112.06	112.26	112.18
61%	149.65	145.17	137.49	131.27	125.73	122.65	119.16	116.20	113.93	114.13	114.05
62%	152.10	147.55	139.74	133.42	127.79	124.66	121.12	118.10	115.80	116.00	115.92
63%	154.55	149.93	142.00	135.58	129.86	126.67	123.07	120.01	117.67	117.87	117.79
64%	157.00	152.31	144.25	137.73	131.92	128.68	125.02	121.91	119.53	119.74	119.66
65%	159.46	154.69	146.50	139.88	133.98	130.70	126.98	123.82	121.40	121.62	121.53
66%	161.91	157.07	148.76	142.03	136.04	132.70	128.93	125.72	123.27	123.49	123.40
67%	164.36	159.45	151.01	144.18	138.10	134.71	130.88	127.63	125.14	125.36	125.27
68%	166.82	161.83	153.27	146.34	140.16	136.72	132.84	129.53	127.00	127.23	127.14
69%	169.27	164.21	155.52	148.49	142.22	138.73	134.79	131.44	128.87	129.10	129.01
70%	171.72	166.59	157.77	150.64	144.28	140.74	136.74	133.34	130.74	130.97	130.88
71%	174.18	168.97	160.03	152.79	146.35	142.75	138.70	135.25	132.61	132.84	132.75

续表

年份	2010	2011	2012	2013	2014	2015	2016	2017	2018	2019	2020
72%	176.63	171.35	162.28	154.94	148.41	144.76	140.65	137.15	134.47	134.71	134.62
73%	179.08	173.73	164.53	157.10	150.47	146.77	142.61	139.06	136.34	136.58	136.49
74%	181.54	176.11	166.79	159.25	152.53	148.78	144.56	140.96	138.21	138.45	138.36
75%	183.99	178.49	169.04	161.40	154.59	150.80	146.51	142.87	140.08	140.32	140.23
76%	186.44	180.87	171.30	163.55	156.65	152.81	148.47	144.77	141.95	142.20	142.10
77%	188.90	183.25	173.55	165.70	158.71	154.82	150.42	146.68	143.81	144.07	143.97
78%	191.35	185.63	175.80	167.86	160.77	156.83	152.37	148.58	145.68	145.94	145.84
79%	193.80	188.01	178.06	170.01	162.83	158.84	154.33	150.49	147.55	147.81	147.71
80%	196.26	190.39	180.31	172.16	164.90	160.85	156.28	152.39	149.42	149.68	149.58
81%	198.71	192.77	182.57	174.31	166.96	162.86	158.23	154.30	151.28	151.55	151.45
82%	201.16	195.15	184.82	176.46	169.02	164.87	160.19	156.20	153.15	153.42	153.32
83%	203.62	197.53	187.07	178.62	171.08	166.88	162.14	158.11	155.02	155.29	155.19
84%	206.07	199.91	189.33	180.77	173.14	168.89	164.09	160.01	156.89	157.16	157.05
85%	208.52	202.29	191.58	182.92	175.20	170.90	166.05	161.92	158.75	159.04	158.92

数据来源：根据广西人口计生委提供的数据整理。

（3）2010—2020 年广西高中教育阶段增长速度预测。

2008 年广西高中教育阶段在校生人数已达 75.70 万人，以此为基数，分别以 3%、4%、5%、6%、7% 的增长率对 2010—2020 年广西高中教育阶段在校学生数进行预测，结果如表 2-27 所示。

表 2-27　2010—2020 年广西高中教育阶段增长速度预测　（单位：万人）

方式	增速	2009	2010	2011	2012	2013	2014	2015	2016	2017	2018	2019	2020
低预测	3%	77.97	80.31	82.72	85.20	87.76	90.39	93.10	95.89	98.77	101.73	104.78	107.92
	4%	78.73	81.88	85.16	88.57	92.11	95.79	99.62	103.60	107.74	112.05	116.53	121.19
中预测	5%	79.49	83.46	87.63	92.01	96.61	101.44	106.51	111.84	117.43	123.30	129.47	135.94
	6%	80.24	85.05	90.15	95.56	101.29	107.37	113.81	120.64	127.88	135.55	143.68	152.30
高预测	7%	81.00	86.67	92.74	99.23	106.18	113.61	121.56	130.07	139.17	148.91	159.33	170.48

注：以 2008 年广西高中教育阶段在校生 75.70 万人为基数进行预测。

表 2-28　2020 年广西高中教育阶段（16—18 岁）不同发展速度
在校生人数对应的毛入学率

方　　式	低预测		中预测		高预测
	3%	4%	5%	6%	7%
2020 年在校生人数（万人）	107.92	121.19	135.94	152.30	170.48
2020 年毛入学率	57.72%	64.82%	72.71%	81.46%	91.18%

注：2020 年毛入学率＝2020 年各增率预测的在校生人数÷2020 年学龄人口预测数
186.97 万人。

由表 2-28 中可见，广西高中教育阶段在 2020 年达到 85% 毛入学率时的
在校生人数为 158.92 万人，也即每年增长速度为 6% 就有可能达到此标准，
如果高中教育阶段增长速度达到 7%，2019 年就可达到 85% 的毛入学率。

（五）广西 19—22 岁学龄人口变化对广西高等教育阶段影响分析

1. 2001—2020 年广西高等教育阶段（19—22 岁）学龄人数

表 2-29　2001—2020 年广西高等教育阶段

（19—22 岁）学龄人数　　　　　　（单位：万人）

年　　份	高等教育阶段学龄人数	年　　份	高等教育阶段学龄人数
2001	339.28	2011	368.18
2002	344.52	2012	350.20
2003	363.14	2013	330.93
2004	391.25	2014	320.98
2005	413.16	2015	306.63
2006	442.66	2016	293.50
2007	441.11	2017	281.88
2008	430.76	2018	269.82
2009	415.84	2019	263.56
2010	386.82	2020	257.25

数据来源：依据广西人口计生委提供的数据整理。

表 2-29 和图 2-14 数据显示，2001—2020 年广西高等教育阶段学龄人数
呈现先升后降的倒 "U" 形，峰值在 2006 年，学龄人数达到 442.66 万人，

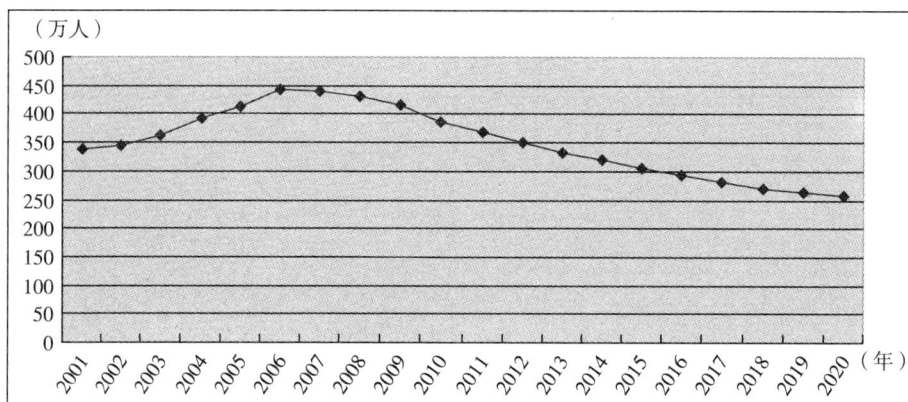

图 2-14 2001—2020 年广西高等教育阶段（19—22 岁）学龄人数变动图

比 2001 年的 339.28 万人增加 103.38 万人，增长 30.47%；2020 年学龄人数为 257.25 万人，比 2006 年峰值减少 185.41 万人，下降 41.89%，比 2001 年减少 82.03 万人，下降 24.18%。

2. 2010—2020 年广西高等教育阶段（19—22 岁）学龄人口发展趋势

2010—2020 年，广西高等教育学龄人口呈现出下降的趋势。2010—2015 年广西高等教育阶段学龄人口年度总规模保持在 300 万人以上，其中 2010 年高等教育阶段学龄人口高峰达 386.82 万人。2011 年以后，高等教育阶段学龄人口规模逐年下降，2020 年下降到 257.25 万人，比 2010 年减少 129.57 万人，下降了 33.50%。

表 2-30 2010—2020 年广西高等教育人口统计分析指标 （单位：万人）

年份\指标	2010	2011	2012	2013	2014	2015	2016	2017	2018	2019	2020
学龄人口数	386.82	368.18	350.20	330.93	320.98	306.63	293.51	281.89	269.81	263.56	257.25
各年增量	—	-18.63	-17.99	-19.27	-9.95	-14.36	-13.11	-11.62	-12.08	-6.25	-6.31
相比 2010 年增量	—	-18.63	-36.62	-55.89	-65.84	-80.20	-93.31	-104.93	-117.01	-123.26	-129.57
1 年级（19 岁）	86.48	83.83	82.05	79.08	76.52	69.46	68.91	67.44	64.42	63.21	62.59

续表

指标 \ 年份	2010	2011	2012	2013	2014	2015	2016	2017	2018	2019	2020
各年增量	—	-2.65	-1.78	-2.97	-2.56	-7.06	-0.55	-1.47	-3.02	-1.21	-0.62
相比2010年增量	—	-2.65	-4.43	-7.40	-9.96	-17.02	-17.57	-19.04	-22.06	-23.27	-23.89
2年级(20岁)	98.31	86.40	83.76	81.98	79.01	76.45	69.40	68.85	67.38	64.36	63.15
各年增量	—	-11.91	-2.64	-1.78	-2.97	-2.56	-7.05	-0.55	-1.47	-3.02	-1.21
相比2010年增量	—	-11.91	-14.55	-16.33	-19.30	-21.86	-28.91	-29.46	-30.93	-33.95	-35.16
3年级(21岁)	99.87	98.20	86.31	83.67	81.88	78.93	76.36	69.32	68.78	67.30	64.29
各年增量	—	-1.67	-11.89	-2.64	-1.79	-2.95	-2.57	-7.04	-0.54	-1.48	-3.01
相比2010年增量	—	-1.67	-13.56	-16.20	-17.99	-20.94	-23.51	-30.55	-31.09	-32.57	-35.58
4年级(22岁)	102.16	99.75	98.08	86.20	83.57	81.79	78.83	76.27	69.24	68.69	67.22
各年增量	—	-2.41	-1.67	-11.88	-2.63	-1.78	-2.96	-2.56	-7.03	-0.55	-1.47
相比2010年增量	—	-2.41	-4.08	-15.96	-18.59	-20.37	-23.33	-25.89	-32.92	-33.47	-34.94

数据来源：依据广西人口计生委提供的数据整理。

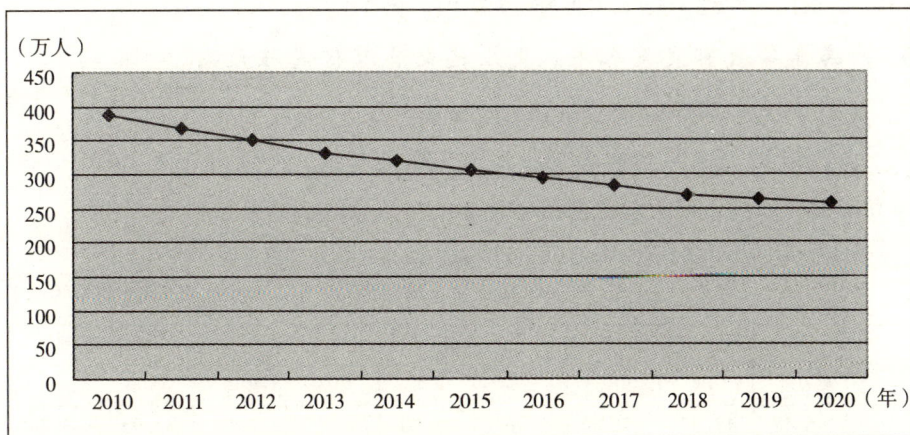

图2-15 2010—2020年广西高等教育阶段（19—22岁）学龄人口数变动图

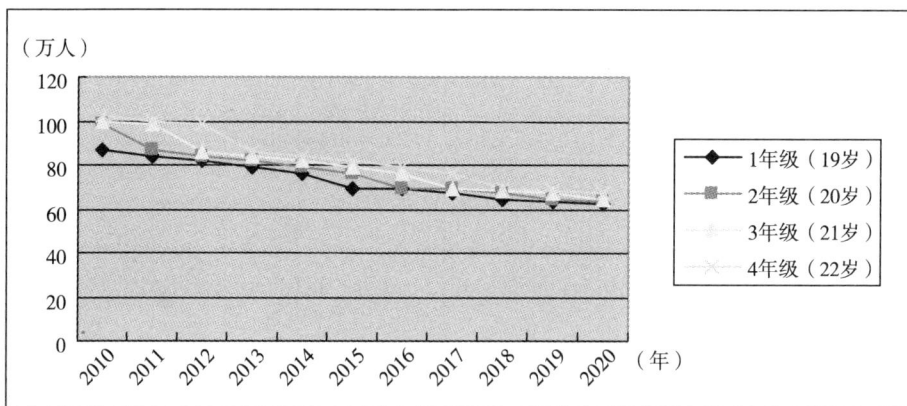

图 2-16　2010—2020 年广西高等教育阶段（19—22 岁）各学龄人数变动图

2010—2020 年广西高等教育阶段学龄人数呈现下降趋势，从年递减量看，年递减量最大值在 2013 年，达 19.27 万人；与 2010 年相比，年递减量最大值在 2020 年，达 129.57 万人。19 岁组学龄人数呈下降趋势，年递减量最大值在 2015 年，达 7.06 万人；与 2010 年相比，年递减量最大值在 2020 年，达 23.89 万人。20 岁组学龄人数呈下降趋势，年递减量最大值在 2011 年，达 11.91 万人；与 2010 年相比，年递减量最大值在 2020 年，达 35.16 万人。21 岁组学龄人数也呈下降趋势，年递减量最大值在 2012 年，达 11.89 万人；与 2010 年相比，年递减量最大值在 2020 年，达 35.58 万人。22 岁组学龄人数依然呈下降趋势，年递减量最大值在 2013 年，达 11.88 万人；与 2010 年相比，年递减量最大值在 2020 年，达 34.94 万人。

3. 广西高等教育发展水平从大众化到普及化进程预测

（1）2010—2020 年高等教育阶段招生人数。

以各年 19 岁人数为高等阶段入学人数的基数，计算出广西 2010—2020 年高等教育阶段不同入学率的各年预计的招生人数，结果如表 2-31 所示。

表 2-31　2010—2020 年广西高等教育阶段不同
入学率招生人数预测　　　　　　（单位：万人）

年份	19 岁学龄人口	低预测		中预测		高预测		超高预测	
		15%	20%	25%	30%	35%	40%	45%	50%
2010	86.48	12.97	17.30	21.62	25.94	30.27	34.59	38.92	43.24
2011	83.83	12.58	16.77	20.96	25.15	29.34	33.53	37.73	41.92

年份	19岁学龄人口	低预测		中预测		高预测		超高预测	
		15%	20%	25%	30%	35%	40%	45%	50%
2012	82.05	12.31	16.41	20.51	24.61	28.72	32.82	36.92	41.02
2013	79.08	11.86	15.82	19.77	23.73	27.68	31.63	35.59	39.54
2014	76.52	11.48	15.30	19.13	22.95	26.78	30.61	34.43	38.26
2015	69.46	10.42	13.89	17.37	20.84	24.31	27.79	31.26	34.73
2016	68.91	10.34	13.78	17.23	20.67	24.12	27.57	31.01	34.46
2017	67.44	10.12	13.49	16.86	20.23	23.60	26.98	30.35	33.72
2018	64.42	9.66	12.88	16.10	19.32	22.55	25.77	28.99	32.21
2019	63.21	9.48	12.64	15.80	18.96	22.12	25.28	28.44	31.60
2020	62.59	9.39	12.52	15.65	18.78	21.91	25.04	28.17	31.30

数据来源：根据广西人口计生委提供的数据整理。

由于各年19岁学龄人数呈现出下降发展趋势，所以按不同入学率计算的招生人数也呈现出下降的趋势。

（2）2010—2020年广西高等教育阶段在校生人数。

以19—22岁的学龄人口为基数，按15%—50%不同入学率预计的高等教育阶段在校生规模变化情况如表2-32所示。数据显示，2010—2020年广西19—22岁高等教育阶段学龄人数呈现下降趋势，按不同入学率计算的在校生人数也呈下降趋势，到2020年按50%入学率计算的高等教育阶段在校生人数为126.05万人。

表2-32　2010—2020年广西不同入学率计算的

高等教育阶段在校生人数　　　　　　（单位：万人）

年份	2010	2011	2012	2013	2014	2015	2016	2017	2018	2019	2020
人数	386.82	368.19	350.20	330.93	320.98	306.62	293.51	281.89	269.81	263.56	257.25
15%	58.02	55.23	52.53	49.64	48.15	45.99	44.03	42.28	40.47	39.53	38.59
16%	61.89	58.91	56.03	52.95	51.36	49.06	46.96	45.10	43.17	42.17	41.16
17%	65.76	62.59	59.53	56.26	54.57	52.13	49.90	47.92	45.87	44.81	43.73
18%	69.63	66.27	63.04	59.57	57.78	55.19	52.83	50.74	48.57	47.44	46.31

续表

年份	2010	2011	2012	2013	2014	2015	2016	2017	2018	2019	2020
19%	73.50	69.96	66.54	62.88	60.99	58.26	55.77	53.56	51.26	50.08	48.88
20%	77.36	73.64	70.04	66.19	64.20	61.32	58.70	56.38	53.96	52.71	51.45
21%	81.23	77.32	73.54	69.50	67.41	64.39	61.64	59.20	56.66	55.35	54.02
22%	85.10	81.00	77.04	72.80	70.62	67.46	64.57	62.02	59.36	57.98	56.60
23%	88.97	84.68	80.55	76.11	73.83	70.52	67.51	64.83	62.06	60.62	59.17
24%	92.84	88.37	84.05	79.42	77.04	73.59	70.44	67.65	64.75	63.25	61.74
25%	96.71	92.05	87.55	82.73	80.25	76.66	73.38	70.47	67.45	65.89	64.31
26%	100.57	95.73	91.05	86.04	83.45	79.72	76.31	73.29	70.15	68.53	66.89
27%	104.44	99.41	94.55	89.35	86.66	82.79	79.25	76.11	72.85	71.16	69.46
28%	108.31	103.09	98.06	92.66	89.87	85.85	82.18	78.93	75.55	73.80	72.03
29%	112.18	106.78	101.56	95.97	93.08	88.92	85.12	81.75	78.24	76.43	74.60
30%	116.05	110.46	105.06	99.28	96.29	91.99	88.05	84.57	80.94	79.07	77.18
31%	119.91	114.14	108.56	102.59	99.50	95.05	90.99	87.39	83.64	81.70	79.75
32%	123.78	117.82	112.06	105.90	102.71	98.12	93.92	90.20	86.34	84.34	82.32
33%	127.65	121.50	115.57	109.21	105.92	101.18	96.86	93.02	89.04	86.97	84.89
34%	131.52	125.18	119.07	112.52	109.13	104.25	99.79	95.84	91.74	89.61	87.47
35%	135.39	128.87	122.57	115.83	112.34	107.32	102.73	98.66	94.43	92.25	90.04
36%	139.26	132.55	126.07	119.13	115.55	110.38	105.66	101.48	97.13	94.88	92.61
37%	143.12	136.23	129.57	122.44	118.76	113.45	108.60	104.30	99.83	97.52	95.18
38%	146.99	139.91	133.08	125.75	121.97	116.52	111.53	107.12	102.53	100.15	97.76
39%	150.86	143.59	136.58	129.06	125.18	119.58	114.47	109.94	105.23	102.79	100.33
40%	154.73	147.28	140.08	132.37	128.39	122.65	117.40	112.76	107.92	105.42	102.90
41%	158.60	150.96	143.58	135.68	131.60	125.71	120.34	115.57	110.62	108.06	105.47
42%	162.46	154.64	147.08	138.99	134.81	128.78	123.27	118.39	113.32	110.70	108.05
43%	166.33	158.32	150.59	142.30	138.02	131.85	126.21	121.21	116.02	113.33	110.62
44%	170.20	162.00	154.09	145.61	141.23	134.91	129.14	124.03	118.72	115.97	113.19

年份	2010	2011	2012	2013	2014	2015	2016	2017	2018	2019	2020
45%	174.07	165.69	157.59	148.92	144.44	137.98	132.08	126.85	121.41	118.60	115.76
46%	177.94	169.37	161.09	152.23	147.65	141.05	135.01	129.67	124.11	121.24	118.34
47%	181.81	173.05	164.59	155.54	150.86	144.11	137.95	132.49	126.81	123.87	120.91
48%	185.67	176.73	168.10	158.85	154.07	147.18	140.88	135.31	129.51	126.51	123.48
49%	189.54	180.41	171.60	162.16	157.28	150.24	143.82	138.13	132.21	129.14	126.05
50%	189.54	180.41	171.60	162.16	157.28	150.24	143.82	138.13	132.21	129.14	126.05

数据来源：根据广西人口计生委提供的数据整理。

（3）2009—2020 年广西高等教育增长速度预测。

2004—2007 年广西高等教育毛入学率连续 4 年为 15%，高等教育发展规模已步入大众化阶段。与此同时，全国高等教育毛入学率已于 2002 年达到了 15%，2003 年达到 17%，2004—2007 年则分别达到了 19%、21%、22%、23%。但仍分别落后全国平均水平 4、6、7、8 个百分点。2008 年广西普通高等学校在校生人数已达 48.42 万人，以此为基数，我们对 2009—2020 年广西普通高等教育增长速度进行了预测，结果如表 2-33 和表 2-34 所示。

表 2-33　2009—2020 年广西高等教育增长速度预测　（单位：万人）

方式	增速	2009	2010	2011	2012	2013	2014	2015	2016	2017	2018	2019	2020
低预测	3%	49.87	51.37	52.91	54.50	56.14	57.82	59.55	61.34	63.18	65.08	67.03	69.04
	4%	50.36	52.37	54.46	56.64	58.91	61.27	63.72	66.27	68.92	71.68	74.55	77.53
	5%	50.84	53.38	56.05	58.85	61.79	64.88	68.12	71.53	75.11	78.87	82.81	86.95
中预测	6%	51.33	54.41	57.67	61.13	64.80	68.69	72.81	77.18	81.81	86.72	91.92	97.44
	7%	51.81	55.44	59.32	63.47	67.91	72.66	77.75	83.19	89.01	95.24	101.91	109.04
高预测	8%	52.29	56.47	60.99	65.87	71.14	76.83	82.98	89.62	96.79	104.53	112.89	121.92
	9%	52.78	57.53	62.71	68.35	74.50	81.21	88.52	96.49	105.17	114.64	124.96	136.21

注：以 2008 年广西高等学校在校生 48.42 万人为基数计算。

表 2-34　2020 年广西高等教育不同增长速度在校生人数对应的毛入学率

项　　目	低预测			中预测		高预测	
	3%	4%	5%	6%	7%	8%	9%
2020 年在校生人数（万人）	69.04	77.53	86.95	97.44	109.04	121.92	136.21
2020 年毛入学率	26.84%	30.14%	33.80%	37.88%	42.39%	47.39%	52.95%

注：2020 年毛入学率＝2020 年各增率预测的在校生人数÷2020 年学龄人口预测数 257.25 万人。

由表 2-34 中可见，广西高等教育阶段在 2020 年达到 50% 毛入学率时的在校生人数为 126.05 万人，即每年增长速度要超过 8% 才有可能达高等教育普及化程度；如果高等教育阶段在校生规模以 9% 的年增长速度发展，广西有望在 2019 年达到高等教育普及化水平。

四、小结

（一）2010—2020 年广西各个教育阶段学龄人口的峰值不完全相同

综合以上数据分析，2010—2020 年广西各个教育阶段学龄人口的高峰期是不一样的。

学前教育在 2014 年有所上升，2015—2018 年出现学前教育人口的高峰期，2019 年虽有所下降，但仍在 300 万人以上，发展学前教育的压力较大。

小学教育阶段学龄人口数比学前教育人口数的高峰期延后，2016 年有所上升后也于 2017—2020 年再次达到高峰期，小学教育也同样面临压力。初中教育阶段学龄人口的高峰期在 2010—2012 年，随后呈现出下降的趋势，但 2018—2020 年又呈上升态势，这给普及九年义务教育和巩固九年义务教育成果，推动九年义务教育均衡化发展同样带来较大压力。

高中教育阶段学龄人口的高峰期出现在 2010—2013 年，之后呈现下降趋势，这对逐步扩大高中教育阶段规模，不断提高广西高中教育普及率，追赶全国高中教育普及水平，力争广西于 2020 年与全国同步达到党的十六大提出的到 2020 年基本普及高中教育的目标，提供了一个有利的机遇。

高等教育阶段学龄人口高峰期在 2010—2014 年，之后呈现下降趋势，这也为广西高等教育不断提高毛入学率，缩短高等教育毛入学率与全国、西部地区高等教育平均毛入学率的差距，加快广西高等教育发展提供了一个良好的时机。

（二）2010—2020 年广西人口变动对教育的影响有几个值得注意的问题

第一，不同阶段、不同时期学龄人口的起伏变化，对教育不同阶段、不同时期的规模效益将直接产生影响。如何保持教育在不同阶段、不同时期的适度规模，使之在各自峰值前后能平稳衔接过渡，准确把握好规模效益的度，这在编制教育发展规划中是一个需要加以关注和解决的重大问题。

第二，本课题分析了广西人口变动对教育的影响，虽然也列举了对广西各地级市 2010—2020 年各年学龄人口分年龄的预测分析，但主要还是从广西各年龄段总的学龄人口变化对教育的整体影响作宏观分析，而且对各年龄段学龄人口变化及对各个教育阶段所产生的影响，暂时只能从静态层面进行分析。而在现实中，人口总是在不断流动中的，如随着广西城镇化率的不断提高，人口每年也由农村逐步向城镇集聚；再如，随着农民工进城务工，城镇人口户籍的进一步放宽，农民工子女、农村孩子也不断转移到城镇中来，特别是广西几个中心城市。这样，城乡人口分布的差异变化，区域性的人口分布不平衡，也将给满足人民群众对学前教育的需求，实现义务教育的均衡化，扩大高中教育阶段的规模，提高高等教育的毛入学率带来直接影响，这也是在作决策作规划中不得不考虑的重要因素。但由于研究预测难度、课题的时限等，本课题暂无法作更深层的研究。

第三，广西未来的人口变动情况与全国并非完全一致。由于广西是少数民族自治区以及过去实施计划生育政策等一些特殊情况，根据我们对广西人口发展预测结果，广西从 2005 年开始，人口生育水平出现较大反弹，之后将在高位运行，而且这一趋势由于人口增长的惯性作用将要延续至 2015 年才能恢复到 2004 年以前的水平。在这一长达 11 年的生育高峰期，广西将年均出生人口约 81 万，年平均出生率将达 15‰左右，比 2000—2004 年五年间的年平均出生率 13.58‰高 1.5 个千分点左右，这一特殊情况与全国及西部一些省份人口未来变化不完全相同。广西的这一特殊情况，也使广西教育发展的中长期规划与全国的教育发展中长期规划应有所区别，因而本课题把"全国 2010—2020 年各级各类学龄人口数"作为参考资料附在第四章后（见第四章附录），以供规划决策时对比参考。

参考文献

［1］高书国，杨晓明．中国人口文化素质报告［M］．北京：社会科学文献出版社，2004．

［2］闭明辉．广西人口发展预测及分析［G］//．广西壮族自治区第五次人口普查优秀课题论文集，广西壮族自治区人口普查办公室，2003．

［3］广西壮族自治区统计局．2009 广西统计年鉴［M］．北京：中国统计出版社，2009．

［4］高书国．中国城乡教育转型模式［M］．北京：北京师范大学出版社，2006．

［5］石人炳．人口变动对教育的影响［M］．北京：中国经济出版社，2005．

［6］王红，徐益能，米红．未来十五年福建高等教育适龄人口预测［J］．发展研究，2006．

［7］国家统计局．2009 中国统计年鉴［M］．北京：中国统计出版社，2009．

［8］中华人民共和国教育部．中国教育年鉴（2008）［M］．北京：人民教育出版社，2008．

［9］林霁峰．广西人口生育水平现状与发展趋势分析［R］．内部资料，2009．

［10］杨艳琳．湖北省人口变化对教育的影响及对策研究［J］．教育研究，2001（7）．

［11］段成荣，杨书章，高书国．21 世纪上半叶我国各级学校适龄人口数量

　　变动趋势分析［J］．人口与经济，2000（4）．

［12］广西教育厅教育数据分析中心．2005—2008 广西教育事业数据分析
　　　［M］．桂林：广西师范大学出版社，2009．

［13］中国教育与人力资源问题报告课题组．从人口大国迈向人力资源强国
　　　［M］．北京：高等教育出版社，2003．

［14］田家盛．教育人口学［M］．北京：人民教育出版社，2000．

［15］石人炳．我国人口变动对教育的影响及对策［J］．人口研究，2003
　　　（1）．

第三章

广西高等教育毛入学率的现状分析及对策研究

课题组在对广西高等教育毛入学率的现状及成因进行分析的基础上，对广西高等教育毛入学率的发展目标进行规划，并提出了相应的对策。

一、高等教育毛入学率计算公式

教育部于 1998 年底制定了我国的高等教育统计口径和毛入学率的计算方法。计算公式的分子为某学年实施高等教育的各种类型的学校或机构的在学人数，现阶段有 7 类：一是高等学校和科研机构的在学研究生人数，二是普通高等学校各种类型本、专科学生数，三是成人高等学校本、专科学生数，四是军事院校本、专科学生数，五是学历文凭考试专科学生数，六是电大注册视听生注册人数×折算系数，七是高等教育自学考试毕业生人数×折算系数。电大注册视听生注册人数折算系数为 0.3；高等教育自学考试毕业生人数折算系数为 5.0。计算公式的分母为 18—22 岁的适龄人口数。

（一）全国高等教育毛入学率计算方法

某年全国高等教育毛入学率=（某学年全国高等教育在学人数÷某年全国 18—22 岁人口数）×100%

具体而言，

某年全国高等教育毛入学率=［（某学年全国高等学校和科研机构的在学

研究生人数+普通高等学校各种类型本、专科学生数+成人高等学校本、专科学生数+军事院校本、专科学生数+学历文凭考试专科学生数+电大注册视听生注册人数×0.3+高等教育自学考试毕业生人数×5.0）÷某年全国18—22岁人口数]×100%

2009年全国高等教育毛入学率为24.2%。

（二）省（自治区、直辖市）高等教育毛入学率计算方法

由于每个省（自治区、直辖市）招生的生源来自本省和其他各省（自治区、直辖市），因此在计算某省（自治区、直辖市）的高等教育毛入学率时，计算方法与计算全国高等教育毛入学率方法略有不同。

某年省（自治区、直辖市）高等教育毛入学率=（某学年本省生源高等教育在学人数÷某年本省籍18—22岁人口数）×100%

公式中分子是本省（自治区、直辖市）生源高等教育在学人数，也就是本省（自治区、直辖市）生源在省（自治区、直辖市）内外的高等教育在学人数，包括本省（自治区、直辖市）生源在本省（自治区、直辖市）内中央部属学校和省（自治区、直辖市）属学校的在学人数以及本省（自治区、直辖市）生源在外省（自治区、直辖市）上学的在学人数。同样需要分7类计算后再相加。外省（自治区、直辖市）考入本省（自治区、直辖市）的学生不计入分子。

（三）2009年广西高等教育毛入学率

根据广西教育厅提供的2009年统计简报，2009年广西壮族自治区研究生在校生为18 748人，普通高校普通本专科在校生为528 342人。因2009年数据不齐，现根据教育厅提供的资料，2008年广西成人高等教育在校生和其他类型在学人数折合约为23万人；2009年广西户籍人口在区外普通高校就读普通本专科人数与区外户籍人口在广西普通高校普通本专科就读人数之差约75 000人。广西18—22岁的适龄人口约为4 923 065人。

按照以上某年省（自治区、直辖市）高等教育毛入学率计算公式计算2009年广西高等教育毛入学率：

2009 年广西高等教育毛入学率 = ［（18 748+528 342+230 000+75 000）÷ 4 923 065］×100% = 852 090÷4 923 065×100% = 17.3%

需要说明的是，18—22 岁广西户籍人口数据来自广西 2000 年第五次人口普查资料（未考虑死亡人数及人口流动数）；由于军事院校学生数难以采集，此处不计入。根据网上发布的普通高校录取信息，2006—2009 年区外高校录取广西生源约 15.5 万人，根据广西高校招生计划统计，2006—2009 年广西高校录取区外考生共约 8 万人，故推算广西户籍人口在区外普通高校就读普通本专科人数与区外户籍人口在广西普通高校普通本专科就读人数之差约 75 000 人；由于数据采集困难，研究生、成人高等教育在校生均未考虑广西壮族自治区户籍人口在外省就读与外省户籍人口在广西壮族自治区就读的差额。根据广西教育厅提供的 2009 年统计简报，2009 年成人高等教育在校生为 144 417 人，其他类型在学人数没有数据，故成人教育的数据取 2008 年成人高等教育在校生和其他类型在学人数折合数 23 万人。如果这 23 万人中包括了不在 7 类人数统计范围内的在学人数，则广西高等教育毛入学率至 2009 年未达到 17%。

二、广西高等教育毛入学率在全国的排名状况分析

我们主要从广西与全国少数民族自治区、与西部省市区、与全国各省市区（不包括香港、澳门、台湾）的比较，来分析广西高等教育毛入学率在全国所处的地位。经查阅资料，分别得出表 3-1、表 3-2、表 3-3。

表 3-1　全国 5 个少数民族自治区高等教育毛入学率
（按 2009 年毛入学率排序）

自治区	2005 年	2009 年	2009 年比 2005 年增幅
内蒙古	18.30%	23.10%	4.80 个百分点
宁　夏	19.18%	22.15%	2.97 个百分点
西　藏	13.20%	22.40%	9.20 个百分点
新　疆	18.10%	22.02%	3.92 个百分点
广　西	15.00%	17.00%	2.00 个百分点

表 3-2　西部 12 个省市区高等教育毛入学率

（按 2009 年毛入学率排序）

省市区	2005 年	2009 年	2009 年比 2005 年增幅
陕　西	23.50%	28.00%	4.50 个百分点
重　庆	20.00%	27.00%	7.00 个百分点
青　海	21.00%	26.17%	5.17 个百分点
内蒙古	18.30%	23.10%	4.80 个百分点
宁　夏	19.18%	22.15%	2.97 个百分点
西　藏	13.20%	22.40%	9.20 个百分点
新　疆	18.10%	22.02%	3.92 个百分点
四　川	21.00%	22.00%（2008 年）	1.00 个百分点
甘　肃	15.00%	20.00%（2008 年）	5.00 个百分点
云　南	12.56%	17.57%	5.01 个百分点
广　西	15.00%	17.00%	2.00 个百分点
贵　州	10.00%	13.80%	3.80 个百分点

表 3-3　全国 31 个省市区高等教育毛入学率

（按 2009 年毛入学率排序）

省市区	2005 年	2009 年	2009 年比 2005 年增幅
全　国	21.00%	24.20%	3.20 个百分点
上　海	55.00%	60.00%	5.00 个百分点
北　京	53.00%	60.00%	7.00 个百分点
天　津	55.00%	55.00%	0 个百分点
浙　江	34.00%	43.00%	9.00 个百分点
江　苏	33.50%	40.00%	6.50 个百分点
辽　宁	33.00%	38.70%	5.70 个百分点
吉　林	23.00%	32.30%	9.30 个百分点
湖　北	24.50%	30.40%	5.90 个百分点
黑龙江	17.00%	28.03%	11.03 个百分点
陕　西	23.50%	28.00%	4.50 个百分点

续表

省市区	2005 年	2009 年	2009 年比 2005 年增幅
广　东	22.00%	27.50%	5.50 个百分点
重　庆	20.00%	27.00%	7.00 个百分点
山　西	22.00%	26.50%	4.50 个百分点
青　海	21.00%	26.17%	5.17 个百分点
福　建	19.17%	23.20%	4.03 个百分点
江　西	20.43%	24.00%	3.57 个百分点
山　东	19.20%	23.70%	4.50 个百分点
内蒙古	18.30%	23.10%	4.80 个百分点
海　南	15.00%	22.60%	7.60 个百分点
宁　夏	19.18%	22.15%	2.97 个百分点
西　藏	13.20%	22.40%	9.20 个百分点
新　疆	18.10%	22.02%	3.92 个百分点
河　南	17.02%	22.02%	5.00 个百分点
四　川	21.00%	22.00%（2008 年）	1.00 个百分点
河　北	21.00%	21.50%	0.50 个百分点
安　徽	17.30%	21.20%	3.90 个百分点
甘　肃	15.00%	20.00%（2008 年）	5.00 个百分点
湖　南	17.78%	19.30%	1.52 个百分点
云　南	12.56%	17.57%	5.01 个百分点
广　西	15.00%	17.00%	2.00 个百分点
贵　州	10.00%	13.80%	3.80 个百分点

　　说明：（1）2005 年数据见：欧阳河，张燕，陈凯，张玉亭. 湖南高等教育赶超发展的战略构想 [J]. 现代大学教育，2007（6）；（2）2009 年数据根据有关省区市国民经济和社会发展统计公报、省区市和教育厅领导讲话、新闻报道等资料收集；（3）四川、甘肃两省无法获得 2009 年的数据。

　　根据以上三个表的数据，至 2009 年，广西高等教育毛入学率，在 5 个自治区中排名为第 5 位，在西部 12 个省市区中排名为第 11 位，在全国 31 个省市区中排名为第 30 位。而广西人口总数在全国排名为第 10 位左右，在 5 个自治区中广西人口最多（比 5 个自治区中排名第二的内蒙古自治区多 2 670 万人），广西高等教育毛入学率的排位与总人口的排位是极为不相称的。

三、广西高等教育毛入学率落后的原因探析

至 2009 年，广西高等教育毛入学率低于全国平均水平超过 7 个百分点，在全国的排名极为靠后。导致广西高等教育毛入学率落后于全国平均水平及全国绝大多数省市区水平的原因是多方面的。

（一）高等教育毛入学率增幅太慢

2005 年，我国高等教育毛入学率已经达到了 21%，广西比全国平均水平低 6 个百分点。到 2009 年，我国高等教育毛入学率达到了 24.2%，比 2005 年提高了 3.2 个百分点。而广西从 2005 年到 2009 年，只增加了 2 个百分点，提高幅度跟不上全国的步伐，与全国高等教育毛入学率的差距在拉大。与此同时，在 2005 年与广西水平相当的甘肃、海南均增加了 5 个百分点以上；原来高等教育毛入学率比广西低的云南、西藏分别增加了 5.01 个百分点和 9.20 个百分点；原来高等教育毛入学率比广西高的新疆、内蒙古、宁夏三个自治区也分别增加了 3.92、4.80、2.97 个百分点。从表 2-3 可以看出，近 4 年来，广西高等教育毛入学率增幅几乎是全国最低的。

其他省市区高等教育毛入学率增幅快的主要原因有四。一是普通高校招生录取率比较高。从 2006 年各省市区普通高校招生录取率比较看，高等教育毛入学率增幅比较大的省区大多数有一个共同点，即 2006 年的录取率比较高，如海南为 90%，西藏为 73%，青海为 70%，重庆为 63.5%，宁夏为 59.5%，新疆为 56.4%，内蒙古为 54%，广西仅为 50%，且此后西部各省区每年的录取率都高于广西。二是通过扩大区外高校录取人数以提高毛入学率。如西藏、新疆，区外高校录取比例达到 35%—40%，而广西只有 20% 左右。三是适当控制中等职业学校在校生比例。如其他 4 个自治区的中等职业学校在校生比例占高中阶段在校生人数 30% 左右，而广西占 40% 左右。四是突破招生计划。如重庆市 2008 年比计划增加 22 162 人，录取率达 70.5%；2009

年比计划增加 31 912 人，录取率达 72.98%；2010 年比计划增加 35 840 人，录取率达 78.55%。内蒙古 2009 年比计划增加近 2 万人，录取率达到 70.74%。

（二）高中阶段毛入学率较低

长期以来，广西高中阶段教育发展相对滞后，高中阶段教育毛入学率较低，导致每年高中毕业生参加高考的基数增幅不大，即使普通高校招生录取比例每年不断提高，也难以较大幅度地提高高等教育毛入学率。近几年广西高中阶段教育虽然处于上升阶段，但发展的困难很多，高中阶段毛入学率提高也不够快，2005 年为 45%，2008 年为 57%，到 2009 年才达到 61%。而 2008 年全国高中阶段毛入学率已经达到 74%，广西高中阶段毛入学率比全国平均水平低 17 个百分点；2009 年，全国高中阶段毛入学率为 79.2%，广西高中阶段毛入学率比全国平均水平低 18.2 个百分点。2009 年，内蒙古、宁夏高中阶段毛入学率均超过 80%，比广西高出 19 个百分点。就普通高中而言，全国适龄人口升入普通高中的比例为 37%，广西仅为 27%，比全国平均水平低 10 个百分点。近两年，广西每年有十万多初中毕业生没有进入高中学习（2006 年、2007 年初中毕业生没有进入高中阶段学习的人数更多）。

同时，近几年，广西高中阶段教育招生数职普比接近 1∶1；大量的中等职业学校、技工学校的毕业生不能或不愿意升入高校学习，也影响了高等教育毛入学率的提高。近几年高中阶段的在校生总数看，其他少数民族自治区的职普学生比例没有广西高。（见表 3-4）

表 3-4 全国 5 个自治区普通高中与职业高中在校生比较 （单位：万人）

年份 类别 自治区	2006		2007		2008		2009	
	普通 高中	职业 高中	普通 高中	职业 高中	普通 高中	职业 高中	普通 高中	职业 高中
广西	73.96	46.03	75.46	54.05	75.70	58.57	75.27	62.88
新疆	40.23	18.17	41.34	23.40	41.87	21.10	41.71	21.76
内蒙古	56.20	21.90	56.10	26.50	54.10	26.90	52.00	32.70
宁夏	13.14	3.47	13.55	6.71	13.72	7.71	14.06	9.64
西藏	5.24	1.47	4.42	1.89	4.45	2.10	3.83	2.13

说明：本表数据采集自各自治区国民经济和社会发展统计公报。

表3-5 广西普通高中与中等职业学校招生数比较 （单位：万人）

年 份 类 别	2004	2005	2006	2007	2008
普通高中	24.4968	25.6877	26.4552	26.6475	26.2833
中等职业学校	11.6103 （含普通中专）	14.0492 （含普通中专）	20.9808	23.7020	24.8976
技工学校	4.0057 （含成人中专）	3.9130 （含成人中专）	3.5429	4.2574	4.2832

说明：因查到的2009年的普通高中、中等职业学校招生数据出现不一致的情况，故未将2009年的数据列出。

表3-6 广西普通高中与中等职业学校毕业生数比较 （单位：万人）

年 份 类 别	2006	2007	2008	2009
普通高中	20.1957	22.3144	23.4161	23.6627
中等职业学校	10.2070	11.4824	13.1577	14.7542
技工学校	2.4357	2.4029	2.5810	—

说明：表3-5、表3-6数据来源于广西教育厅提供的统计简报。

广西报名参加高考的人数2006年为27.49万人，2007年为30万人，2008年为30.3778万人，2009年为30.18万人。从表3-5、表3-6看，进入高中阶段学习的学生2007年、2008年、2009年分别有10万、13万、20万人未参加高考。将初中毕业未进入高中阶段学习的人数与初中毕业进入高中阶段学习而未参加高考的人数相加，适龄人口大约每年有30万未参加高考，按照近几年高考平均录取率60%计算，每年高等教育毛入学率损失3个百分点。

（三） 普通高校吸纳学生的能力不够

首先是高校数量不足。尽管近几年来广西高校的数量在不断增加，但是高校数量与广西总人口数还是不相称的。2004年，广西每107万人有1所高校，每 344 万人有 1 所本科院校。同期，全国平均每 82 万人有 1 所高校，每 199 万人有 1 所本科院校；西部地区平均每 99 万人有一所高校，每 238 万人有一所本科院校。2007 年，广西平均每 82 万人拥有 1 所普通高校，而全国平均水平是每 69 万人拥有 1 所普通高校；广西平均每 251 万人拥有 1 所普通本科高校，而全国平均水平是每 179 万人拥有 1 所普通本科高校。(数据来源：《2002—2008 广西教育事业数据分析》，广西师范大学出版社，2009)

表 3-7　广西高校数量统计　　　　　　　　　(单位：所)

年份	普通本科院校	高等专科学校	高等职业学院	成人高校	独立学院	合计
2004	15	11	23	7	0	56
2005	15	11	25	7	9	67
2006	19	8	28	7	9	71
2007	19	8	29	7	9	72
2008	19	8	31	7	9	74
2009	20	9	30	7	9	75
2010	20	9	33	6	9	77

其次是一些高校受条件所限招生规模难以增大。广西近几年新增高校以高等职业学院为主，不少高等职业学院办学基础相对薄弱，年招生数不大；办学历史比较长的高校招生规模已接近饱和，全区高校普通本专科在校生规模上万人的高校少（普通本专科在校生达到 2 万人的只有广西大学，广西师范大学、桂林电子科技大学、桂林理工大学、广西工学院等本科高校只有 1.5 万人左右），全区高校普通本专科在校生平均为 7 000 多人。而 2009 年内蒙古校均普通本专科在校生达到了 8 500 人，2009 年全国普通高等学校本科、高职（专科）全日制在校生平均规模为 9 086 人。

当然，由于目前生均培养成本高，而自治区财政按学生人数给予高校的补贴经费低，在学费标准无法提高的情况下，可能存在有能力扩大招生规模而不愿意扩招的学校。

（四）成人高等教育发展比较艰难

成人高等教育与区域经济发展水平和高等教育发展水平有密切的联系。

近几年来，凡经济发达、高等教育发达的省市，成人高等教育的发展都比较好。如广东、山东、江苏、浙江等省，成人高等教育呈现上升趋势。这与大量的青年到这些省打工然后在当地接受成人高等教育有关。如此造成经济欠发达省区成人高等教育的生源受到一定的限制。教育部对经济欠发达省区成人高等教育招生规模也有所限制。2007 年、2008 年广西成人高等教育在校生连续负增长，2007 年由 2006 年的 17.145 1 万人下降到 15.146 0 万人，下降11.66％；2008 年由 2007 年的 15.146 0 万人下降到 14.365 4 万人，下降5.15％。2009 年较 2008 年有所增加，但增加比例极小，只有 0.53％。广西自学考试毕业生规模较小，2009 年只有 4 000 人左右（折算后为 20 000 人）。以 2009 年为例，广西成人高等教育对高等教育毛入学率的贡献率为 2.93 个百分点，自学考试对高等教育毛入学率的贡献率仅为 0.004 个百分点。

（五）区外高校在广西招生人数比例小

与其他自治区相比，区外高校在广西录取学生数比例较低。如，2009年，外省市区高校在新疆的招生计划占拟招生数的 37.76％，2010 年提高到拟招生数的 39％。内蒙古 2006 年区外招生计划数为 44.1％，2007 年为40.22％，2008 年 46.8％，近几年每年到内蒙古招生的高校都在增加。而2009 年外省市区高校在广西录取的人数只占 20％，仅有 4 万人。广西普通高校扩大招生规模的能力有限，而区外高校在广西招生的比例不高，造成能升入高校的人数有限，影响了高等教育毛入学率的提高。（见表 3-8）

表 3-8   2006—2009 年 5 个少数民族自治区高考录取率

年份 / 自治区	2006	2007	2008	2009
内蒙古	54％	57.9％	68.25％	70.74％
新疆	56.47％	56.6％	59％	64％
西藏	73.1％	65.1％	60％	58％
宁夏	59.5％	58.4％	—	—
广西	50％	54.2％	55.9％	63.56％

说明：本表数据从网上相关报道收集。

（六）适龄人口下降幅度小

在全国适龄人口整体呈现下降趋势的形势下，广西适龄人口每年下降的比例不大。一些省市区在不需要扩大招生规模的情况下，只要保持招生数不变，高等教育毛入学率便可以自然增加，使得广西与其他省市区的差距加大。近几年来，不少省市区高考报名人数减少，而录取率却不断提高，是高等教育毛入学率提升较快的重要原因之一。具体情况见表 3-9。

表 3-9 2007—2009 年全国各省高考报名人数及录取率统计表

（报名数单位：万人）

地区	2009 年报名数	2009 年录取率	2008 年报名数	2008 年录取率	2007 年报名数	2007 年录取率	2006 年报名数	2006 年录取率
河南	95.9	58%	90.5	40%	87.88	52.3%	78	58.97%
山东	70	74.27%	80	55%	77.75	61.5%	80	64.4%
广东	64.4	70%	61.4	70%	55.38	69.3%	51.74	70%
安徽	57.2	55%	61	51%	56.4	51.4%	46.34	56%
河北	55.9	58%	57.48	54.5%	56.18	53.2%	55.76	49%
湖南	50.7	67%	54	60%	51.88	54.9%	48	48.9%
湖北	51.95	62%	52.5	59%	56.18	53.2%	53	54%
四川	50	59.8%	51.76	70%	49.88	60%	45.32	60%
江苏	54.6	71.4%	50.8	76%	53	70%	49.5	70.18%
陕西	40.5	53.9%	41.4	50.5%	41.17	—	37.31	59.5%
江西	35	66%	38.44	62%	38.43	57.5%	35	58.3%
山西	36	49.2%	37	41%	33.1	44.1%	32	50%
浙江	34.85	82.5%	36.44	73%	35.88	72.5%	35	71%
福建	30.5	70%	31.2	56%	30.93	59.6%	54	58%
广西	30.2	63.56%	30.4	55.9%	30	54.2%	27.49	50%
辽宁	28	78.7%	30	75%	29	75.0%	27	74.5%
甘肃	28.6	55.2%	29	42%	11.69	43.0%	24.8	38.09%
内蒙古	24.6	70.74%	27	68.25	23.9	57.9%	20	54%

续表

地区	2009 年报名数	2009 年录取率	2008 年报名数	2008 年录取率	2007 年报名数	2007 年录取率	2006 年报名数	2006 年录取率
云南	22	63%	26	59.23%	20	51%	18.13	51%
贵州	24	53.61%	24	44.12%	22.57	43.0%	—	—
黑龙江	23	84%	22.8	84.7%	22.4	73%	21.92	75.3%
吉林	19.7	79%	20.8	—	20.1	68.7%	17.2	61.78%
重庆	19.6	72.98%	18.6		17.73	69.6%	19	63.5%
新疆	16.4	64%	17	59%	15.41	56.6%	12.81	56.47%
上海	8.3	84%	13.4	67%	11.05	84.1%	11.38	80.4%
北京	10.1	79.5%	10.37	74%	10.99	73.6%	11.02	72.88%
天津	7.65	79%	8.85	72%	8.85	—	8.36	70.83%
宁夏	5.8	—	5.8	—	5.65	58.4%	5	59.5%
青海	3.9	—	4.1	64%	3.8	64.3%	4	70%
西藏	1.36	58%	1.5	60%	1.5	65.1%	1.37	73%
海南	5.78	—	4.97	76.8%	4.23	85.1%	4.1	90%

说明：本表中数据从网上搜集而来，经核实，数据基本准确。

在 5 个少数民族自治区中，广西总人口最多，比排在第 2 位的内蒙古多出 2 670 万人，比排在第 5 位的西藏多出 4 800 多万人。其他少数民族自治区由于适龄人口基数小，要提高高等教育毛入学率比较容易，而广西由于适龄人口多，要提高高等教育毛入学率的难度比较大。比如，内蒙古 2008 年、2009 年、2010 年高考人数分别为 27 万人、24.6 万人、21.9 万人，广西 2008 年、2009 年、2010 年高考人数分别为 30.4 万人、30.2 万人、29.9 万人，在录取率接近的情况下，内蒙古的高等教育毛入学率自然高出很多。2005 年，海南与广西的高等教育毛入学率同为 15%，但由于海南适龄人口基数小，而且录取率大大高于广西，因此其 2009 年高等教育毛入学率就达到了 22.6%。

（七）部分高校录取新生报到率低

经查阅部分高校的自评报告和有关新闻报道，发现近几年来部分高职高专院校的新生报到率不高（有的高职高专新生报到率不足 80%），独立学院新生报到率在 90% 左右。尽管已被录取而未报到的学生人数与总的录取人数相比不算多，但一定程度上也影响了高校在校生规模，进而影响高等教育毛入学率。

从以上分析看，影响广西高等教育毛入学率的主要因素是高中阶段的毛入学率低、适龄人口报名参加高考的比例低、区内高校数量不足及整体水平不高、区外高校在广西招生计划数比例低、普通本专科高考录取率比较低以及适龄人口下降幅度较小等。

四、广西高等教育毛入学率的发展目标规划

《国家中长期教育改革和发展规划纲要（2010—2020 年）》提出：到 2020 年，"基本实现教育现代化，基本形成学习型社会，进入人力资源强国行列"，"高等教育大众化水平进一步提高，毛入学率达到 40%"。据查阅到的资料看，西部其他省市区都规划 2020 年高等教育毛入学率要达到或超过 40%。如重庆市规划，2012 年高等教育毛入学率达到 33%，2015 年达到 35%，2020 年达到 50%；青海、宁夏、新疆、云南等省区规划 2020 年高等教育毛入学率要达到 40%。这些都是确定广西未来 5—10 年高等教育毛入学率目标的重要参考。结合广西实际，我们提出广西未来 5—10 年高等教育毛入学率的发展目标。

（一）总体目标

到 2015 年，广西高校在校生规模达到 100 多万人，高等教育毛入学率达到 32%；到 2020 年，高校在校生规模达到 120 万人，高等教育毛入学率达到 40%。

（二）年度目标

2011 年、2012 年、2013 年、2014 年、2015 年的高等教育毛入学率分别

达到 21%、24%、27%、30%、32%。

国家教育发展研究中心主任张力在解读《国家中长期教育改革和发展规划纲要（2010—2020年）》高等教育2020年事业发展目标时说，每年只需增长1.6%，到2020年，中国高等教育毛入学率即可达到40%。因目前广西的高等教育毛入学率偏低，2011—2015年，广西高等教育毛入学率的增幅要高于全国的幅度，每年至少要提高2—3个百分点。而"十二五"期间广西高等教育适龄人口呈逐年下降趋势（见表3-10），只要提高参加高考的人数、提高录取率，每年增长2—3个百分点是完全可行的。假如保持现在的在校生规模不变，由于2015年适龄人口比2009年减少了166万人，广西高等教育毛入学率便可以自然增长8个百分点左右，平均每年增长2个百分点，便可以达到27%。通过扩大招生每年再增加1个百分点，到2015年即可达到32%，假如能增加到2个百分点，到2015年，广西高等教育毛入学率即可达到35%。

表 3-10　2011—2015年广西高等教育适龄人口数　　　（单位：人）

年　　份	2011	2012	2013	2014	2015
18—22岁人口	4 251 194	3 922 458	3 619 824	3 451 002	3 259 529

五、加快广西高等教育毛入学率提高的对策建议

人口文化素质及专门人才状况是一个国家或地区存在力的体现；教育规模与水平是一个国家或地区发展力的体现。这些都跟高等教育毛入学率有密切的关系。目前，广西高等教育毛入学率偏低，人才培养总量不适应经济社会发展的需要，这种状况若不及时改变，势必会影响和制约广西经济社会的发展。例如，未来十年，广西工业产业急需技师达5万名以上，需要具有中级职业资格的工业产业工人达150万名以上。广西北部湾经济区人才需求到2015年将达到168万人左右。这就需要通过扩大高等教育规模、提高高等教育毛入学率来实现。因此，"十二五"期间，广西高等教育应当采取"追赶型""攻坚战""跨越式"的发展策略，扭转高等教育毛入学率偏低的局面，

使高等教育毛入学率达到或接近全国平均水平，使人才培养总量适应经济社会发展的需要。根据广西高等教育毛入学率的现状及发展需要，我们对提高广西高等教育毛入学率提出如下建议。

（一） 实施"广西高等教育攻坚计划"

高等教育的水平直接影响到招生数量及人才培养质量，也影响到广西的核心竞争力。高等教育是最直接地对经济社会发展起作用的教育层次。鉴于广西高等教育发展水平在全国处于比较低的地位，与中西部其他地区有较大的差距，不适应广西经济社会发展的需要。因此，建议广西壮族自治区党委、自治区人民政府加快组织制定"广西高等教育攻坚计划"，出台"自治区党委、自治区人民政府关于全面实施高等教育攻坚的决定"和"广西壮族自治区高等教育攻坚方案"，充分利用《民族区域自治法》为民族区域高等教育发展创造良好的法治环境，提供强大的法律支持，"化压力为动力，化挑战为机遇"，通过外延建设与内涵建设的有机结合，着力解决广西高等教育资源特别是优质高等教育不足的问题，尽快缩小广西高等教育与全国高等教育发展的差距。

（二） 积极争取国家对广西发展高等教育的大力支持

为保证广西高等教育毛入学率能达到全国平均水平，在国家控制高等教育招生规模、高等教育毛入学率每年按1.6%增长的形势下，请求教育部批准广西在"十二五"期间普通高校招生数每年递增6%—7%左右。同时，鉴于广西高校数量不足、容量有限，请求教育部安排外省市高校比较大幅度地增加在广西的招生指标，争取每年外省市高校投放到广西的招生计划占广西录取人数的25%—30%。参照其他自治区近几年区外高校招生比例达到30%以上的做法，如果广西能达到30%，以目前30万人参加高考为基数，按75%的录取率计算，每年可比现在多招生2万人以上，对广西高等教育毛入学率的贡献率可达到5个百分点。当然，参加高考的人数不增加，只增加外省招生比例是不可能提高高等教育毛入学率的，因为参加高考的人数不变，增加了处省录取人数，区内高校录取人数必然下降。

（三） 增加对高等教育的财政投入

制约广西高校发展的瓶颈之一是教育经费不足。因此，政府要尽快落实财政对教育的投入资金达到教育法规定的占 GDP 4% 的水平，并进一步强化高等教育在广西经济社会发展中的基础性、先导性和全局性的战略地位，优先支持高等教育的发展，加大对高等教育的投入力度。根据广西经济社会发展的需要，探索某些专业由自治区财政支持，进行免费教育的尝试。建议先从广西师范大学、广西师范学院等本科师范教育办学时间长的师范院校开始，试行师范生免费教育，提供经费约 2 500 人/年。广西本科师范生年培养成本约 1 万元，自治区财政按照每生每年 1 万元的标准予以免费师范生补贴，每年投入 2 500 万元。部分类别专业实行免费教育，可以激励部分高校扩大招生规模，有助于高等教育毛入学率的提高。

（四） 调整优化高等教育结构

目前广西高校数量不足，紧缺专业人才缺乏。因此，"十二五"期间要继续新办一批普通高校，提高部分高校的层次。区属高校应争取每两年新增普通高等院校 3 所，新增普通高校达 6 所以上（可考虑把广西教育学院、广西经济管理干部学院、广西卫生管理干部学院、广西政法管理干部学院、南宁地区教育学院重组改制为普通高校或并入普通高校，组建广西金融职业技术学院、广西医药高等专科学校），尽快建设北部湾大学；积极争取社会力量办学及国内外著名高校到广西设立分校，力争民办高校新增 4 所，3 所以上国内外著名大学在广西设立分校；大力支持桂林航天工业高等专科学校、桂林旅游高等专科学校、桂林师范高等专科学校、柳州师范高等专科学校等高等专科学校升格为本科高校；大力支持广西工学院与柳州高等医学专科学校合并组建广西工业大学（或柳州大学），广西师范学院、广西艺术学院等更名为大学，使广西冠名"大学"的高校在"十二五"末达到 9 所。同时，加快面向北部湾经济区、广西重点发展的 14 个千亿元产业和中国—东盟国际区域合作所需要的紧缺专业建设，在满足培养紧缺专业人才需要的同时，为扩大普通高校招生规模奠定基础。如果到"十二五"末期，能新增 10 所普

通高校，按每所在校生规模 4 000 人计（考虑到是逐年新增高校，校均规模
不可能太大），到 2015 年可以提高高等教育毛入学率 1 个多百分点。当然，
成人高校转为普通高校后仍需承担成人高等教育的任务，否则对高等教育毛
入学率的提高贡献率不会太大。如果普通高校普通本专科在校生平均规模达
到 8 500 人左右，则可增加 1 个百分点以上。

（五）加强高水平大学建设

　　高水平大学是国家或地区创新体系的重要组成部分，既直接为国家、地
区科技实力的发展作出贡献，又为创新型国家或省区建设提供人才和智力支
持，同时有利于带动其他高校的发展。目前，广西高水平大学极少，仅广西
大学进入了国家"211 工程"。要继续支持广西大学"211 工程"四期
（2011—2015 年）建设计划，争取国家继续支持建设经费；积极争取国家帮
助广西将具有 80 年办学历史的广西师范大学培育建设成为相当于国家"211
工程"重点建设高校水平的教学研究型大学，使广西具有 2 所达到全国同类
大学先进水平的高校；积极争取 3 所以上高校获得"中西部高等教育振兴计
划"高水平、有特色的地方大学建设项目；继续支持自治区级示范性高职院
校建设，积极争取新的国家示范性高等职业院校，努力使国家级示范性职业
技术学院达到国内一流水平；加大对省部共建高校的支持力度，争取新增若
干所与教育部等部委共建高校。高水平大学的建设，可以使这些高校改善办
学条件，从而有助于扩大招生规模，为高等教育毛入学率的提高作出更大的
贡献。

（六）为中等职业学校毕业生开辟升学渠道

　　近两年来，广西中等职业学校在校生规模发展迅速。2009 年，全区普通
高中在校生 75.279 7 万人，中等职业教育在校生 62.888 8 万人，普通高中在
校生和中等职业教育在校生的增长比例分别为 7.60%、69.87%。在普通高
中招生数已经连续四年没有明显增长的情况下，假如大量中等职业学校的毕
业生不能接受高等教育，势必会影响高等教育毛入学率的快速提高。建议开
辟中等职业学校、技工学校毕业生升入高校学习的特别通道，让有在高校学

习潜力的学生能够进入高校（特别是高职院校）深造（广西原来有中职毕业生 3+2 升高职校的制度，但由于力度不大，效果很不理想）。如在高等职业技术学院和开设职业师资班的普通本科高校实行面向中等职业学校、技工学校毕业生的自主招生，或实行中等职业学校毕业生注册进入高等职业院校学习的制度，打通从中职到高职的"学历通道"，提高中职毕业生升学率。江苏省 2011 年起在全省试行中等职业学校毕业生注册进入高等职业院校和高级技校、技师学院学习的制度。这一制度可以使中等职业学校学生升学的门槛降低，只要符合一定标准，愿意上学的中等职业学校的学生在毕业时都有机会继续读书，这对发展职业教育，提高"蓝领"的学历层次都将起到良好的效果，值得广西借鉴。如果中职毕业生每年有 5 万人（约占 30%）升入高校（包括成人高校），到 2020 年，可为广西高等教育毛入学率贡献 6 个百分点以上。

（七）扩大普通高中办学规模

高中教育是高等教育的基础，为高等教育提供生源。高中教育的数量与质量既影响到高中阶段教育的毛入学率，又直接影响着高等教育的毛入学率。因此，要采取多种有效措施，扩大普通高中办学规模。一是实施普通高中建设工程。以工程方式推进普通高中建设，"十二五"期间要逐年落实新建扩建普通高中计划，争取到"十二五"末期新建扩建普通高中达到 50 所。二是继续进行普通高中布局调整。普通高中原则上应设置在城市或县城。撤销乡镇高中，增加对城市和县城高中的投入，挖掘现有办学潜力，扩大办学规模。同时，继续推进完全中学的剥离工作。三是加强薄弱高中的建设。加强优质高中与薄弱高中联系协作，加大改造和兼并薄弱高中的力度，实现高中教育资源的重组优化。争取在"十二五"末期，普通高中在校生规模达到 85 万人，校均在校生规模达到 1 600 人。如此，到 2020 年，如果高考录取比例为 75%，则普通本专科在校生即可为广西高等教育毛入学率贡献 26 个百分点。

（八）积极发展成人高等教育

尽管广西成人高等教育发展比较艰难，但是，只要加强与教育部的联系沟通，争取教育部的支持，做好招生宣传，还是可以得到进一步发展的。因此，建议自治区根据广西经济社会发展对不同层次人才的需求，制定鼓励在职人员继续攻读成人高等教育的政策，积极促进中职毕业生继续接受成人高等教育，从而为建设学习型社会奠定基础。

六、小结

高等教育毛入学率是衡量一个国家或地区高等教育能力和水平的一个重要指标，也是国际上评价教育现代化水平的重要指标之一。广西的高等教育毛入学率无论是在西部省区来讲，还是在全国来讲，都处于落后的水平。

探析其原因，我们发现，高等教育毛入学率增幅太慢、高中阶段毛入学率较低、普通高校吸纳学生的能力不够、成人高等教育发展比较艰难、区外高校在广西招生人数比例小、适龄人口下降幅度小、部分高校录取新生报到率低等诸因素造成现在的落后状况。

要使广西高等教育毛入学率 2015 年达到全国平均水平，"十二五"期间最迫切的任务有以下几项：一是实施"广西高等教育攻坚计划"，二是积极争取国家的支持，三是想方设法增加对高等教育的财政投入，四是调整优化高等教育结构，五是加强高水平大学建设，六是为中等职业学校毕业生开辟升学渠道，七是扩大普通高中办学规模，八是积极发展成人高等教育。

第四章

广西各级各类教育规模测算（2010—2020 年）——方案二的测算

一、测算方法

一个地区未来十年的教育规模是一个未定数，它与教育现在的基础相关，与过去几年教育发展的趋势相关，与未来几年经济社会发展状况相关，与人口发展相关，与未来几年教育投入和教育决策相关。教育规模测算只能寻求一个与当前社会现状、未来社会需求和政府的战略决策最相适应的结果。从不同的角度看问题，会有不同的测算方法，例如把过去的发展趋势延伸到后十年、参照国家规划的发展速度进行计算、根据人口数与入学率进行计算等。但要得到比较接近实际的结果，只能抓住主要因素，兼顾次要因素，采取综合的、灵活的方法进行测算。在这次测算中，课题组对学前教育，参照《教育规划纲要》提出的学前教育入学率提升速度进行计算；对义务教育，主要依据适龄人口数进行计算；对高中阶段教育，采用先预计毛入学率提高的速度，以此计算高中阶段在校生，再判断中等职业教育与普通高中的比例，进一步计算中等职业教育和普通高中在校生数的方法；对普通本专科教育，前 5 年主要依据生源状况进行计算，假设合格考生能全部录取，后 5 年按毛入学率与全国的差距略有缩小的假设进行计算，体现逐步缩小与全国平均水平差距的战略要求；研究生教育规模目标则参照已经完成编制工作的"十二五"广西研究生教育发展规划的目标。

二、各学段的测算

（一）学前教育规模测算

2009 年，广西学前三年毛入园率为 52％，与全国基本持平。由此判断，广西学前教育水平与全国平均水平相当，有保持与全国同步发展的潜力。因此，2015 年和 2020 年学前一年和学前三年毛入园率确定为与国家中长期教育改革和发展规划纲要提出的目标相同。幼儿在园人数计算如下：

幼儿在园人数＝当年学龄人口数×学前三年毛入园率。

2015 年幼儿在园人数＝238×60％＝142.8（万人）。

2020 年幼儿在园人数＝216×70％＝151.2（万人）。

表 4-1　广西学前教育发展规模预测

年　　份	2009	2015	2020
学龄人口预测数（万人）	214	238	216
幼儿在园人数（万人）	113	142.8	151.2
学前三年毛入园率（％）	52	60	70
学前一年毛入园率（％）	—	85	95
国家教育规划纲要提出的学前三年毛入园率（％）	50.9	60.0	70.0

需要指出的是，广西学前教育发展先易后难。广西桂东南人口稠密地区群众教育传统较好，且紧邻珠三角，外出务工人员多，留守儿童较多，愿意送小孩上学前班或幼儿园。按目前的政策，农村小学有举办学前班的积极性。因此，广西学前教育前期发展比较容易。但是，广西农村经济不发达，基础设施差，山高路不平，估计学前教育发展到一定程度后进一步实现高水平普

及的难度较大。

实现学前教育规模测算目标的前提条件是：第一，政府把学前教育纳入财政支持的重点之一，投入大量资金建设城乡学前教育设施，供养相当数量的学前教育人员；第二，能够正确处理好公办、民办学前教育发展的关系，充分发挥民办学前教育的作用。

（二）义务教育规模测算

义务教育已经全面普及，理论上在校生数与适龄人口数应该大致相当，一般情况是在校生数略大于适龄人口数。但是，本课题所采用的适龄人口数是根据十多年前第五次人口普查的结果预测的，不是一个很可靠的数据，同时辍学对在校生数也带来一定的影响，所以，预测义务教育在校生数时要把数据变化放得更平缓一些，数据上升时把数值压低一点。

义务教育的另一个重要指标是巩固率。义务教育巩固率的含义是在九年前小学一年级招收的学生中一直在校学习到初中毕业的学生的比例。计算公式是：义务教育巩固率=年初中毕业生数/九年前小学招生数。巩固率与历年的辍学率相关，只有经过长期的成功控辍才能达到比较好的值。当前广西义务教育辍学率高，2009年的义务教育巩固率仅为79%。根据国家中长期教育改革和发展规划纲要的要求，结合广西实际，课题组把2015年和2020年广西义务教育巩固率目标分别确定为90%和93%。

表4-2 广西义务教育发展规模预测

年　　份	2009	2015	2020
学龄人口预测数（万人）	615	645	693
在校生（万人）	643	650	690
巩固率（%）	79	90	93
国家教育规划纲要提出的义务教育巩固率（%）	90.8	93	95

控制辍学是提高义务教育巩固率的关键。2010年上小学五年级的学生将在2015年初中毕业，只要这届学生的辍学率能够控制好，就可以实现2015

年巩固率目标。小学五年级前学生流失还不大，理论上有在 2015 年实现巩固率达到 90% 目标的可能性。

实现义务教育规模发展和巩固率目标的前提是：第一，有效促进义务教育均衡发展，切实解决大班额问题，实现就近入学，为留守儿童提供良好的寄宿条件；第二，建立辍学监控制度；第三，有效减轻学生课业负担，提高教学质量。

（三）高中教育阶段规模测算

广西高中教育阶段每十万人口在校生数明显低于全国平均数，也明显低于西部省区平均数，主要问题是每十万人口普通高中在校生数较低。今后 5 年，广西高中教育阶段适龄人口减少，毛入学率可以较快提高，但极难超过 80%，主要原因是广西小学和初中辍学率较高，2009 年义务教育巩固率仅为 79%，从小学到初中毕业已经流失了部分学生。把 2015 年和 2020 年高中阶段毛入学率目标分别定为 80% 和 87%，虽然低于全国水平，但已经是广西十年发展的极限目标，需要各级党委、政府和广大人民群众付出巨大努力才可以实现。

高中教育阶段在校生数 = 当年高中教育阶段学龄人口数 × 高中教育阶段毛入学率。

2015 年广西高中教育阶段在校生数 = 200 × 80% = 160（万人）。

2020 年广西高中教育阶段在校生数 = 208 × 87% = 180.96（万人）。

表 4-3 广西高中教育发展规模预测

年 份	2009	2015	2020
学龄人口预测数（万人）	245	200	208
在校生（万人）	148	160	180.96
毛入学率（%）	61	80	87
国家教育规划纲要提出的高中教育毛入学率（%）	79.2	87	90

完成以上高中教育阶段规模的发展目标，需要做好以下工作：第一，加

强普通高中和中职学校基础能力建设，提高学校容量和教学质量；第二，建立普通高中与中职教育协调发展的机制，在正确引导之下，让学生都能按意愿选择上普通高中或中职学校；第三，进一步拓宽高中阶段教育毕业生的升学和就业通道。

（四）职业教育规模测算

根据测算，预计广西 2015 年中职在校生数为 80 万人，即高中阶段在校生数的一半。作出这一预测的政策依据是国家中长期教育改革和发展规划纲要中关于今后一个时期中职教育与普通高中教育招生规模大体相当的要求；实践依据是目前广西已经实现中职与普通高中在校生大体相当，中职招生数大于普通高中，但普通高中学生稳定性较好，且招生仍有上升潜力。

2020 年中职教育在校生预计为 85 万人，为当年高中教育阶段在校生的 47%。理由是随着产业升级，社会对高等教育的需求会相应提升，普通高中学生在高中教育阶段所占的比例应该会有提升。

2015 年高等职业教育在校生预计为 38 万人，主要根据"十二五"期间广西高等教育生源情况来测算。广西 2009 年高等职业教育在校生为 29 万人，2010 年接近 32 万人，"十一五"期间高等职业教育在校生增长了约 13 万人。但从 2011 年起连续 3 年，普通高中毕业生只有 25 万人左右，预计高考报名人数不升反降，而普通本科招生持续增加，录取率提升的空间有限，高职招生数难以上升。按高职招生人数前三年增长 3%，后两年增长 5% 计算，2015 年高职在校生将达到 38 万人，2020 年高职在校生预计为 42 万人。

表 4-4　广西职业教育发展规模预测　　　　　　（单位：万人）

年份 类别	2009	2015	2020
中等职业教育在校生人数	73	80	85
高等职业教育在校生人数	29	38	42

（五）2015 年高等教育发展目标测算

"十二五"期间，人民生活水平进一步提高，高等教育需求将得到进一步激发。"十二五"期间，广西高等教育适龄人口下降，但随着基础教育水平提高，普通高中毕业生数可以保持不降或略有增加，峰值有可能达到 28 万人。中职毕业生数量巨大，但上大学的比例不会大幅度提高，高等教育生源总体平稳。但随着高等教育招生数量增加，高校间的生源竞争加剧，普通高中发展不充分将成为高等教育发展的决定性制约因素。教育发展用地和教师等资源总体充足，结构性短缺比较突出。国家对高等教育的投入有望平稳增加，社会投入比例增大，高等教育投入总体充裕。综合以上趋势，预计"十二五"期间广西高等教育规模将持续发展，但发展速度明显下降，高等教育毛入学率与全国水平的差距缩小有限。

1. 研究生教育规模

广西研究生教育（含专业学位研究生）"十二五"规划编制已经基本完成。规划提出，2015 年研究生在校生要达到 3.05 万人。2010 年研究生招生将接近 0.75 万人，要达到 2015 年 3.05 万人的目标，招生数年增长率要达到 8%。

表 4-5　广西研究生教育发展规模预测　　　　　（单位：人）

年　　份	2010	2011	2012	2013	2014	2015
研究生招生人数	7 500	8 100	8 748	9 448	10 203	11 019
研究生在校生人数	—	22 926	24 348	26 296	28 399	30 617

需要提出的是，研究生招生计划由教育部和国家发展改革委制定，要达到招生数年增长 8% 的速度，需要积极向国家争取招生计划。

2. 普通本专科教育规模

2010 年广西普通本专科招生达 19.4 万人，如果能完成招生计划，在校生将达到 58 万，圆满完成"十一五"规划目标。但从实际招生的情况看，难以完成当年招生计划，2010 年在校生预计为 57 万人左右。

"十二五"期间，按照招生数前 3 年每年递增 3%，后 2 年每年递增 5% 计算，到 2015 年，广西普通本专科在校生将达到 70 万人。

表 4-6　广西普通本专科教育发展规模预测　　　　（单位：万人）

年　份	2008	2009	2010	2011	2012	2013	2014	2015
本科招生人数	6.3	6.6	7.1	7.3	7.5	7.8	8.1	8.6
本科在校生人数	21.6	23.9	25.8	27.3	28.5	29.7	30.7	32.0
专科招生人数	10.0	10.0	11.0	11.3	11.7	12.0	12.6	13.3
专科在校生人数	26.8	29.0	31.0	32.3	34.0	35.0	36.3	37.9
本专科在校生总数	48.4	52.9	56.8	59.6	62.5	64.7	67.0	69.9

需要说明的是：

第一，测算在校生规模时已经考虑有少量退学学生。

第二，如表 4-6，2015 年，广西普通本专科招生共计 21.9 万人，已经达到广西近年普通高中教育可提供合格生源的上限。

第三，成人教育和其他继续教育规模。影响成人教育和其他继续教育规模的因素很多，很难准确预测。2009 年此项折合在学人数为 22.8 万人，预计到 2015 年为 22 万人左右。

第四，毛入学率计算。高等教育毛入学率＝（研究生在校生人数＋普通本专科生在校生人数＋其他类型在校生折合人数＋与区外高校交换就读人数差）/高等教育适龄人口。

2015 年广西高等教育毛入学率＝(3+70+22+8)/375 ≈ 27.5%。

以上计算包括了与外省交换生源的差额 8 万人。

综合以上分析，预计到 2015 年，广西在校研究生 3 万人以上，普通本专科在校生 70 万人左右，成人高等教育和其他形式的继续教育 22 万人（折合人数）左右，在学总规模约 95 万人，高等教育毛入学率达到 28% 左右。

（六）2020 年高等教育发展目标测算

2015—2020 年间，由于普通高中教育得到了重视和发展，高中教育阶段普及程度提高，广西高等教育生源有明显增加，但同时广西学生到区外读书的比例增加，区内高校在校生数增加困难。预计到 2020 年，广西高等教育在校生将达到 95 万人（比 2015 年增加 5 万人，增量主要落在高职，因此预计高职在校生可达到 42 万人，研究生为 4 万人），区内高等教育在学总人数（含其他继续教育）增加到 103 万人，与外省交换生源的差达到 18 万人，高等教育适龄人口为 329 万人。因此，2020 年广西高等教育毛入学率 =（103 + 18）/329 ≈ 37%。

由于经济和教育基础薄弱，2020 年前广西高中阶段教育普及程度要低于全国平均水平，决定了广西的高等教育毛入学率必然低于全国平均水平。

在继续教育方面，广西与全国基本上处于同一水平。经过努力，广西的从业人员继续教育参与率 2015 年和 2020 年可以分别达到国家中长期教育改革和发展规划纲要提出的 40% 和 50% 的目标。由于比例相同，广西从业人员继续教育人次大约等于全国的总数乘以广西占全国人口的比例。国家中长期教育改革和发展规划纲要 2015 年和 2020 年从业人员继续教育目标分别为 29 000 万人次和 35 000 万人次，据此测算：

2015 年广西从业人员继续教育人次数 = 29 000×3.8% = 1 102（万人次）。

2020 年广西从业人员继续教育人次数 = 35 000×3.8% = 1 330（万人次）。

三、小结

综上，本课题对各级各类教育发展规模测算了两个方案，两个方案的区别包括以下方面：应用的人口预测数据不同；职普比不同，方案一用的是 1∶1；方案一选 2015 年、2020 年的节点预测，因此招生增幅和在校生增幅比例与方案二不同；方案一中高等教育的毛入学率取国家平均水平往回倒算，在校生和入学规模、研究生、其他各类学生、省外招生规模用方案二的数据，方案二则采用推算的方式。

从方案一和二推算分析可知，当前广西义务教育辍学率高，2009 年的义务教育巩固率仅为 79%，根据国家中长期教育改革和发展规划纲要的要求，结合广西实际，把 2015 年和 2020 年义务教育巩固率目标分别确定为 90% 和 93%；2015 年和 2020 年高中阶段毛入学率目标可分别定为 80% 和 87%，低于全国水平，但已经是广西十年发展的极限目标，需要各级党委、政府和广大人民群众巨大努力才可以实现；2015年预计中职在校生为80万人，即高中阶段在校生的一半，2020年中职教育在校生预计为85万人，为当年高中教育阶段在校生的47%；2015年高等职业教育在校生预计为40万人，2020年高等职业教育在校生预计为42万人；2015年普通本专科在校生将达到70万人，成人高等教育和其他形式的继续教育22万人（折合人数）左右，在学总规模约95万人，高等教育毛入学率达到28%左右；2015年研究生在校生为3.05万人，在2010年研究生招生数基础上，年增长率要达到8%才能实现这一目标。

附录：全国2010—2020年各级各类学龄人口数

1. 高书国预测的结果

高书国在《中国城乡教育转型模式》一书中对我国2010—2020年学龄人口与教育规模预测的结果如附表4-1。

附表4-1　2010—2020年中国各学龄人口预测　　　（单位：万人）

年　　份	小学教育 （6—11岁）	初中教育 （12—14岁）	高中教育 （15—17岁）	高等教育 （18—22岁）
2010	10 051	5 588	5 814	11 582
2011	10 056	5 372	5 753	11 098
2012	10 127	5 126	5 692	10 533
2013	10 158	5 024	5 580	9 826
2014	10 318	4 920	5 365	9 650
2015	10 391	4 996	5 119	9 575
2016	10 511	5 007	5 017	9 399
2017	10 662	5 166	4 913	9 151
2018	10 811	5 110	4 989	8 882
2019	10 927	5 130	5 000	8 665
2020	10 978	5 181	5 109	8 375

资料来源：高书国. 中国城乡教育转型模式［M］. 北京：北京师范大学出版社，2006：411.

（万人）

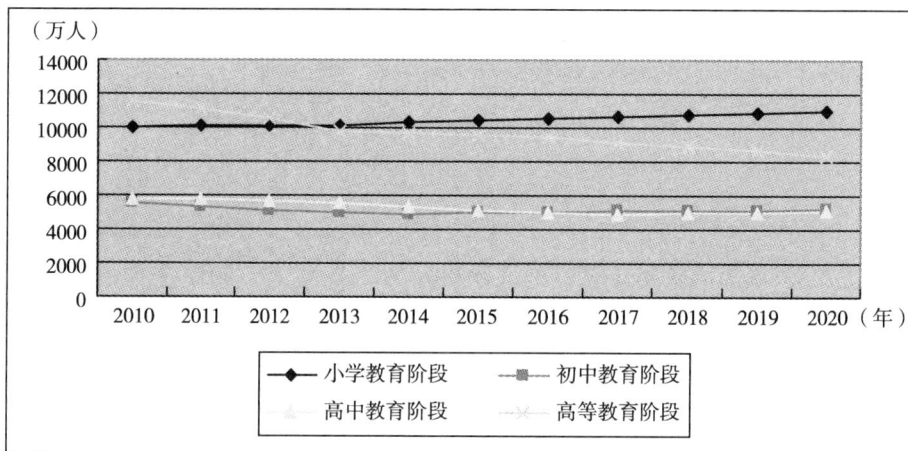

附图 4-1　高书国学龄人口预测图

从附表 4-1 和附图 4-1 可以看出，2010—2020 年我国小学教育阶段总人口数呈上升趋势；初中教育阶段学龄人口数先下降后上升，2010—2014 年呈现出下降的态势，2015—2020 年呈上升趋势，其中 2018—2019 年有波动；高中教育阶段学龄人口呈下降趋势，其中 2018—2020 年有所回升，但仍比 2010 年人数少；高等教育学龄人口则呈现出非常明显的下降趋势。

2. 石人炳预测的结果

石人炳在《人口变动对教育的影响》一书中对我国 2010—2020 年学龄人口与教育规模预测的结果附表 4-2。

附表 4-2　2010—2020 年中国各学龄人口预测　　　　（单位：万人）

年　　份	小学教育 （7—12 岁）	初中教育 （13—15 岁）	高中教育 （16—18 岁）	高等教育 （19—22 岁）
2010	10 878.2	6 050.9	6 116.3	9 296.0
2011	10 596.9	6 004.4	6 069.0	8 971.1
2012	10 390.6	5 887.2	6 060.7	8 688.4
2013	10 275.0	5 675.1	6 044.9	8 445.3
2014	10 225.0	5 454.2	5 998.7	8 121.9
2015	10 223.2	5 286.6	5 881.7	8 065.6
2016	10 264.9	5 187.9	5 670.0	8 065.1

续表

年 份	小学教育 （7—12 岁）	初中教育 （13—15 岁）	高中教育 （16—18 岁）	高等教育 （19—22 岁）
2017	10 344.4	5 128.3	5 449.4	8 005.7
2018	10 446.7	5 090.2	5 282.1	7 879.7
2019	10 548.8	5 073.9	5 183.7	7 675.9
2020	10 626.9	5 083.9	5 124.2	7 411.9

资料来源：石人炳. 人口变动对教育的影响［M］. 北京：中国经济出版社，2005：201.

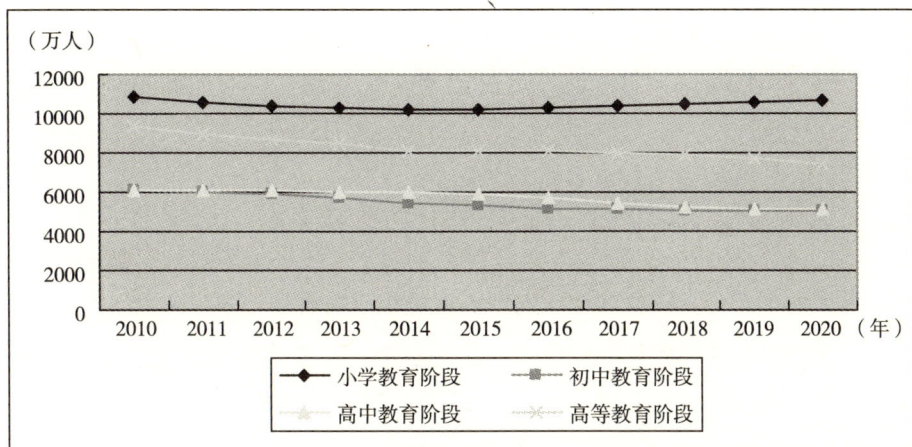

附图 4-2　石人炳学龄人口预测图

从附表 4-2 和附图 4-2 可见，2010—2020 年小学教育阶段学龄人口数呈先降后升趋势，2016—2020 年呈回升，但仍比 2010 年人数少；初中教育阶段、高中教育阶段与高等教育阶段学龄人口数都呈现出较为明显的下降趋势。

第五章

关于教育大省(区)和
教育强省(区)的分析

一、关于教育大省（区）的分析

（一）教育大省的相关研究概述

目前关于教育大省的相关研究以实际应用研究居多，基础理论研究较少。相关研究的内容涉及教育大省内涵、衡量标准、基于当地教育现状及问题的分析并提出相应措施等。

1. 关于教育大省内涵的相关研究

蒋莉莉、赵宏斌认为，大众化是高等教育强省的基础，"强"需要"大"的积累。"高等教育大省"强调高等教育的数量和规模，而且高等教育规模应当与当地人口、经济发展规模相适应。陈培瑞认为，教育大省的主要标志是摊子大、战线长、人数多。

2. 关于教育大省衡量标准的相关研究

陈培瑞认为，教育大省的衡量标准包括六个方面：一是提高劳动者素质的数量与质量；二是培养高级专门人才的数量与质量；三是教育创新能力，尤其是知识创新和技术创新能力；四是师资水平；五是教育装备水平；六是教育运行质量。如果一个省（区）的教育，既有较大的培养规模，又有较高的运行质量；既能培养高素质的劳动者，又能培养高水平的人才；既能进行知识创新，又能进行技术创新；既有较强的师资力量，又有较高的技术装备水平，即可称之为教育大省。

蒋莉莉、赵宏斌提出了"高等教育大省"的评价指标，将"高等教育大省"的评价指标分解为绝对规模和相对规模两个一级指标，分别用高校在校生数占全国高校在校生总数的比例、每万人口中高校在校生数来表示，并依此对我国 31 个省（市、自治区）进行"高等教育大省"分类，为各省级区域高等教育规模和质量评价提供了依据。

3. 关于教育大省地方现状、存在问题及解决措施的相关研究

目前关于教育大省的实际应用研究较多的是根据某一地区的教育现实情况分析而提出相应的解决措施。

借鉴现有关于教育大省的相关研究成果并结合广西的实际情况，本研究在进行教育大省分析时，选取各级各类学生在校生数占全国总在校生的比例和每万人口中各级各类学生在校生数两个指标进行教育大省评价及省际现状比较，然后从各个教育学段分析广西建设教育大省的差距和原因，并提出相应措施。

（二）比较分析

1. 教育大省评价指标及省际现状比较

教育大省的评价指标选定为如下两个：指标 1：各级各类学生在校生数占全国总在校生数的比例；指标 2：每万人口中各级各类学生在校生数。

广西上述两个指标在西部地区、中西部地区及与全国平均水平的比较如表 5-1 至表 5-4 所示。在各项比较中，广西上述指标 1 的综合值排在第 7 位以后，指标 2 的综合值排在第 11 位以后，各学段的综合值排位在中西部地区也均在第 11 位以后。因此，广西目前很难称为教育大省（区）。

表 5-1 综合值

排序	与西部地区比较	排序	与中西部地区比较	排序	与全国及西部平均值比较
1	西藏	1	西藏	1	西藏
2	宁夏	2	宁夏	2	宁夏

续表

排序	与西部地区比较	排序	与中西部地区比较	排序	与全国及西部平均值比较
3	青海	3	青海	3	青海
4	新疆	4	新疆	4	新疆
5	甘肃	5	甘肃	5	甘肃
6	重庆	6	重庆	6	重庆
7	内蒙古	7	内蒙古	7	内蒙古
8	贵州	8	山西		**西部平均**
9	陕西	9	贵州	8	山西
10	云南	10	陕西	9	贵州
11	**广西**	11	吉林	10	陕西
12	四川	12	江西	11	吉林
		13	云南	12	江西
		14	**广西**		**全国平均**
		15	黑龙江	13	云南
		16	湖北	**14**	**广西**
		17	安徽	15	黑龙江
		18	湖南	16	湖北
		19	河南	17	安徽
		20	四川	18	湖南
				19	河南
				20	四川

表 5-2　各级各类学生在校生数占全国总在校生数比例的比较

排序	与西部地区比较	排序	与中西部地区比较
1	宁夏	1	河南
2	贵州	2	宁夏
3	甘肃	3	贵州
4	陕西	4	山西

续表

排序	与西部地区比较	排序	与中西部地区比较
5	新疆	5	江西
6	重庆	6	甘肃
7	广西	7	陕西
8	云南	8	新疆
9	青海	9	重庆
10	西藏	10	广西
11	四川	11	云南
12	内蒙古	12	青海
		13	安徽
		14	西藏
		15	湖北
		16	四川
		17	湖南
		18	内蒙古
		19	吉林
		20	黑龙江

表 5-3　每万人口中各级各类学生在校生数的比较

排序	与西部地区比较	排序	与中西部地区比较
1	西藏	1	西藏
2	宁夏	2	宁夏
3	青海	3	青海
4	新疆	4	新疆
5	甘肃	5	甘肃
6	重庆	6	重庆
7	内蒙古	7	内蒙古
8	贵州	8	山西
9	陕西	9	贵州

排序	与西部地区比较	排序	与中西部地区比较
10	云南	10	陕西
11	**广西**	11	吉林
12	四川	12	江西
		13	云南
		14	**广西**
		15	黑龙江
		16	湖北
		17	安徽
		18	湖南
		19	河南
		20	四川

表 5-4　中西部各省区各教育阶段综合值比较

排序	学前教育	小学教育	初中教育	高中教育	高等教育
1	青海	西藏	西藏	西藏	西藏
2	宁夏	宁夏	宁夏	宁夏	宁夏
3	西藏	青海	青海	青海	青海
4	新疆	新疆	新疆	内蒙古	吉林
5	重庆	甘肃	甘肃	甘肃	陕西
6	江西	贵州	重庆	新疆	重庆
7	内蒙古	山西	山西	重庆	内蒙古
8	山西	重庆	贵州	山西	甘肃
9	贵州	内蒙古	内蒙古	陕西	新疆
10	甘肃	江西	陕西	吉林	黑龙江
11	**广西**	云南	吉林	江西	山西
12	云南	吉林	云南	湖北	湖北
13	吉林	陕西	江西	黑龙江	江西

续表

排序	学前教育	小学教育	初中教育	高中教育	高等教育
14	陕西	广西	黑龙江	贵州	湖南
15	湖南	安徽	广西	广西	广西
16	黑龙江	黑龙江	安徽	安徽	安徽
17	四川	河南	湖北	云南	云南
18	湖北	湖南	四川	湖南	贵州
19	安徽	湖北	河南	河南	四川
20	河南	四川	湖南	四川	河南

2. 广西教育大省指标与全国预测指标比较

关于教育大省的两个衡量指标，广西与全国预测水平比较如表 5-5 所示。2009 年、2015 年、2020 年的数字相差不大，表明以后的 10 年里，广西也难成为教育大省（区）。

表 5-5　广西大省指标与全国预测指标比较

	2009 年		2015 年		2020 年	
	广西各学段在校生总数占全国各学段在校生总数的比例（%）	广西每万人口中在校生数（万人）	广西各学段在校生总数占全国各学段在校生总数的比例（%）	广西每万人口中在校生数（万人）	广西各学段在校生总数占全国各学段在校生总数的比例（%）	广西每万人口中在校生数（万人）
广西（方案一）	3.80	0.190 6	3.76	0.189 9	3.87	0.200 9
广西（方案二）	3.80	0.190 5	3.85	0.194 8	3.92	0.203 4

（三） 差距及原因分析

与其他省区相比广西教育在各学段都有较大差距，造成这种局面的原因也是多方面的，具体分析如下。

1. 学前教育阶段

从表 5-6 可知：

（1）幼儿园在园规模大，但小学招生中接受过学前教育的比例小。广西幼儿园招生人数与幼儿园在园人数指标分别居于西部 12 省（市、区）、中部 8 省的第二位、第三位，幼儿园在园人数在总量上位于中西部前列，但小学招生中接受过学前教育的比例为 89.39%，低于全国平均水平的 89.94% 和中部、东部的 92.59%、96.33%，且城乡发展不均衡：2009 年，广西小学招生中接受过学前教育的比例，城市为 96.57%，农村仅为 88.69%，而同时期东部、中部农村此比例分别为 95.43%、91.77%。广西农村幼儿教育与城镇幼儿教育相比，明显薄弱，发展滞后，无论是教育投入、办学水平还是普及程度、教育质量等都存在较大差距，已直接影响到幼儿教育的均衡发展。广西农村幼儿教育绝大多数只限于学前一年教育，距离学前三年教育目标尚有一定距离，特别是乡镇中心幼儿园数量偏少、质量不高，制约了农村学前教育的发展。

（2）小学附设学前教育人数占学前教育规模比例居于西部、中部甚至全国的前列。究其原因，是由于桂东南地区存在大量外出务工人口，其子女作为留守儿童常常由祖辈监护。鉴于时间与精力所限，老人们十分愿意把孩子送到小学附设的学前班让孩子接受学前教育；且广西民办幼儿园较公办幼儿园发展相对滞后，使得小学附设学前教育占了学前教育规模的绝大部分比例。

（3）广西民办幼儿园发展滞后。广西民办幼儿园在园人数与西部、中部比较虽居于西部地区第二、中部地区第四，但民办幼儿园在园幼儿占所有在园幼儿的比例仅为 37.6%，低于中部的 48.11%、东部的 41.22% 和全国的 42.67%，甚至低于西部的平均水平 39.67%。究其原因，一是广西民办幼儿园办园经费匮乏，基础设施薄弱；二是教师待遇低，学历和职称低，保障体系不健全，稳定性差；三是管理和教育理念陈旧，保教工作不够科学规范；四是不利于民办幼儿园健康发展的观念、政策、环境和行为依然存在。

表5-6　2009年广西学前教育指标与其他地区及全国水平比较

排序	幼儿园招生人数		幼儿园在园人数		小学招生中接受过学前教育的比例			小学附设学前教育人数			民办幼儿园在园人数		民办幼儿园在园幼儿占在园幼儿总数比例		
	与西部12省（市、区）比较	与中部8省比较	与西部12省（市、区）比较	与中部8省比较	与西部12省（市、区）比较	与中部8省比较	与全国、东部、中部、西部比较	与西部12省（市、区）比较	与中部8省比较	与全国、东部、中部、西部比较	与西部12省（市、区）比较	与中部8省比较	与西部12省（市、区）比较	与中部8省比较	与全国、东部、中部、西部比较
1	四川	河南	四川	河南	陕西	湖南	东部	贵州	广西	广西	四川	河南	陕西	江西	中部
2	广西	湖南	广西	湖南	内蒙古	吉林	中部	广西	安徽	西部	广西	江西	四川	湖南	全国
3	云南	广西	云南	广西	重庆	山西	全国	云南	河南	中部	云南	湖南	重庆	黑龙江	东部
4	贵州	江西	贵州	江西	广西	黑龙江	广西	宁夏	湖北	全国	陕西	广西	青海	河南	西部
5	重庆	安徽	重庆	安徽	四川	河南	西部	青海	湖南	东部	重庆	安徽	广西	吉林	广西
6	陕西	湖北	陕西	湖北	宁夏	湖北		四川	黑龙江		贵州	湖北	宁夏	湖北	
7	新疆	山西	新疆	山西	云南	广西		新疆	吉林		甘肃	黑龙江	内蒙古	安徽	
8	甘肃	黑龙江	甘肃	黑龙江	新疆	江西		重庆	江西		内蒙古	山西	云南	广西	
9	内蒙古	吉林	内蒙古	吉林	贵州	安徽		内蒙古	山西		新疆	吉林	甘肃	山西	
10	宁夏		宁夏		甘肃			甘肃			青海		贵州		
11	青海		青海		陕西			陕西			西藏		西藏		
12	西藏		西藏		西藏			西藏			宁夏		新疆		

说明：1. 表中的指标均按原始数据从高到低排列。
2. 原始数据来源：教育部发展规划司，2009年全国教育事业发展简明统计分析。

2. 义务教育小学阶段

广西小学教育阶段的问题如表 5-7 所示。

（1）广西小学净入学率低。2009 年，广西小学净入学率为 99.28%，位居西部地区第七位，在中部 8 省排第八位，平均水平低于中部地区的 99.82%、东部地区的 99.38% 及全国平均水平 99.4%。根据 2010 年广西学龄人口统计，尚有约 0.5 万学龄儿童当年没有进入小学接受义务教育。这些没有接受义务教育的儿童主要来自贫困地区、少数民族地区以及一些特殊人群。

（2）广西小学五年巩固率、毕业生升学率均不高。2009 年，广西小学五年巩固率为 96.68%，位于西部 12 省（市、区）的第六位，中部 8 省市的第八位，低于东部地区的 100%、中部地区的 98.4%、西部地区的 97.17% 及全国平均水平 99.31%。2009 年，广西小学毕业生升学率为 99.4%，位于西部地区第六位，中部地区第八位。

低巩固率和低毕业生升学率表明广西小学生流失情况严重，其中，相较于城镇学生，农村小学生的流失更甚。小学生流失原因有二：一是广西外出务工人口多，受人口流动影响较大；二是辍学。小学属义务教育阶段，经济贫困不是辍学的主要原因。大部分辍学是由于农村教育缺失、学生厌学、观念落后等因素造成的。

表 5-7 　2009 年广西小学教育指标与其他地区及全国平均水平比较

排序	小学净入学率			小学五年巩固率			小学毕业生升学率		
	与西部 12 省（市、区）比较	与中部 8 省比较	与全国、东部、中部、西部比较	与西部 12 省（市、区）比较	与中部 8 省比较	与全国、东部、中部、西部比较	与西部 12 省（市、区）比较	与中部 8 省比较	与全国、东部、中部、西部比较
1	内蒙古	河南	中部	贵州	吉林	东部	重庆	吉林	中部
2	重庆	江西	全国	陕西	湖北	全国	四川	安徽	广西
3	陕西	山西	东部	内蒙古	湖南	中部	青海	江西	全国
4	宁夏	安徽	广西	云南	山西	西部	新疆	湖北	西部
5	青海	吉林	西部	重庆	黑龙江	广西	内蒙古	湖南	东部
6	新疆	湖北		广西	河南		广西	黑龙江	

续表

排序	小学净入学率			小学五年巩固率			小学毕业生升学率		
	与西部12省（市、区）比较	与中部8省比较	与全国、东部、中部、西部比较	与西部12省（市、区）比较	与中部8省比较	与全国、东部、中部、西部比较	与西部12省（市、区）比较	与中部8省比较	与全国、东部、中部、西部比较
7	广西	黑龙江		四川	安徽		西藏	山西	
8	四川	广西		新疆	广西		陕西	广西	
9	西藏	湖南		西藏	江西		甘肃	河南	
10	贵州			甘肃			贵州		
11	甘肃			青海			宁夏		
12	云南			宁夏			云南		

说明：1. 表中的指标均按原始数据从高到低排列。

2. 原始数据来源：教育部发展规划司，2009 年全国教育事业发展简明统计分析。

3. 义务教育初中阶段

广西初中阶段的问题如表 5-8 所示。

（1）初中学生巩固率低，初中学生流失严重。2009 年，广西初中三年巩固率为 82.96%，在中西部地区排名最末，低于东部地区的 93.48%、中部地区的 96.39% 和西部地区的 89.35% 以及全国平均水平 93.13%。广西 2009 年初中毕业生为 63.14 万人，流失学生为 12.97 万人。

（2）初中毕业生升学率低。2009 年，广西初中毕业生升学率为 73.36%，居于西部地区第八位，也低于中部地区和全国平均水平。2009 年，广西升入高一级学校的初中生为 46.32 万人，未升学的达 17.04 万人。

（3）2009 年，低巩固率、低毕业生升学率导致初中学生流失，几乎成了广西义务教育的"痼疾"。原因之一是边远山区、少数民族地区由于经济贫困导致"被迫性辍学"。原因之二是"因富辍学"，它往往是符合家庭和学生意愿的一种自愿性选择，故也可称之为"自愿性辍学"。"自愿性辍学"的学生普遍认为"读书无用"或"读书无望"，认为课程和课堂教学导致他们学习兴趣、信心和学业成绩下降，从而陷入了"学业成绩不好→得到的评价不好→学习兴趣和信心下降→不好好学→得到的评价更差→学习兴趣和信心更下降→更不好好学→破罐破摔直至逃学、辍学"的恶性循环。所以，这种"自愿性辍学"的原因可以总结为"教学贫困"。因此，增强学生的学习兴趣，提高初中教学质量是根除"自愿性辍学"的根本措施。

表5-8　2009年广西初中教育指标与其他地区及全国平均水平比较

排序	初中三年巩固率			初中毕业生升学率		
	与西部12省（市、区）比较	与中部8省比较	与全国、东部、中部、西部比较	与西部12省（市、区）比较	与中部8省比较	与全国、东部、中部、西部比较
1	陕西	湖北	中部	陕西	江西	东部
2	内蒙古	山西	东部	青海	湖南	全国
3	甘肃	吉林	全国	重庆	湖北	中部
4	新疆	黑龙江	西部	内蒙古	吉林	西部
5	云南	江西	广西	宁夏	山西	广西
6	重庆	安徽		四川	黑龙江	
7	青海	湖南		甘肃	河南	
8	宁夏	河南		广西	安徽	
9	西藏	广西		新疆	广西	
10	四川			云南		
11	贵州			贵州		
12	广西			西藏		

说明：1. 表中的指标均按原始数据从高到低排列。

　　　2. 原始数据来源：教育部发展规划司，2009年全国教育事业发展简明统计分析。

4. 高中阶段

广西高中阶段高考情况如表5-9所示。

（1）高考报名数多。2009年，广西高考报名人数为30.2万人（包括应届与往届），居于西部地区第三位，与中部8省比较，排名第七。较高的高考报名数是由于广西人口基数大，总人口在全国排名为第十位左右，在西部12省（市、区）中排名为第二位。

（2）存在弃考现象。主要原因有三：一是大学毕业后难以在短期内收回成本，"就业难，收入低"成为部分高考学生弃考的重要原因之一；二是家庭无法承受高额学费；三是与城市学校相比，农村学校普遍素质教育缺失，教学资源匮乏，农村学生难以在综合素质考试中取得好成绩，对学生的高考信心造成影响，使得不少学生不得不放弃高考。

（3）高考录取率不高。2009 年，广西的高考录取率为 63.56%，在西部地区排名第四，与中部地区相比排名第五，录取率低于东部地区、中部地区和全国的平均水平。可见，广西的高考录取率排位与总人口在全国中的排位极不相称，人才培养总量与人口总量不相称。

表 5-9　2009 年广西普通高考指标与其他地区及全国平均水平比较

排序	高考报名数			高考录取率	
	与西部 12 省（市、区）比较	与中部 8 省比较	与西部 12 省（市、区）比较	与中部 8 省比较	与全国、东部、中部、西部比较
1	四川	河南	重庆	黑龙江	东部
2	陕西	安徽	内蒙古	吉林	中部
3	广西	湖北	新疆	湖南	全国
4	甘肃	湖南	广西	江西	广西
5	内蒙古	山西	云南	广西	西部
6	贵州	江西	四川	湖北	
7	云南	广西	西藏	河南	
8	重庆	黑龙江	甘肃	安徽	
9	新疆	吉林	陕西	山西	
10	宁夏		贵州		
11	青海		宁夏		
12	西藏		青海		

说明：本表数据为网上收集，经查阅，发现数据基本准确。

（四）措施建议

1. 学前教育

针对小学招生中接受过学前教育的比例小的问题，建议加强研究和统筹安排，认真做好幼儿教育事业发展与建设总体规划，进一步促进全区幼儿园科学合理布局，方便幼儿入园，提高保教质量。同时，加快乡镇幼儿园建设步伐，大力发展民办幼儿园。

2. 义务教育

针对广西义务教育阶段学生流失的问题，我们认为，下多大的力气抓此工作都不为过。同时，建议加大学校教育教学改革步伐，增强吸引力。

3. 高中教育

要实现广西普通高中改革与发展的目标，有效地扩大普通高中规模，一是通过改革办学体制、引进股份制和融资信贷等方式，拓宽经费来源渠道；二是通过重点建设一批示范性普通高中，带动普通高中的建设与发展；三是通过优化布局结构，提高办学效益和办学水平。

4. 高等教育

广西高等教育发展的首要重点是在保证质量的前提下，加快数量发展。其次，高等教育发展的方向是两极，即研究生教育和高等职业（专科）教育。最后，要走内涵式发展的道路，即通过挖掘现有高校潜力，优化内部资源配置，提高学校人力、物力、财力等的使用效率，扩大现有高校的平均办学规模，以实现高等教育总体规模的扩大。

二、关于教育强省（区）的分析

教育强省指标包括教育大省指标，同时还包括高层次学生、高层次学校、师资、良好的办学条件等指标。下文将从高层次学生、高层次学校、师资、良好的办学条件等指标比较分析广西与部分教育强省的差别。

（一）教育强省的相关研究概述

目前关于教育强省的研究情况与教育大省相似，实际应用研究较多，基础理论研究较少。相关研究主要内容涉及教育强省的内涵、衡量标准、理念、基于当地教育现状及存在问题的分析并提出相应的战略及目标、措施等方面的内容。

1. 关于教育强省内涵的相关研究

龙春阳认为，教育强省的含义包括三个方面：一是与全国各省份相比，教育发展的各项主要指标，包括经费投入、师资质量、教育综合水平以及扫盲和"普九"等指标要居全国前列；二是教育要与本省社会经济同步协调发展，办学机制和办学效益、人才培养的数量和质量等要与本省社会经济发展相适应；三是教育要与国际接轨，要达到"面向现代化，面向世界，面向未来"的要求。

关于高等教育强省内涵的研究较多，如蒋莉莉、赵宏斌认为，高等教育强省是指高等教育规模较大、质量好、水平高的省。具体是指：优质高等教育资源（重点院校规模）丰富，本专科生与研究生比例结构合理，高等教育总体经费充足，具有一定数量的优秀师资，教师队伍整体学历水平较高，学科结构合理、层次高，科研能力居于全国领先地位的高等教育大省。

王金瑶认为，高等教育强省的内涵应涵盖以下几个方面：在校大学生数及其在总人口中的比率位于全国前列；拥有国内一流水平的综合性大学和重点学科点，拥有一定数量的有特色的名牌本、专科院校；高等教育总体结构和资源配置合理；高校承担的国家级重大科研项目较多，科研成果转化率较高，能明显推动经济发展和社会进步，是"科教兴省"的表率。

周长春认为，高等教育强省是指该省高等教育的整体实力和水平以及规模、结构、质量、效益应在国内位于前列，并接近或达到中等发达国家和地区的高等教育发展水平，且能与当地的经济和社会发展实现或基本实现良性互动，"规模大""结构优""质量高""效益好"应是高等教育强省的最主要特征。

卢铁城认为，高等教育强省是指标志高等教育发展数量（主要是按人口计的均量）和质量（水平）的主要指标处于全国前列，达到公认的先进标准。

葛锁网认为，高等教育强省有两层含义：一是指高等教育对外部的作用和贡献，即通过加快发展和提高高等教育事业，通过增强高等教育为经济和社会发展的服务功能，使综合实力更强；二是指高等教育自身的发展水平。

2. 关于教育强省衡量标准的相关研究

罗红艳认为，教育强省的标准是：第一，"人人有书读"，"人人读好的书"，"人人读好书"，从起点论看，每个人享有上学的机会与权利；第二，通过高素质人才的培养以及科技创新与转化的方式使教育成为实现经济、社会长足发展的新的增长方式。

蒋莉莉、赵宏斌将"高等教育强省"的评价指标分解为教育规模、学生结构、经费投入、师资力量、学科层次、科研水平 6 个一级指标，并依此对我国 31 个省（市、自治区）进行"高等教育强省"的分类，为各省级区域高等教育规模和质量评价提供了依据。

欧阳河认为，衡量高等教育强省主要考察三方面：一是该省高等教育对当地经济和社会发展的适应程度；二是高等教育发展指数的领先程度；三是对国内外高等教育发展的影响程度。

3. 关于教育强省理念的相关研究

沈健结合江苏高等教育的现状，提出建设高等教育强省要树立的理念：育人为本理念、核心竞争力理念、服务地方理念、人才强教理念、协调发展理念、改革创新理念、教育国际化理念、文化育人理念等。

4. 关于教育强省战略及战略目标、措施的相关研究

目前关于教育强省战略及战略目标、措施的相关研究以实际应用研究较多，根据对国家、某一省区、某一地区的教育现实情况分析而提出教育大省和强省战略及目标、配套措施等。广东、辽宁、江苏、浙江、湖南、湖北、河南、河北、新疆、甘肃、宁夏、陕西和四川等省自治区都先后提出了建设教育强省的战略及战略目标（见第一章）。

许建兰从以下方面对湖南高等教育的现状作了分析：高校规模、高校学科专业设置、高等教育层次结构、高校债务、教育理念、产学研结合、科技成果转化等方面的现状和存在的问题。根据分析，许建兰提出建设教育强省的一些措施：创新办学体制、创新管理机制、完善教育投入保障机制、调整学科专业布局结构、创新高校发展思路、进行开放式教育。

罗红艳提出实施河南由教育大省到教育强省跨越战略，其配套措施为：（1）确立各级政府在实现教育强省跨越中的责任体系，并且建立健全相应政府教育问责机制；（2）进一步巩固"两基"成果，提高学前教育与高中阶段教育的普及率；（3）大力发展职业教育；（4）以一流大学与重点学科建设为重点；（5）促进师范教育的转型与变革，构建和谐良性的教师教育体系；（6）大力发展、扶持农村教育和城市中的薄弱学校；（7）优化教育系统内外因素，切实推进素质教育。

张建初分析了江苏高等教育存在的问题：办学定位模糊且模式单一，办学总体水平不高，创新能力薄弱，内部机制改革缺乏深度，办学活力不够。据此，他提出江苏发展高等教育的战略策略：江苏高校发展战略坚持差异化定位，实施特色办学战略，加强内涵建设，实施质量强校战略，融入区域产学研创新体系，强化协同互动发展战略，建立高效和民主的运行机制等。

田江从以下方面分析了四川高等教育的现状：高教规模、高校布局结构、重点学校重点学科建设、高校毕业生就业等。根据分析，田江提出四川发展高等教育的基本策略：组建省级"智囊团"，强化高校研究机构功能，培养专兼职结合的高等教育研究队伍，造就一批创新型教师队伍，实施产学研教学模式改革等。

此外，龙春阳论证了高等教育区域竞争力与建设教育强省之间的密切关系：提升高等教育区域竞争力是建设教育强省的重要"引擎"；建设教育强省为提升高等教育区域竞争力提供强有力的保障；两者共同服务于人才培养，增强教育服务经济社会发展的能力。正确处理二者之间的关系有助于推进整个教育系统协调发展，更好地发挥教育的功能。

综上所述，借鉴现有关于教育强省的相关研究成果并结合广西的实际情况，本研究进行教育强省分析时，除采用教育大省指标外，同时还包括高层次学生、高层次学校、师资、良好的办学条件等指标，比较分析广西与部分教育强省的差别。

（二）高层次学生情况

如表 5-10、表 5-11 所示，2009 年，广西研究生在校生 18 748 人，在西部地区排第六；研究生在校生占高等教育在校生的比例为 3.43%，排西部地区第十位。同期，陕西研究生在校生 80 006 人，研究生在校生占高等教育在校生比例为 8.22%，在西部地区排名第一；甘肃研究生在校生 23 469 人，研究生在校生占高等教育在校生比例为 6.10%，在西部地区排名第四。

2009 年，广西高等教育在校生和各学段在校生总人数在西部地区分别排在第三位、第二位，但高等教育在校生占各学段在校生总数的比例却排名第七。

2009 年，广西高等教育在校生 547 090 人，广西各学段在校生总数 9 594 239 人，高等教育在校生占各学段在校生总数的比例为 5.70%。陕西的这一比例为 12.34%，四川的这一比例为 7.22%，分别排在西部地区第一位和第四位。

表 5-10　2009 年西部 12 省（市、区）研究生在校生占高等教育在校生的比例比较

排序	研究生在校生数	高等教育在校生数	研究生在校生占高等教育在校生的比例
1	陕西	四川	陕西
2	四川	陕西	重庆
3	重庆	广西	四川
4	甘肃	重庆	甘肃
5	云南	云南	云南
6	广西	甘肃	新疆
7	内蒙古	内蒙古	青海
8	新疆	贵州	宁夏
9	贵州	新疆	内蒙古
10	宁夏	宁夏	广西
11	青海	青海	贵州
12	西藏	西藏	西藏

说明　1. 原始数据来源：原始教育部发展规划司，2009 年全国教育事业发展简明统计分析。

2. 高等教育在校生包含研究生、普通本科生、专科生，不含成人本科生和专科生。

表 5-11　2009 年西部 12 省（市、区）高等教育在校生占各学段在校生总数的比例比较

排序	高等教育在校生数	幼儿园在园人数	小学在校生数	初中在校生数	高中阶段在校生数	各学段在校生总数	高等教育在校生占各学段在校生总数的比例
1	四川	四川	四川	四川	四川	四川	陕西
2	陕西	广西	贵州	贵州	陕西	广西	内蒙古
3	广西	云南	云南	广西	广西	云南	重庆
4	重庆	贵州	广西	云南	云南	贵州	四川
5	云南	重庆	陕西	陕西	重庆	陕西	甘肃
6	甘肃	陕西	甘肃	甘肃	甘肃	甘肃	新疆
7	内蒙古	新疆	重庆	重庆	贵州	重庆	广西
8	贵州	甘肃	新疆	新疆	内蒙古	新疆	西藏
9	新疆	内蒙古	内蒙古	内蒙古	新疆	内蒙古	宁夏
10	宁夏	宁夏	宁夏	宁夏	宁夏	宁夏	云南
11	青海	青海	青海	青海	青海	青海	青海
12	西藏	西藏	西藏	西藏	西藏	西藏	贵州

　　说明　1. 原始数据来源：教育部发展规划司，2009 年全国教育事业发展简明统计分析。

　　　　　2. 高等教育在校生包含研究生、普通本科生、专科生，不含成人本科生和专科生。

（三）广西各学段高层次学校比例

　　表 5-12 所示，2009 年，广西各学段高层次学校占学校总数的比例均比较低，特别是高等教育阶段，高层次学校占高等学校总数的比例都不到 1%。

表 5-12　2009 年广西各学段高层次学校比例

学　　段		学校总数（所）	示范性学校数（所）	示范性学校数占学校总数的比例（%）
学前教育		5 053	83	1.64
义务教育	小学	14 290		
	初中	2 263		

续表

学　段		学校总数（所）	示范性学校数（所）	示范性学校数占学校总数的比例（%）
高中阶段	普通高中	478	110	2.18
	中等职业学校	392	115	2.28
高等教育	本科院校	29	1	0.02
	专科院校	39	2	0.04

说明：1. 初中含初级中学、九年一贯制学校、完全中学；高中含高级中学、完全中学。

　　　2. 本科院校含 9 所独立学院；专科院校含 31 所高等职业学校、7 所成人高等学校。

（四）教师和办学条件等的比较分析

从教育强省的部分指标比较广西与中部 8 省，西部 12 省市及全国、东部地区、中部地区、西部地区平均水平，详情见附件一、附件二和附件三。基本情况描述如下。

1. 学前教育

与中部 8 省相比，广西学前教育招生规模大，但小学招生中接受过学前教育的比例小；民办幼儿园发展滞后。虽然广西幼儿园招生人数、在园人数、民办幼儿园在园人数与中部 8 省比较居于前四位，但小学招生中接受过学前教育的比例、民办幼儿园在园幼儿占在园幼儿的比例均排名落后。

与西部其他地区相比，广西学前教育规模居于西部地区前列：招生人数、在园人数均居于第二位；小学招生中接受过学前教育的比例排名第四位；小学附设学前教育人数占学前教育规模比例仅次于贵州省；民办幼儿园在园幼儿占在园幼儿比例排名第五位。

与全国、东部地区、中部地区和西部地区平均水平比较，广西小学招生中接受过学前教育的比例低于东部地区、中部地区和全国的平均水平；小学附设学前教育人数占学前教育规模比例排名第一，高于西部地区、中部地区、东部地区和全国的平均水平；民办幼儿园发展滞后，民办幼儿园在园幼儿占在园幼儿比例居于其他各地区以及全国平均水平最末。

2. 小学教育

与中部8省相比，广西义务教育（小学）规模大，师资力量薄弱，办学硬件条件较好。指标中的规模指标，如招生人数、在校生人数等，广西排名在中部8省的中间位置；但小学净入学率、小学五年巩固率、小学毕业生升学率与中部8省比较居于末尾。在小学师资指标中，广西的代课教师人数、代课教师占岗位教师比例两个指标高居中部8省的第二位，生师比居于中部8省的第七位，高中及以上学历教师比例居于第八位，大专及以上学历教师比例居于第七位，高师及以上专业技术职务教师比例则居于第六位。办学条件方面，除生均校舍建设面积在中部8省位于第三位、生均宿舍面积位于第二位、自然实验仪器达标学校比例位于第二位以外，生均图书册数、建网学校比例、每百名学生拥有计算机台数等软件指标分别位于第八位、第九位、第八位。另外，小班额比例位于中部8省第四位，大班额比例位于第八位。

与西部其他地区相比，广西小学阶段的师资力量居于西部12省市中下水平，办学条件落后。生师比居于第八位；高中及以上学历教师比例居于第七位；大专及以上学历教师比例居于第十位，但高级及专业技术职务教师比例较高，居于第四位，仅次于内蒙古、青海和宁夏。同时，广西代课教师人数及代课教师占岗位教师比例也很大，分别位于西部12省市的第二位、第三位。办学条件也位于西部地区落后水平，生均仪器设备值、建网学校比例、每百名学生拥有计算机台数等软件指标分别位于第十位、第十一位和第十位。

与全国、东部地区、中部地区和西部地区平均水平比较，广西小学师资水平落后，办学条件不足。高中及以上学历教师比例与高级及以上专业技术职务教师比例仅高于西部地区平均水平，生师比与大专及以上学历教师比例均低于全国及其他地区平均水平。办学条件方面，广西生均仪器设备值、建网学校比例、每百名学生拥有计算机台数等软件指标亦低于全国及其他地区的平均水平。

3. 初中教育

与中部8省相比，广西在初中师资指标方面，生师比居于中部8省的第八位，大专及以上学历教师比例居于第六位，本科及以上学历教师比例居于第三位，一级及以上专业技术职务教师比例则居于第七位。办学条件中，生均校舍建筑面积广西排名第三，理科实验仪器达标学校排名第三，而生均图书册数、生均仪器设备值、建网学校比例、每百名学生拥有计算机台数等软件指标分别位于第七位、第六位、第九位、第七位。另外，由于学龄人口规模大，广西超大班额比例高居中部 8 省第三位。

与西部其他地区比较，广西的师资力量居于西部 12 省市中等水平，办学条件落后。生师比不高，居于西部地区第八位；大专及以上学历教师比例居于第七位，本科及以上学历教师比例居于第十位，一级及专业技术职务教师比例居于第四位，仅次于青海、内蒙古和宁夏。广西代课教师人数及代课教师占岗位教师比例在西部地区处于中等水平，分别位于西部 12 省市的第六位和第八位。广西办学条件也位于西部地区中下水平，生均仪器设备值、建网学校比例、每百名学生拥有计算机台数等指标分别位于第八位、第十位、第七位。

与全国、东部地区、中部地区和西部地区平均水平比较，广西初中师资力量薄弱，办学条件落后。生师比与大专及以上学历教师比例均落后于其他地区及全国平均水平；本科及以上学历教师比例高于中部地区平均水平，一级及专业技术职务教师比例较高，居于第四位，仅次于东部地区与全国的平均水平。办学条件落后于其他地区与全国的水平，生均仪器设备值、建网学校比例、每百名学生拥有计算机台数等指标均低于上述地区平均水平。

4. 高中教育

与中部 8 省相比，在高中师资指标方面，广西生师比居中部 8 省的第六位，本科及以上学历教师比例居第八位。办学条件方面，广西生均校舍建筑面积排名第四，生均图书册数排名第三，而生均仪器设备值位于第八位，建网学校比例位于第八位，每百名学生拥有计算机台数位于第七位。

与西部其他地区相比，广西高中教育阶段的师资与办学条件均居于西部地区中等水平。在高中师资指标中，广西的生师比居西部 12 省市的第九位，本科及以上学历教师比例居于第七位。办学条件方面，广西生均校舍建筑面积排名第六，生均图书册数排名第二，仅次于贵州，而生均仪器设备值位于第十一位，建网学校比例位于第七位，每百名学生拥有计算机台数位于第八位。

与全国、东部地区、中部地区和西部地区平均水平比较，广西的师资与办学条件均居于全国落后水平。广西高中教育阶段本科及以上学历教师比例仅高于西部平均水平，办学条件方面，生均仪器设备值与建网学校比例均低于上述地区及全国平均水平，每百名学生拥有计算机台数仅高于中部的平均水平。

5. 中职教育

与中部 8 省相比，广西的硬件办学条件较好，但师资力量不均衡。广西中职生师比位于中部 8 省第七位，本科及以上学历教师比例位于第八位，但"双师型"教师占专任教师比例高居中部 8 省榜首，说明广西中职教师队伍中技能型人才多。广西中职的硬件指标中，生均校舍建筑面积排名第二，生均仪器设备值排名第一，生均图书册数排名第二，每百名学生拥有计算机台数排名第二。这说明广西中职在职教攻坚后硬件基础设施建设较好。

与西部其他地区相比，广西中职教育"双师型"教师占专任教师比例高，办学条件好。广西中职生师比位于西部 12 省市第六位，本科及以上学历教师比例位于第十位，"双师型"教师占专任教师比例高居西部 12 省市第三位，仅次于宁夏与新疆。办学条件方面，广西中职教育阶段生均仪器设备值、生均图书册数、每百名学生拥有计算机台数均排名西部地区第一。

与全国、东部地区、中部地区和西部地区平均水平比较，广西"双师型"教育占专任教师比例为全国最高水平，办学条件较好。"双师型"教师占专任教师比例为全国最高水平，但生师比与本科及以上学历教师比例则处于全国落后水平。广西中职办学条件好，生均仪器设备值、生均图书册数、每百名学生拥有计算机台数等指标仅次于东部地区的平均水平。

6. 高等教育

与西部其他地区相比，广西专科院校技能型教师多，但师资结构不合理；办学条件居于西部地区中上水平。广西"双师型"教师位居西部 12 省市第一，研究生学位教师比例位居第四，生师比位居第六位，但高级职称教师比例却位居第十一位，仅高于西藏。办学条件方面，广西基本位于西部 12 省市前五位。生均校舍建筑面积、生均教学行政用房居于第五位，生均图书册数、生均仪器设备值居于第四位。

广西本科院校的师资力量和办学条件均居于西部地区中等水平。研究生学位教师比例位居西部地区第四位，高级职称教师比例位居第六位，双师型教师位居第七位，生师比位居第六位。办学条件方面，广西的生均仪器设备值位居西部地区第三位，生均校舍建筑面积、生均教学行政用房、生均图书册数分别位居西部地区第六位、第九位、第七位。

广西的研究生教育在西部地区居于中下水平。博士学位授权点数和硕士学位授权点数分别居于第八位和第六位。

与中部地区相比，广西专科院校师资结构不合理，办学条件居于中等水平。广西"双师型"教师位于中部 8 省第四位，仅低于湖南、黑龙江和河南；研究生学位教师比例和高级职称教师比例均位居中下水平，分别是第六位、第九位。办学条件基本位于中部 8 省中等水平。生均校舍建筑面积、生均教学行政用房居于第六位；生均图书册数、生均仪器设备值居于第五位。

广西本科院校的师资力量和办学条件与中部地区相比亦居于中下等水平。研究生学位教师比例与"双师型"教师排名第七位，高级职称教师比例排名第四，生师比排名第三位。办学条件方面，除生均仪器设备值居于第一位外，生均校舍建筑面积、生均教学行政用房、生均图书册数分别位于第五位、第八位、第四位。

与中部 8 省相比，广西的研究生教育明显居于落后水平，博士学位授权点数和硕士学位授权点数分别居于第九位和第七位。

与全国、东部地区、中部地区和西部地区的平均水平比较，广西专科院校技能型教师多，办学条件居于中下水平。广西"双师型"教师比例全国最高，但研究生学位教师比例仅高于西部平均水平，生师比与高级职称教师比例全国最低。办学条件居于全国中等水平。生均校舍建筑面积、生均教学行政用房、生均图书册数仅高于西部地区平均水平，生均仪器设备值则高于西部地区和中部地区的平均水平。

广西本科院校的师资力量和办学条件基本处于全国中下水平。高级职称教师比例居中，高于西部地区和中部地区平均水平；研究生学位教师比例仅高于西部地区平均水平；"双师型"教师比例则位于末尾。

三、小结

通过对选定的"教育大省"的两个评价指标（各级各类学生在校生数占全国总在校生的比例、每万人口各级各类学生在校生数）的比较分析，我们发现，广西两个指标在与西部地区、中部地区及与全国、东中西部平均水平的比较中，两指标的综合值均排在第十一位以后，各级各类学生在校生数占全国总在校生的比例排在第七位以后，每万人口各级各类学生在校生数排在第十一位以后；各学段的排位也均在第十一位以后。因此，广西目前很难成为教育大省。另外，广西的两个指标预测水平与全国比较，2009年、2015年、2020年的数字相差不大，表明以后的10年中，广西也难成为教育大省。

教育强省指标包括大省指标，同时还包括高层次学生、高层次学校、师资以及良好的办学条件、办学体制等指标。关于高层次学生指标，2009年，广西高等教育在校生和各学段在校生总人数在西部地区分别排名第三和第二，但高等教育在校生占各学段在校生总人数的比例却排名第七。关于高层次学校指标，2009年，广西各学段高层次学校占学校总数的比例均比较低，特别是高等教育高层次学校占高等学校总数的比例不到1%。另外，关于师资、办学条件、办学体制等指标，比较广西各学段与中部8省、西部12省市及全国、东部地区、中部地区、西部地区平均水平，广西的各项主要指标均排在第六位之后，尤其是高等教育、研究生教育差距更大。因此，广西在未来10年很难成为教育大省的情况下，更不能盲目提建设"教育强省"的目标。

参考文献

[1] 蒋莉莉，赵宏斌. 我国高等教育大省和高等教育强省的评价与分类 [J]. 高教探索，2008（6）.

[2] 龙春阳. 高等教育区域竞争力与教育强省的互动关系 [J]. 知识经济，2010（11）.

[3] 王金瑶. 关于"高教强省"若干理论探索 [J]. 中国高教研究，2002（7）.

［4］周长春．在和谐区域背景下建设"高教强省"［N］．中国教育报，2007-11-30（A3）．

［5］卢铁城．关于建设高等教育强省内涵的探讨［J］．中国高教研究，2008（5）．

［6］葛锁网．以科学发展观为指导建设高教强省———对江苏建设高教强省的思考［J］．中国高教研究，2006（2）．

［7］陈培瑞．由教育大省向教育强省跨越［J］．山东经济战略研究，2000（2）．

［8］罗红艳．由教育大省到教育强省跨越的战略选择论析———以河南为例［J］．当代教育论坛（上半月），2009（11）．

［9］欧阳河等．湖南高等教育赶超发展战略构想［J］．现代大教育，2007（6）．

［10］沈健高等．教育强省建设的理念与实践［J］．江苏高教，2011（1）．

［11］许建兰．关于湖南"教育强省"战略的思考［J］．教育教学论坛，2011（6）．

［12］苗力，叶军等．陕西建设西部教育强省任重道远［J］．陕西教育学院学报，2008（8）．

［13］张建初．论"教育强省"视野下的地方高校发展战略［J］．中国高等教育，2009（12）．

［14］田江．建设四川高等教育强省的路径选择［J］．四川文理学院学报，2010（1）．

［15］陈杰，许士荣．浙江加快建设高等教育强省的若干思路［J］．浙江工业大学学报（社会科学版），2010（12）．

［16］丁晓昌．关于做强省一级高等教育的若干思考［J］．中国高教研究，2009（12）．

［17］实现高等教育大省到高等教育强省的新跨越———浙江省教育厅负责人解读高教发展新蓝图［N］．浙江日报，2007-04-19．

附录一：2009年广西与西部其他地区学前教育、小学教育、初中教育、高中教育和高等教育指标的比较（附表5-1至附表5-10）

附表5-1　2009年广西与西部其他地区学前教育指标比较

排序	幼儿园招生人数		幼儿园在园人数			小学招生中接受过学前教育的比例			小学附设学前教育人数占学前教育规模比例			民办幼儿园在园幼儿人数			民办幼儿园在园幼儿占全区在园幼儿比例		
	城市	农村	合计	城市	农村	合计	城市	农村	合计	城市	农村	合计	城市	农村	合计	城市	农村
1	四川	四川	四川	四川	四川	陕西	陕西	重庆	贵州	广西	贵州	四川	四川	四川	陕西	青海	陕西
2	陕西	广西	广西	陕西	广西	内蒙古	云南	陕西	广西	贵州	宁夏	广西	陕西	广西	四川	重庆	四川
3	广西	云南	云南	广西	云南	重庆	宁夏	内蒙古	云南	云南	广西	云南	广西	云南	重庆	四川	重庆
4	云南	贵州	贵州	云南	贵州	广西	甘肃	广西	宁夏	重庆	云南	陕西	云南	重庆	青海	宁夏	广西
5	贵州	重庆	重庆	新疆	重庆	四川	贵州	四川	青海	新疆	青海	重庆	贵州	陕西	广西	贵州	云南
6	新疆	陕西	陕西	贵州	陕西	宁夏	广西	云南	四川	青海	四川	贵州	重庆	贵州	宁夏	广西	甘肃
7	重庆	新疆	新疆	内蒙古	新疆	云南	内蒙古	宁夏	新疆	四川	新疆	甘肃	新疆	甘肃	内蒙古	云南	内蒙古
8	甘肃	甘肃	甘肃	甘肃	甘肃	新疆	四川	新疆	重庆	宁夏	内蒙古	内蒙古	内蒙古	内蒙古	云南	陕西	青海
9	内蒙古	内蒙古	内蒙古	重庆	内蒙古	贵州	重庆	贵州	内蒙古	内蒙古	甘肃	新疆	甘肃	新疆	甘肃	内蒙古	宁夏
10	宁夏	宁夏	宁夏	宁夏	宁夏	甘肃	新疆	甘肃	甘肃	甘肃	重庆	青海	宁夏	青海	贵州	甘肃	贵州
11	青海	青海	青海	青海	青海	青海	西藏	青海	陕西	陕西	陕西	西藏	青海	宁夏	西藏	新疆	新疆
12	西藏	西藏	西藏	西藏	西藏	西藏	青海	西藏	西藏	西藏	西藏	宁夏	西藏	西藏	新疆	西藏	西藏

附表5-2　2009年广西与西部其他地区义务教育（小学）指标比较

排序	小学规模										农民工随迁子女情况			农民工随迁子女来源		农村留守儿童情况		小学净入学率		
	招生人数			在校生人数			寄宿生规模			寄宿生占当地在校生比例	招生人数	在校生人数	占小学在校生人数比例	外省迁入人比例	省内其他地区迁入人比例	招生人数	在校生人数	合计	男童	女童
	合计	城市	农村	合计	城市	农村	合计	城市	农村											
1	四川	四川	四川	四川	四川	四川	云南	内蒙古	云南	西藏	云南	云南	新疆	新疆	四川	四川	四川	内蒙古	重庆	内蒙古
2	广西	陕西	广西	贵州	陕西	广西	内蒙古	四川	广西	内蒙古	贵州	贵州	广西	宁夏	广西	广西	广西	重庆	内蒙古	陕西
3	贵州	新疆	贵州	云南	贵州	贵州	广西	四川	内蒙古	广西	四川	四川	云南	西藏	内蒙古	贵州	重庆	陕西	宁夏	宁夏
4	云南	内蒙古	云南	广西	内蒙古	云南	陕西	广西	陕西	陕西	广西	广西	陕西	云南	重庆	重庆	贵州	宁夏	陕西	青海
5	陕西	广西	甘肃	陕西	新疆	陕西	贵州	陕西	重庆	重庆	新疆	新疆	贵州	青海	甘肃	云南	云南	青海	青海	重庆
6	甘肃	贵州	陕西	甘肃	广西	甘肃	重庆	贵州	甘肃	贵州	内蒙古	内蒙古	青海	陕西	陕西	甘肃	甘肃	新疆	新疆	新疆
7	重庆	云南	重庆	重庆	云南	重庆	甘肃	重庆	贵州	云南	陕西	陕西	贵州	青海	青海	陕西	陕西	广西	广西	贵州
8	新疆	甘肃	新疆	新疆	甘肃	新疆	新疆	甘肃	新疆	广西	甘肃	甘肃	西藏	内蒙古	广西	内蒙古	内蒙古	西藏	西藏	广西
9	内蒙古	重庆	内蒙古	内蒙古	重庆	内蒙古	内蒙古	宁夏	云南	宁夏	陕西	陕西	内蒙古	广西	云南	陕西	陕西	甘肃	甘肃	四川
10	宁夏	宁夏	宁夏	宁夏	宁夏	宁夏	甘肃	青海	宁夏	甘肃	宁夏	宁夏	重庆	贵州	宁夏	西藏	西藏	贵州	云南	西藏
11	青海	青海	青海	青海	青海	青海	青海	青海	青海	青海	青海	青海	甘肃	新疆	贵州	青海	新疆	云南	云南	云南
12	西藏	西藏	西藏	西藏	西藏	西藏	西藏	西藏	西藏	宁夏	西藏	西藏	四川	四川	新疆	宁夏	宁夏	甘肃	贵州	甘肃

附表 5-2　2009 年广西与西部其他地区义务教育（小学）指标比较（续表 1）

排序	小学五年巩固率	小学毕业生升学率		生师比			小学师资														
							高中及以上学历教师比例			大专及以上学历教师比例			高级及以上专业技术职务教师比例			代课教师人数			代课教师占岗位教师比例		
	合计	男童	女童	合计	城市	农村	合计	城市	农村	合计	城市	农村	合计	城市	农村	合计	城市	农村	合计	城市	农村
1	贵州	贵州	重庆	重庆	陕西	陕西	内蒙古	陕西	内蒙古	重庆	青海	重庆	重庆	重庆	青海	四川	四川	四川	青海	青海	青海
2	陕西	陕西	陕西	青海	内蒙古	青海	陕西	内蒙古	陕西	青海	四川	四川	陕西	四川	重庆	贵州	新疆	**广西**	甘肃	新疆	甘肃
3	内蒙古	内蒙古	内蒙古	新疆	青海	内蒙古	新疆	四川	新疆	四川	宁夏	青海	四川	云南	四川	**广西**	贵州	甘肃	**广西**	**广西**	**广西**
4	云南	云南	青海	内蒙古	宁夏	新疆	云南	重庆	青海	**广西**	云南	新疆	**广西**	**广西**	新疆	甘肃	甘肃	贵州	云南	陕西	四川
5	重庆	重庆	新疆	**广西**	新疆	重庆	重庆	云南	重庆	陕西	陕西	云南	云南	陕西	甘肃	云南	**广西**	云南	四川	内蒙古	云南
6	**广西**	**广西**	**广西**	西藏	重庆	**广西**	四川	**广西**	四川	云南	**广西**	陕西	新疆	新疆	**广西**	新疆	青海	新疆	宁夏	四川	宁夏
7	四川	四川	四川	甘肃	**广西**	西藏	**广西**	青海	**广西**	新疆	重庆	宁夏	甘肃	青海	云南	陕西	陕西	陕西	贵州	宁夏	贵州
8	新疆	新疆	宁夏	云南	西藏	甘肃	青海	新疆	甘肃	甘肃	新疆	甘肃	青海	甘肃	陕西	青海	内蒙古	青海	新疆	贵州	陕西
9	西藏	西藏	西藏	宁夏	甘肃	宁夏	甘肃	甘肃	云南	宁夏	甘肃	贵州	贵州	贵州	贵州	宁夏	宁夏	宁夏	陕西	甘肃	新疆
10	甘肃	甘肃	甘肃	四川	云南	云南	宁夏	宁夏	宁夏	贵州	贵州	**广西**	宁夏	宁夏	宁夏	重庆	重庆	重庆	内蒙古	云南	内蒙古
11	青海	青海	云南	陕西	四川	四川	贵州	贵州	贵州	内蒙古	内蒙古	内蒙古	内蒙古	内蒙古	内蒙古	内蒙古	云南	内蒙古	重庆	西藏	重庆
12	宁夏	宁夏	贵州	贵州	贵州	贵州	西藏	西藏	西藏	西藏	西藏	西藏	西藏	西藏	西藏	西藏	西藏	西藏	西藏	重庆	西藏

附表 5-2　2009 年广西与西部其他地区义务教育（小学）指标比较（续表 2）

办学条件

排序	生均校舍建筑面积			生均宿舍面积			生均图书册数			生均仪器设备值			自然实验仪器达标学校比例			建网学校比例			每百名学生拥有教学用计算机台数		
	合计	城市	农村	合计	城市	农村	合计	城市	农村	合计	城市	农村	合计	城市	农村	合计	城市	农村	合计	城市	农村
1	西藏	重庆	西藏	新疆	西藏	新疆	陕西	陕西	陕西	宁夏	重庆	宁夏	新疆	重庆	新疆	重庆	重庆	重庆	宁夏	重庆	陕西
2	重庆	西藏	重庆	**广西**	重庆	**广西**	内蒙古	内蒙古	内蒙古	西藏	宁夏	西藏	内蒙古	新疆	贵州	四川	四川	四川	陕西	青海	重庆
3	**广西**	**广西**	**广西**	陕西	青海	陕西	宁夏	宁夏	宁夏	青海	**广西**	**广西**	**广西**	内蒙古	云南	陕西	宁夏	陕西	重庆	宁夏	宁夏
4	内蒙古	内蒙古	内蒙古	重庆	贵州	重庆	西藏	新疆	重庆	四川	四川	四川	陕西	四川	内蒙古	宁夏	青海	宁夏	青海	陕西	青海
5	陕西	陕西	陕西	四川	陕西	四川	新疆	**广西**	甘肃	甘肃	新疆	青海	重庆	云南	**广西**	内蒙古	陕西	青海	新疆	新疆	新疆
6	新疆	新疆	云南	西藏	新疆	西藏	重庆	青海	新疆	**广西**	甘肃	甘肃	四川	宁夏	陕西	甘肃	甘肃	甘肃	内蒙古	内蒙古	内蒙古
7	云南	宁夏	青海	内蒙古	**广西**	云南	甘肃	重庆	**广西**	云南	贵州	云南	甘肃	陕西	四川	青海	内蒙古	西藏	西藏	西藏	西藏
8	青海	四川	甘肃	云南	四川	青海	**广西**	云南	青海	贵州	内蒙古	贵州	宁夏	贵州	重庆	西藏	西藏	内蒙古	甘肃	甘肃	甘肃
9	甘肃	青海	新疆	宁夏	云南	宁夏	青海	甘肃	云南	内蒙古	云南	内蒙古	西藏	**广西**	西藏	新疆	贵州	新疆	四川	**广西**	四川
10	四川	云南	四川	贵州	内蒙古	贵州	云南	贵州	贵州	陕西	陕西	陕西	青海	甘肃	甘肃	贵州	**广西**	贵州	**广西**	四川	贵州
11	宁夏	甘肃	宁夏	青海	宁夏	内蒙古	贵州	四川	四川	新疆	青海	新疆	云南	西藏	宁夏	**广西**	新疆	**广西**	贵州	贵州	云南
12	贵州	贵州	贵州	甘肃	甘肃	甘肃	四川	西藏	西藏	重庆	西藏	重庆	贵州	青海	青海	云南	云南	云南	云南	云南	**广西**

附表 5-2 2009 年广西与西部其他地区义务教育（小学）指标比较（续表 3）

排序	小班额比例				大班额比例				民办小学	
	合计	城市	县镇	农村	合计	城市	县镇	农村	在校生人数	在校生占全部小学在校生比例
1	甘肃	陕西	甘肃	甘肃	四川	宁夏	陕西	四川	四川	陕西
2	陕西	新疆	内蒙古	内蒙古	宁夏	青海	宁夏	贵州	贵州	四川
3	青海	内蒙古	陕西	陕西	重庆	云南	四川	重庆	陕西	贵州
4	广西	贵州	新疆	青海	贵州	陕西	重庆	宁夏	广西	内蒙古
5	云南	广西	青海	广西	内蒙古	贵州	贵州	西藏	云南	广西
6	西藏	甘肃	西藏	宁夏	青海	四川	青海	云南	重庆	云南
7	内蒙古	云南	广西	西藏	陕西	内蒙古	甘肃	青海	内蒙古	重庆
8	宁夏	重庆	云南	云南	云南	新疆	广西	陕西	新疆	新疆
9	新疆	青海	贵州	重庆	甘肃	甘肃	云南	甘肃	甘肃	宁夏
10	贵州	西藏	重庆	新疆	广西	广西	内蒙古	广西	宁夏	西藏
11	重庆	四川	宁夏	四川	西藏	西藏	新疆	新疆	青海	青海
12	四川	宁夏	四川	贵州	新疆	重庆	西藏	内蒙古	西藏	甘肃

附表5-3 2009年广西与西部其他地区义务教育（初中）指标比较

排序	初中规模 招生人数 合计	招生人数 城市	招生人数 农村	在校生人数 合计	在校生人数 城市	在校生人数 农村	寄宿生规模 合计	寄宿生规模 城市	寄宿生规模 农村	寄宿生占当地在校生比例	农民工随迁子女随迁情况 招生人数	在校生人数	占初中在校生比例	农民工随迁子女来源 外省迁入人比例	省内其他地区迁入人比例	农村留守儿童情况 招生人数	在校生人数	三年巩固率 合计	男童	女童	毕业生升学率
1	四川	四川	四川	四川	四川	四川	四川	四川	四川	西藏	四川	四川	新疆	新疆	四川	四川	四川	陕西	陕西	陕西	陕西
2	贵州	陕西	贵州	贵州	陕西	贵州	**广西**	**广西**	**广西**	**广西**	新疆	新疆	内蒙古	西藏	贵州	**广西**	重庆	内蒙古	甘肃	内蒙古	青海
3	**广西**	贵州	**广西**	**广西**	贵州	**广西**	云南	云南	贵州	重庆	贵州	贵州	宁夏	宁夏	**广西**	重庆	**广西**	甘肃	新疆	甘肃	重庆
4	云南	新疆	云南	云南	新疆	云南	贵州	贵州	云南	四川	**广西**	内蒙古	重庆	云南	内蒙古	贵州	贵州	新疆	内蒙古	云南	内蒙古
5	陕西	云南	陕西	陕西	云南	陕西	重庆	重庆	重庆	内蒙古	云南	**广西**	贵州	青海	重庆	甘肃	甘肃	云南	云南	新疆	宁夏
6	甘肃	甘肃	甘肃	甘肃	甘肃	甘肃	甘肃	甘肃	甘肃	云南	陕西	云南	青海	甘肃	陕西	云南	陕西	重庆	西藏	青海	四川
7	重庆	重庆	重庆	重庆	重庆	重庆	陕西	陕西	陕西	新疆	重庆	陕西	陕西	陕西	甘肃	陕西	云南	青海	重庆	宁夏	甘肃
8	新疆	内蒙古	新疆	新疆	内蒙古	新疆	内蒙古	内蒙古	内蒙古	陕西	甘肃	重庆	**广西**	重庆	青海	内蒙古	内蒙古	西藏	青海	重庆	**广西**
9	内蒙古	宁夏	内蒙古	内蒙古	宁夏	内蒙古	新疆	新疆	新疆	贵州	宁夏	甘肃	云南	内蒙古	云南	西藏	西藏	宁夏	四川	重庆	新疆
10	宁夏	青海	宁夏	宁夏	青海	宁夏	西藏	宁夏	西藏	宁夏	青海	青海	四川	**广西**	宁夏	青海	新疆	四川	宁夏	四川	云南
11	青海	**广西**	青海	青海	**广西**	青海	宁夏	青海	宁夏	甘肃	内蒙古	宁夏	甘肃	贵州	西藏	新疆	宁夏	贵州	贵州	西藏	贵州
12	西藏	西藏	西藏	西藏	西藏	西藏	青海	西藏	青海	青海	西藏	西藏	西藏	四川	新疆	宁夏	青海	**广西**	**广西**	**广西**	**西藏**

附表 5-3　2009 年广西与西部其他地区义务教育（初中）指标比较（续表 1）

排序	初中教育师资 生师比 合计	城市	农村	大专及以上学历教师比例 合计	城市	农村	本科及以上学历教师比例 合计	城市	农村	一级及以上专业技术职务教师比例 合计	城市	农村	中学代课教师数 合计	城市	农村	中学代课教师占岗位教师比例 合计	城市	农村	办学条件 生均校舍建筑面积 合计	城市	农村	寄宿生生均宿舍面积 合计	城市	农村
1	新疆	重庆	新疆	新疆	重庆	新疆	重庆	重庆	新疆	宁夏	宁夏	甘肃	四川	四川	四川	四川	内蒙古	新疆	重庆	重庆	内蒙古	宁夏	西藏	甘肃
2	内蒙古	新疆	内蒙古	重庆	宁夏	内蒙古	宁夏	宁夏	陕西	青海	青海	广西	内蒙古	内蒙古	新疆	广西	广西	青海	西藏	西藏	新疆	西藏	重庆	西藏
3	陕西	宁夏	陕西	宁夏	云南	陕西	陕西	陕西	重庆	甘肃	甘肃	甘肃	陕西	陕西	陕西	青海	新疆	宁夏	重庆	重庆	陕西	重庆	新疆	内蒙古
4	青海	云南	西藏	云南	陕西	云南	新疆	云南	宁夏	新疆	新疆	甘肃	新疆	新疆	广西	新疆	甘肃	陕西	西藏	广西	内蒙古	陕西	宁夏	新疆
5	西藏	内蒙古	青海	内蒙古	广西	重庆	云南	广西	内蒙古	云南	广西	宁夏	甘肃	广西	内蒙古	广西	广西	广西	内蒙古	内蒙古	宁夏	青海	青海	贵州
6	宁夏	青海	宁夏	甘肃	内蒙古	甘肃	内蒙古	四川	云南	重庆	新疆	青海	广西	青海	青海	陕西	陕西	重庆	宁夏	宁夏	青海	内蒙古	内蒙古	重庆
7	重庆	广西	四川	广西	四川	广西	广西	青海	广西	广西	广西	四川	贵州	贵州	云南	贵州	青海	云南	青海	青海	广西	四川	四川	陕西
8	广西	甘肃	广西	四川	青海	四川	四川	内蒙古	甘肃	四川	四川	广西	宁夏	宁夏	重庆	宁夏	重庆	四川	新疆	新疆	重庆	宁夏	甘肃	重庆
9	甘肃	陕西	甘肃	青海	新疆	青海	青海	新疆	四川	内蒙古	陕西	新疆	云南	云南	甘肃	云南	云南	新疆	陕西	陕西	四川	云南	云南	云南
10	四川	四川	云南	甘肃	甘肃	宁夏	甘肃	甘肃	新疆	陕西	陕西	陕西	陕西	重庆	重庆	重庆	重庆	重庆	四川	四川	重庆	甘肃	甘肃	甘肃
11	云南	西藏	重庆	贵州	贵州	贵州	贵州	贵州	贵州	贵州	西藏	甘肃	云南	云南	云南	云南	云南	云南	云南	云南	云南	云南	云南	云南
12	贵州	贵州	贵州	西藏	西藏	西藏	西藏	西藏	西藏	西藏	贵州	西藏	贵州	贵州	贵州	贵州	贵州	贵州	甘肃	甘肃	甘肃	甘肃	甘肃	甘肃

附表 5-3　2009 年广西与西部其他地区义务教育（初中）指标比较（续表 2）

排序	生均图书册数 合计	生均图书册数 城市	生均图书册数 农村	生均仪器设备值 合计	生均仪器设备值 城市	生均仪器设备值 农村	理科实验仪器达标学校 合计	理科实验仪器达标学校 城市	理科实验仪器达标学校 农村	建网学校比例 合计	建网学校比例 城市	建网学校比例 农村	每百名学生拥有教学用计算机台数 合计	每百名学生拥有教学用计算机台数 城市	每百名学生拥有教学用计算机台数 农村	超大班额比例 合计	超大班额比例 城市	超大班额比例 县镇	超大班额比例 农村	民办义务教育（初中）规模 在校生人数	民办义务教育（初中）规模 在校生占全部初中在校生比例
1	陕西	贵州	陕西	新疆	宁夏	新疆	贵州	重庆	贵州	宁夏	重庆	陕西	宁夏	宁夏	宁夏	**广西**	宁夏	**广西**	云南	四川	陕西
2	内蒙古	内蒙古	内蒙古	宁夏	新疆	宁夏	新疆	宁夏	新疆	陕西	宁夏	重庆	青海	青海	青海	四川	甘肃	陕西	四川	陕西	四川
3	西藏	新疆	西藏	陕西	重庆	陕西	云南	陕西	云南	重庆	青海	宁夏	新疆	新疆	新疆	宁夏	贵州	重庆	重庆	贵州	重庆
4	新疆	**广西**	新疆	内蒙古	**广西**	内蒙古	陕西	内蒙古	陕西	四川	四川	青海	陕西	**广西**	**广西**	重庆	四川	四川	**广西**	**广西**	贵州
5	贵州	宁夏	**广西**	西藏	西藏	西藏	内蒙古	新疆	**广西**	甘肃	陕西	四川	内蒙古	重庆	陕西	云南	云南	宁夏	甘肃	重庆	**广西**
6	宁夏	陕西	宁夏	青海	陕西	青海	**广西**	四川	内蒙古	青海	甘肃	甘肃	甘肃	陕西	重庆	甘肃	陕西	甘肃	陕西	云南	云南
7	**广西**	西藏	贵州	四川	青海	**广西**	宁夏	贵州	宁夏	西藏	贵州	西藏	**广西**	内蒙古	内蒙古	陕西	内蒙古	云南	贵州	内蒙古	新疆
8	青海	重庆	青海	**广西**	四川	四川	重庆	**广西**	重庆	贵州	新疆	贵州	四川	甘肃	甘肃	贵州	青海	贵州	宁夏	新疆	甘肃
9	甘肃	甘肃	甘肃	重庆	内蒙古	重庆	四川	云南	四川	新疆	**广西**	新疆	重庆	贵州	贵州	内蒙古	**广西**	青海	青海	宁夏	青海
10	云南	云南	云南	贵州	甘肃	贵州	西藏	甘肃	西藏	内蒙古	云南	**广西**	西藏	四川	四川	西藏	新疆	西藏	西藏	甘肃	西藏
11	四川	四川	四川	甘肃	贵州	甘肃	甘肃	青海	甘肃	**广西**	内蒙古	云南	云南	云南	云南	青海	西藏	内蒙古	内蒙古	青海	内蒙古
12	重庆	青海	重庆	云南	云南	云南	青海	西藏	青海	云南	西藏	内蒙古	贵州	西藏	西藏	新疆	重庆	新疆	新疆	西藏	宁夏

附表 5-4 2009 年广西与西部其他地区高中阶段教育指标比较

排序	高中阶段教育规模	
	招生人数	在校生人数
1	四川	四川
2	陕西	陕西
3	广西	广西
4	云南	云南
5	重庆	重庆
6	贵州	甘肃
7	甘肃	贵州
8	内蒙古	内蒙古
9	新疆	新疆
10	宁夏	宁夏
11	青海	青海
12	西藏	西藏

附表5-5 2009年广西与西部其他地区普通高中教育指标比较

排序	普通高中规模		普通高中师资		普通高中办学条件						民办高中规模	
	招生人数	在校生人数	生师比	本科及以上学历教师比例	生均校舍建筑面积	生均图书册数	生均仪器设备值	理科实验仪器达标学校比例	建网学校比例	每百名学生拥有教学用计算机台数	在校生人数	在校生占全部普通高中在校生比例
1	四川	四川	西藏	宁夏	重庆	贵州	重庆	内蒙古	宁夏	青海	陕西	陕西
2	陕西	陕西	新疆	云南	云南	广西	新疆	贵州	陕西	新疆	四川	广西
3	广西	广西	青海	重庆	西藏	新疆	陕西	云南	重庆	宁夏	广西	贵州
4	重庆	甘肃	云南	西藏	宁夏	陕西	宁夏	新疆	四川	陕西	贵州	甘肃
5	云南	云南	宁夏	内蒙古	新疆	云南	四川	陕西	甘肃	甘肃	甘肃	云南
6	贵州	重庆	内蒙古	陕西	广西	青海	西藏	广西	青海	云南	云南	宁夏
7	甘肃	贵州	甘肃	广西	四川	宁夏	贵州	重庆	广西	重庆	重庆	四川
8	内蒙古	内蒙古	陕西	四川	内蒙古	甘肃	内蒙古	四川	贵州	内蒙古	内蒙古	重庆
9	新疆	新疆	广西	贵州	青海	四川	云南	宁夏	内蒙古	广西	新疆	新疆
10	宁夏	宁夏	贵州	新疆	陕西	重庆	甘肃	甘肃	西藏	四川	宁夏	内蒙古
11	青海	青海	四川	甘肃	贵州	西藏	广西	西藏	新疆	贵州	青海	青海
12	西藏	西藏	重庆	青海	甘肃	内蒙古	青海	青海	云南	西藏	西藏	西藏

附表 5-6　2009 年广西与西部其他地区中等职业教育指标比较

排序	中等职业教育规模		中等职业教育师资			中等职业教育办学条件			
	招生人数	在校生人数	生师比	双师型教师占专任教师比例	本科及以上学历教师比例	生均校舍建筑面积	生均仪器设备值	生均图书册数	每百名学生拥有教学用计算机台数
1	四川	四川	新疆	宁夏	宁夏	新疆	广西	广西	广西
2	陕西	陕西	内蒙古	新疆	西藏	广西	重庆	新疆	重庆
3	广西	广西	甘肃	广西	云南	重庆	新疆	云南	云南
4	云南	云南	云南	青海	重庆	甘肃	甘肃	甘肃	甘肃
5	重庆	重庆	陕西	四川	新疆	陕西	宁夏	内蒙古	陕西
6	贵州	贵州	广西	重庆	内蒙古	云南	陕西	陕西	贵州
7	内蒙古	甘肃	青海	贵州	甘肃	西藏	青海	重庆	四川
8	甘肃	内蒙古	重庆	陕西	四川	内蒙古	云南	贵州	内蒙古
9	新疆	新疆	四川	云南	贵州	四川	四川	西藏	新疆
10	宁夏	宁夏	贵州	甘肃	广西	贵州	内蒙古	四川	宁夏
11	青海	青海	西藏	内蒙古	陕西	宁夏	贵州	青海	青海
12	西藏	西藏	宁夏	西藏	青海	青海	西藏	宁夏	西藏

附表5-7 2009年广西与西部其他地区研究生教育指标比较

排序	研究生教育规模		博士学位授权点数		硕士学位授权点数	
	招生人数	在校生人数	合计	其中地方高校博士学位授权点数	合计	其中地方高校硕士学位授权点数
1	陕西	陕西	陕西	陕西	陕西	陕西
2	四川	四川	四川	云南	四川	云南
3	重庆	重庆	重庆	四川	云南	广西
4	甘肃	甘肃	甘肃	甘肃	重庆	四川
5	云南	云南	云南	内蒙古	甘肃	内蒙古
6	广西	广西	内蒙古	重庆	广西	甘肃
7	内蒙古	内蒙古	新疆	新疆	内蒙古	贵州
8	新疆	新疆	广西	广西	贵州	新疆
9	贵州	贵州	贵州	贵州	新疆	重庆
10	宁夏	宁夏	宁夏	宁夏	宁夏	宁夏
11	青海	青海	青海	青海	青海	青海
12	西藏	西藏	西藏	西藏	西藏	西藏

附表5-8　2009年广西与西部其他地区普通高等教育指标比较

排序	普通本专科规模			普通高校师资				普通高校办学条件					成人本专科规模		民办普通本专科规模				民办本专科规模		独立学院本专科规模	
	招生人数	在校生人数	毕业生人数	生师比	高级职称教师比例	研究生学位教师比例	双师型教师比例	生均校舍建筑面积	生均教学行政用房	生均图书册数	生均仪器设备值	普通高校校均规模	招生人数	在校生人数	招生人数	在校生人数	招生占普通本专科比例	在校生占普通本专科比例	招生人数	在校生人数	招生人数	在校生人数
1	四川	四川	四川	青海	青海	云南	内蒙古	新疆	青海	西藏	西藏	四川	四川	四川	陕西	陕西	陕西	陕西	陕西	陕西	四川	四川
2	陕西	陕西	陕西	西藏	宁夏	重庆	**广西**	西藏	西藏	青海	宁夏	陕西	陕西	陕西	四川	四川	云南	云南	四川	四川	重庆	陕西
3	**广西**	**广西**	**广西**	新疆	云南	四川	宁夏	陕西	陕西	贵州	**广西**	重庆	**广西**	云南	云南	**广西**	宁夏	宁夏	云南	**广西**	陕西	重庆
4	重庆	重庆	重庆	云南	内蒙古	宁夏	重庆	重庆	贵州	陕西	新疆	甘肃	云南	**广西**	**广西**	云南	**广西**	**广西**	**广西**	云南	云南	云南
5	云南	云南	云南	陕西	贵州	甘肃	新疆	青海	新疆	内蒙古	青海	内蒙古	重庆	重庆	重庆	重庆	重庆	重庆	重庆	重庆	**广西**	**广西**
6	甘肃	甘肃	甘肃	贵州	重庆	陕西	陕西	**广西**	宁夏	新疆	陕西	**广西**	内蒙古	甘肃	贵州	贵州	四川	四川	贵州	贵州	贵州	贵州
7	内蒙古	内蒙古	内蒙古	宁夏	甘肃	**广西**	贵州	内蒙古	重庆	宁夏	云南	新疆	甘肃	贵州	甘肃	甘肃	贵州	贵州	甘肃	甘肃	甘肃	甘肃
8	贵州	贵州	贵州	重庆	陕西	内蒙古	甘肃	贵州	云南	云南	重庆	云南	贵州	新疆	新疆	新疆	甘肃	甘肃	新疆	新疆	新疆	新疆
9	新疆	新疆	新疆	**广西**	新疆	青海	青海	云南	**广西**	**广西**	四川	贵州	新疆	内蒙古	宁夏	宁夏	新疆	新疆	内蒙古	内蒙古	宁夏	宁夏
10	宁夏	宁夏	宁夏	内蒙古	**广西**	贵州	云南	宁夏	四川	重庆	内蒙古	宁夏	宁夏	宁夏	青海	青海	青海	青海	宁夏	宁夏	内蒙古	内蒙古
11	青海	青海	青海	四川	四川	新疆	四川	四川	内蒙古	四川	甘肃	青海	青海	青海	内蒙古	内蒙古	内蒙古	内蒙古	青海	青海	青海	青海
12	西藏	西藏	西藏	甘肃	西藏	西藏	西藏	甘肃	甘肃	甘肃	贵州	西藏	西藏	西藏	西藏	西藏	西藏	西藏	西藏	西藏	西藏	西藏

附表5-9 2009年广西与西部其他地区本科院校教育指标比较

排序	本科院校师资				本科院校办学条件				本科院校规模
	生师比	高级职称教师比例	研究生学位教师比例	双师型教师比例	生均校舍建筑面积	生均教学行政用房	生均图书册数	生均仪器设备值	校均规模
1	青海	青海	云南	内蒙古	新疆	青海	青海	西藏	四川
2	西藏	宁夏	重庆	陕西	西藏	宁夏	贵州	宁夏	重庆
3	宁夏	云南	宁夏	贵州	陕西	陕西	西藏	广西	内蒙古
4	新疆	贵州	广西	宁夏	青海	西藏	宁夏	青海	陕西
5	贵州	内蒙古	甘肃	重庆	宁夏	云南	陕西	新疆	甘肃
6	陕西	广西	内蒙古	云南	广西	内蒙古	云南	云南	广西
7	广西	重庆	四川	广西	重庆	新疆	广西	陕西	云南
8	云南	甘肃	陕西	青海	内蒙古	贵州	新疆	内蒙古	新疆
9	内蒙古	新疆	青海	甘肃	贵州	广西	重庆	四川	贵州
10	重庆	陕西	新疆	新疆	云南	重庆	内蒙古	重庆	青海
11	四川	四川	贵州	四川	四川	四川	四川	贵州	宁夏
12	甘肃	西藏	西藏	西藏	甘肃	甘肃	甘肃	甘肃	西藏

附表5-10 2009年广西与西部其他地区专科院校教育指标比较

排序	专科院校师资				专科院校办学条件				专科院校校均规模
	生师比	高级职称教师比例	研究生学位教师比例	双师型教师比例	生均校舍建筑面积	生均教学行政用房	生均图书册数	生均仪器设备值	
1	西藏	青海	云南	广西	重庆	重庆	西藏	西藏	四川
2	青海	宁夏	四川	重庆	西藏	西藏	新疆	重庆	甘肃
3	新疆	内蒙古	内蒙古	甘肃	新疆	内蒙古	云南	新疆	广西
4	重庆	云南	广西	新疆	陕西	新疆	广西	广西	陕西
5	云南	甘肃	重庆	宁夏	广西	广西	重庆	四川	内蒙古
6	广西	重庆	甘肃	内蒙古	内蒙古	陕西	陕西	甘肃	重庆
7	内蒙古	新疆	陕西	贵州	云南	贵州	贵州	陕西	新疆
8	陕西	陕西	宁夏	四川	贵州	甘肃	内蒙古	内蒙古	贵州
9	四川	贵州	西藏	陕西	青海	云南	宁夏	云南	云南
10	甘肃	四川	贵州	青海	甘肃	青海	四川	宁夏	宁夏
11	贵州	广西	新疆	云南	四川	四川	甘肃	贵州	青海
12	宁夏	西藏	青海	西藏	宁夏	宁夏	青海	青海	西藏

附录二：2009年广西与中部8省学前教育、小学教育、初中教育、高中教育和高等教育指标的比较（附表5-11至附表5-20）

附表5-11　2009年广西与中部8省学前教育指标比较

排序	幼儿园招生人数			幼儿园在园人数			小学招生中接受过学前教育的比例			小学附设学前教育人数占学前教育规模比例			民办幼儿园在园人数			民办幼儿园在园幼儿占全部幼儿园在园幼儿比例		
	合计	城市	农村	合计	城市	农村	合计	城市	农村	合计	城市	农村	合计	城市	农村	合计	城市	农村
1	河南	河南	河南	河南	河南	河南	湖南	山西	湖南	广西	广西	广西	河南	湖南	江西	江西	湖南	江西
2	湖南	湖南	广西	湖南	湖北	江西	吉林	湖南	吉林	安徽	湖北	安徽	江西	河南	河南	湖南	江西	湖南
3	广西	湖北	湖南	广西	湖南	湖南	山西	河南	山西	河南	安徽	河南	湖南	湖北	湖南	黑龙江	广西	黑龙江
4	江西	山西	江西	江西	安徽	广西	黑龙江	吉林	黑龙江	湖北	吉林	湖北	广西	安徽	广西	河南	黑龙江	河南
5	安徽	安徽	安徽	安徽	山西	安徽	河南	安徽	河南	湖南	河南	黑龙江	安徽	广西	安徽	吉林	河南	湖北
6	湖北	广西	湖北	湖北	广西	湖北	湖北	湖北	湖北	黑龙江	黑龙江	湖南	湖北	山西	湖北	湖北	吉林	吉林
7	山西	黑龙江	山西	山西	黑龙江	山西	广西	黑龙江	广西	吉林	山西	吉林	黑龙江	江西	黑龙江	安徽	安徽	安徽
8	黑龙江	江西	黑龙江	黑龙江	江西	黑龙江	江西	广西	江西	江西	湖南	山西	山西	黑龙江	山西	广西	山西	广西
9	吉林	吉林	吉林	吉林	吉林	吉林	安徽	江西	安徽	山西	江西	江西	吉林	吉林	吉林	山西	湖北	山西

附表 5-12　2009 年广西与中部 8 省义务教育（小学）指标比较

排序	小学规模 招生人数 合计	招生人数 城市	招生人数 农村	在校生人数 合计	在校生人数 城市	在校生人数 农村	寄宿生规模 寄宿生占当地在校生比例 合计	城市	农村	农民工随迁子女情况 招生人数	占小学在校生人数比例 在校生人数	农民工随迁子女来源 外省迁入人比例	省内其他地区迁入人比例	农村留守儿童情况 招生人数	在校生人数	小学净入学率 合计	男童	女童
1	河南	河南	河南	河南	河南	河南	湖北	湖南	湖北	河南	河南	河南	河南	湖南	湖南	河南	河南	河南
2	安徽	湖北	安徽	安徽	湖北	安徽	湖南	河南	湖南	湖南	山西	湖北	湖南	河南	河南	河南	江西	山西
3	湖南	安徽	湖南	湖南	山西	湖南	山西	湖北	湖南	山西	湖北	山西	江西	安徽	安徽	江西	山西	安徽
4	广西	湖南	广西	广西	安徽	湖北	江西	广西	广西	广西	广西	江西	安徽	江西	广西	安徽	安徽	江西
5	江西	江西	江西	江西	河南	广西	广西	山西	山西	湖北	江西	广西	广西	广西	湖北	吉林	吉林	吉林
6	湖北	黑龙江	湖北	湖北	湖南	江西	黑龙江	江西	江西	江西	湖北	安徽	黑龙江	湖北	山西	湖北	湖北	湖北
7	山西	山西	山西	山西	广西	黑龙江	河南	广西	安徽	吉林	吉林	江西	湖北	吉林	黑龙江	湖南	湖南	湖南
8	黑龙江	黑龙江	黑龙江	黑龙江	江西	河南	吉林	吉林	黑龙江	黑龙江	黑龙江	湖南	山西	黑龙江	吉林	黑龙江	广西	黑龙江
9	吉林	吉林	吉林	吉林	吉林	安徽	安徽	安徽	吉林	安徽	安徽	河南	吉林	吉林	吉林	湖南	黑龙江	广西

附表 5-12 2009 年广西与中部 8 省义务教育（小学）指标比较（续表 1）

排序	小学五年巩固率			小学毕业生升学率			小学师资																	
							生师比			高中及以上学历教师比例			大专及以上学历教师比例			高级及以上专业技术职务教师比例			代课教师人数			代课教师占岗位教师比例		
	合计	女童	男童	合计	女童	男童	合计	城市	农村	合计	城市	农村	合计	城市	农村	合计	城市	农村	合计	城市	农村	合计	城市	农村
1	吉林	吉林	吉林	安徽	安徽	安徽	吉林	黑龙江	吉林	安徽	吉林	湖北	吉林	吉林	吉林	湖北	黑龙江	湖北	河南	河南	河南	山西	山西	山西
2	湖北	湖北	湖北	江西	湖北	江西	黑龙江	吉林	黑龙江	吉林	黑龙江	吉林	黑龙江	黑龙江	黑龙江	湖南	湖北	湖南	山西	山西	山西	**广西**	**广西**	**广西**
3	湖南	湖南	湖南	湖北	湖南	湖北	山西	山西	山西	河南	山西	黑龙江	山西	山西	山西	安徽	安徽	安徽	**广西**	**广西**	**广西**	湖北	湖北	湖北
4	山西	山西	山西	湖南	山西	湖南	湖北	湖北	湖北	山西	山西	山西	河南	河南	河南	黑龙江	河南	黑龙江	湖南	湖南	湖南	安徽	安徽	安徽
5	黑龙江	黑龙江	黑龙江	山西	黑龙江	山西	湖南	湖南	湖南	湖南	河南	湖南	湖南	湖南	**广西**	吉林	**广西**	河南	湖北	湖北	湖北	湖南	湖南	湖南
6	河南	河南	河南	河南	河南	河南	安徽	安徽	河南	湖南	湖北	河南	**广西**	**广西**	湖南	**广西**	吉林	河南	吉林	吉林	吉林	河南	河南	河南
7	安徽	**广西**	安徽	**广西**	**广西**	**广西**	**广西**	**广西**	安徽	**广西**	**广西**	**广西**	湖北	湖北	湖北	河南	湖南	吉林	江西	江西	江西	吉林	吉林	吉林
8	**广西**	安徽	**广西**	安徽	安徽	安徽	河南	河南	**广西**	湖北	湖北	安徽	安徽	安徽	安徽	江西	江西	江西	安徽	安徽	安徽	黑龙江	黑龙江	黑龙江
9	江西	江西	江西	江西	江西	江西	江西	江西	江西	江西	江西	江西	江西	江西	江西	安徽	安徽	安徽	黑龙江	黑龙江	黑龙江	江西	江西	黑龙江

附表 5-12　2009 年广西与中部 8 省义务教育（小学）指标比较（续表 2）

办学条件

排序	生均校舍建筑面积			生均宿舍面积			生均图书册数			生均仪器设备值			自然实验仪器达标学校比例			建网学校比例			每百名学生拥有教学用计算机台数		
	合计	城市	农村	合计	城市	农村	合计	城市	农村	合计	城市	农村	合计	城市	农村	合计	城市	农村	合计	城市	农村
1	湖北	黑龙江	湖北	安徽	江西	安徽	吉林	吉林	湖南	吉林	吉林	山西	江西	河南	江西	湖北	吉林	湖北	山西	安徽	山西
2	吉林	湖北	安徽	广西	广西	江西	湖南	湖南	湖北	黑龙江	黑龙江	湖北	广西	湖北	广西	黑龙江	黑龙江	黑龙江	湖南	湖南	湖南
3	广西	湖南	广西	黑龙江	湖北	广西	山西	广西	山西	湖北	湖北	湖南	湖北	广西	河南	吉林	湖南	吉林	湖北	江西	湖北
4	黑龙江	山西	黑龙江	湖北	山西	湖北	湖北	湖北	广西	山西	山西	广西	河南	湖南	湖北	山西	湖北	山西	安徽	湖北	安徽
5	山西	广西	山西	山西	黑龙江	黑龙江	河南	黑龙江	河南	湖南	湖南	河南	山西	山西	山西	湖南	山西	江西	江西	山西	江西
6	安徽	安徽	吉林	河南	湖南	吉林	黑龙江	河南	吉林	广西	广西	吉林	吉林	吉林	吉林	河南	河南	湖南	河南	河南	河南
7	江西	河南	江西	江西	安徽	河南	安徽	山西	黑龙江	河南	河南	黑龙江	黑龙江	江西	黑龙江	江西	江西	河南	江西	江西	江西
8	河南	湖南	河南	湖南	河南	湖南	广西	安徽	安徽	安徽	安徽	安徽	湖南	黑龙江	湖南	广西	安徽	广西	广西	广西	广西
9	河南	江西	河南	江西	吉林	江西	江西	江西	江西	江西	江西	江西	安徽	安徽	安徽	安徽	广西	安徽	河南	吉林	河南

附表5-12　2009年广西与中部8省义务教育（小学）指标比较（续表3）

排序	小班额比例				大班额比例				民办小学	
	合计	城市	县镇	农村	合计	城市	县镇	农村	在校生人数	在校生占全部小学在校生比例
1	吉林	黑龙江	吉林	吉林	湖南	安徽	湖北	湖北	河南	山西
2	黑龙江	吉林	黑龙江	黑龙江	湖北	河南	湖南	河南	山西	河南
3	山西	安徽	江西	山西	河南	湖南	河南	湖南	安徽	安徽
4	广西	湖北	山西	广西	江西	江西	江西	安徽	湖南	湖南
5	安徽	山西	广西	安徽	安徽	山西	安徽	江西	广西	广西
6	江西	广西	安徽	江西	山西	湖北	山西	山西	江西	吉林
7	湖南	河南	湖南	湖南	黑龙江	广西	黑龙江	广西	湖北	湖北
8	湖北	江西	湖北	湖北	广西	黑龙江	广西	黑龙江	吉林	江西
9	河南	湖南	河南	河南	吉林	吉林	吉林	吉林	黑龙江	黑龙江

附表5-13　2009年广西与中部8省义务教育（初中）指标比较

排序	初中规模 招生人数 合计	招生人数 城市	招生人数 农村	在校生人数 合计	在校生人数 城市	在校生人数 农村	寄宿生规模 合计	寄宿生规模 城市	寄宿生规模 农村	寄宿生占当地在校生比例	农民工随迁子女情况 在校生人数 招生人数	占初中在校生人数比例	农民工随迁子女来源 外省迁入人比例	省内其他地区迁入人比例	农村留守儿童情况 招生人数	在校生人数	三年巩固率 合计	男童	女童	毕业生升学率
1	河南	河南	河南	河南	河南	河南	河南	河南	河南	广西	湖北	湖北	江西	江西	安徽	安徽	湖北	吉林	山西	江西
2	安徽	山西	安徽	安徽	湖北	安徽	广西	湖南	河南	湖南	河南	湖南	吉林	河南	湖南	湖南	山西	湖北	湖北	湖南
3	广西	广西	广西	湖北	山西	湖北	安徽	广西	广西	广西	湖南	河南	湖北	湖南	河南	河南	吉林	山西	黑龙江	湖北
4	湖南	湖南	湖南	湖南	吉林	湖南	湖北	湖北	湖北	河南	湖南	广西	湖南	广西	江西	湖北	黑龙江	黑龙江	吉林	吉林
5	湖北	湖北	湖北	山西	广西	湖南	湖南	广西	湖南	湖北	广西	黑龙江	黑龙江	广西	广西	江西	江西	江西	江西	山西
6	江西	黑龙江	江西	江西	黑龙江	江西	江西	江西	江西	江西	黑龙江	山西	广西	黑龙江	湖北	广西	安徽	安徽	安徽	黑龙江
7	山西	江西	山西	山西	山西	山西	山西	山西	山西	山西	江西	江西	河南	湖北	山西	山西	湖南	湖南	湖南	河南
8	黑龙江	安徽	黑龙江	黑龙江	安徽	黑龙江	黑龙江	黑龙江	黑龙江	黑龙江	安徽	安徽	江西	山西	黑龙江	黑龙江	河南	河南	河南	安徽
9	吉林	吉林	吉林	吉林	吉林	吉林	吉林	吉林	吉林	吉林	吉林	吉林	安徽	吉林	吉林	吉林	广西	广西	广西	广西

附表 5-13　2009 年广西与中部 8 省义务教育（初中）指标比较（续表 1）

排序	初中教育师资 生师比 合计	生师比 城市	生师比 农村	大专及以上学历教师比例 合计	大专及以上学历教师比例 城市	大专及以上学历教师比例 农村	本科及以上学历教师比例 合计	本科及以上学历教师比例 城市	本科及以上学历教师比例 农村	一级及以上专业技术职务教师比例 合计	一级及以上专业技术职务教师比例 城市	一级及以上专业技术职务教师比例 农村	代课教师数 合计	代课教师数 城市	代课教师数 农村	代课教师占岗位教师比例 合计	代课教师占岗位教师比例 城市	代课教师占岗位教师比例 农村	办学条件 生均校舍建筑面积 合计	生均校舍建筑面积 城市	生均校舍建筑面积 农村	寄宿生生均宿舍面积 合计	寄宿生生均宿舍面积 城市	寄宿生生均宿舍面积 农村
1	湖南	湖南	湖南	吉林	安徽	吉林	黑龙江	吉林	湖南	湖北	湖北	湖南	山西	山西	山西	山西	山西	河南	湖南	湖南	湖南	黑龙江	江西	黑龙江
2	吉林	吉林	吉林	黑龙江	吉林	黑龙江	湖南	湖北	广西	安徽	安徽	湖北	河南	河南	河南	湖北	湖北	湖北	湖北	湖北	湖北	吉林	吉林	山西
3	黑龙江	湖北	黑龙江	安徽	湖南	安徽	**广西**	黑龙江	安徽	河南	河南	河南	湖北	湖北	湖北	安徽	安徽	安徽	吉林	**广西**	**广西**	湖北	湖北	吉林
4	山西	山西	江西	河南	山西	河南	河南	安徽	河南	吉林	吉林	安徽	湖南	湖南	湖南	河南	河南	江西	**广西**	吉林	江西	湖南	湖南	江西
5	湖北	黑龙江	湖北	湖南	河南	山西	安徽	山西	山西	**广西**	**广西**	江西	**广西**	**广西**	江西	江西	**广西**	山西	江西	山西	**广西**	江西	河南	湖北
6	江西	江西	山西	山西	江西	湖南	山西	江西	湖北	江西	江西	**广西**	江西	江西	**广西**	**广西**	江西	**广西**	山西	江西	山西	安徽	安徽	湖南
7	河南	河南	河南	江西	湖北	江西	湖北	河南	江西	山西	山西	山西	吉林	吉林	吉林	河南	湖南	河南	河南	河南	河南	湖南	安徽	**广西**
8	**广西**	**广西**	**广西**	**广西**	**广西**	**广西**	江西	**广西**	吉林	黑龙江	黑龙江	黑龙江	黑龙江	黑龙江	黑龙江	黑龙江	黑龙江	黑龙江	黑龙江	山西	山西	**广西**	**广西**	安徽
9	安徽	安徽	安徽	安徽	黑龙江	湖北	吉林	湖南	黑龙江	安徽	安徽	安徽	安徽	安徽	安徽	安徽	安徽	安徽	安徽	安徽	安徽	河南	山西	河南

附表 5-13　2009年广西与中部8省义务教育（初中）指标比较（续表2）

排序	办学条件															超大班额比例				民办义务教育（初中）规模	
	生均图书册数			生均仪器设备值			理科实验仪器达标学校			建网学校比例			每百名学生拥有教学用计算机台数							在校生人数	占全部初中在校生比例
	合计	城市	农村	合计	城市	农村	合计	城市	农村	合计	城市	农村	合计	城市	农村	合计	城市	县镇	农村		
1	湖南	湖北	湖南	河南	吉林	湖南	湖北	湖北	江西	湖北	吉林	吉林	吉林	吉林	吉林	河南	山西	河南	河南	河南	山西
2	河南	河南	河南	**广西**	湖南	河南	江西	吉林	吉林	吉林	湖北	湖北	黑龙江	黑龙江	湖南	湖北	河南	湖北	湖北	安徽	安徽
3	吉林	吉林	吉林	湖南	黑龙江	吉林	**广西**	黑龙江	湖北	黑龙江	黑龙江	山西	**广西**	**广西**	**广西**	**广西**	安徽	**广西**	安徽	山西	湖南
4	湖北	**广西**	黑龙江	湖北	**广西**	**广西**	河南	河南	**广西**	山西	山西	江西	山西	湖北	山西	安徽	湖北	安徽	**广西**	湖南	河南
5	山西	湖南	山西	山西	河南	山西	山西	山西	山西	江西	河南	黑龙江	湖北	山西	黑龙江	山西	湖南	山西	山西	江西	江西
6	江西	山西	湖北	江西	山西	湖北	吉林	**广西**	河南	河南	湖南	河南	河南	河南	河南	湖南	吉林	湖南	湖南	湖北	吉林
7	**广西**	黑龙江	**广西**	黑龙江	湖北	黑龙江	湖南	湖南	湖南	湖南	安徽	湖南	湖南	湖南	湖北	江西	黑龙江	江西	江西	**广西**	黑龙江
8	黑龙江	安徽	江西	安徽	江西	江西	黑龙江	安徽	黑龙江	安徽	江西	安徽	江西	江西	江西	吉林	江西	吉林	吉林	黑龙江	湖北
9	安徽	江西	安徽	吉林	安徽	安徽	安徽	江西	安徽	**广西**	**广西**	**广西**	安徽	安徽	安徽	黑龙江	**广西**	**黑龙江**	黑龙江	吉林	**广西**

附表 5-14 2009 年广西与中部 8 省高中阶段教育指标比较

排序	高中阶段教育规模		
	招生人数		在校生人数
1	河南		河南
2	湖北		湖北
3	安徽		安徽
4	湖南		湖南
5	江西		江西
6	广西		山西
7	山西		广西
8	黑龙江		黑龙江
9	吉林		吉林

附表5-15 2009年广西与中部8省普通高中教育指标比较

排序	普通高中规模		普通高中师资		普通高中办学条件						民办普通高中规模	
	招生人数	在校生人数	生师比	本科及以上学历教师比例	生均校舍建筑面积	生均图书册数	生均仪器设备值	理科实验仪器达标学校比例	建网学校比例	每百名学生拥有教学用计算机台数	在校生人数	在校生占全部普通高中在校生比例
1	河南	河南	黑龙江	吉林	湖南	湖南	湖南	江西	湖北	湖南	河南	山西
2	安徽	安徽	湖南	黑龙江	江西	江西	黑龙江	湖南	吉林	黑龙江	安徽	江西
3	湖北	湖北	山西	湖南	山西	广西	山西	山西	黑龙江	江西	山西	安徽
4	湖南	湖南	江西	河南	广西	山西	吉林	吉林	山西	山西	湖北	河南
5	山西	山西	吉林	安徽	安徽	安徽	安徽	湖北	湖南	吉林	江西	湖北
6	广西	江西	广西	湖北	湖北	吉林	江西	广西	江西	安徽	湖南	湖南
7	江西	广西	湖北	山西	河南	河南	湖北	安徽	安徽	广西	广西	黑龙江
8	黑龙江	黑龙江	河南	广西	黑龙江	湖北	广西	河南	广西	湖北	黑龙江	广西
9	吉林	吉林	安徽	江西	吉林	黑龙江	河南	黑龙江	河南	河南	吉林	吉林

附表5-16 2009年广西与中部8省中等职业教育指标比较

排序	中等职业教育规模		中等职业教育师资			中等职业教育办学条件				民办中等职业教育规模	
	招生人数	在校生人数	生师比	双师型教师占专任教师比例	本科及以上学历教师比例	生均校舍建筑面积	生均仪器设备值	生均图书册数	每百名学生拥有教学用计算机台数	在校生人数	在校生占全部中职在校生比例
1	河南	河南	吉林	广西	吉林	湖南	广西	吉林	湖南	河南	湖南
2	湖北	湖北	黑龙江	湖南	黑龙江	广西	湖南	广西	广西	湖南	江西
3	湖南	湖南	山西	湖北	河南	江西	吉林	江西	江西	江西	河南
4	安徽	安徽	湖南	江西	安徽	山西	黑龙江	湖南	河南	湖北	广西
5	江西	江西	河南	吉林	湖北	河南	江西	河南	吉林	安徽	安徽
6	广西	广西	江西	安徽	湖南	吉林	安徽	湖北	安徽	广西	湖北
7	山西	山西	广西	河南	山西	安徽	河南	安徽	山西	山西	吉林
8	黑龙江	黑龙江	安徽	黑龙江	广西	湖北	山西	山西	湖北	黑龙江	山西
9	吉林	吉林	湖北	山西	江西	黑龙江	湖北	黑龙江	黑龙江	吉林	黑龙江

附表5-17　2009年广西与中部8省研究生教育指标比较

排序	研究生教育规模		博士学位授权点数		硕士学位授权点数	
	招生人数	在校生人数	合计	其中地方高校博士学位授权点数	合计	其中地方高校硕士学位授权点数
1	湖北	湖北	湖北	黑龙江	湖北	河南
2	黑龙江	黑龙江	湖南	湖南	湖南	江西
3	湖南	湖南	吉林	山西	河南	湖南
4	吉林	吉林	黑龙江	河南	黑龙江	黑龙江
5	安徽	安徽	安徽	安徽	吉林	山西
6	河南	河南	山西	吉林	安徽	安徽
7	山西	山西	河南	江西	江西	广西
8	江西	广西	江西	湖北	山西	吉林
9	广西	江西	广西	广西	广西	湖北

附表 5-18 2009 年广西与中部 8 省普通高校教育指标比较

排序	普通本专科规模			普通高校师资				普通高校办学条件					成人本专科规模		民办普通本专科规模				民办本专科规模		独立学院本专科规模	
	招生人数	在校生人数	毕业生人数	生师比	高级职称教师比例	研究生学位教师比例	双师型教师比例	生均校舍建筑面积	生均教学行政用房	生均图书册数	生均教学仪器设备值	普通高校均规模	招生人数	在校生人数	招生人数	在校生人数	招生占普通本专科招生人数比例	在校生占普通本专科在校生人数比例	招生人数	在校生人数	招生人数	在校生人数
1	河南	河南	河南	江西	吉林	河南	湖南	江西	江西	江西	黑龙江	河南	河南	河南	湖北	湖北	湖北	湖北	湖北	湖北	湖北	湖北
2	湖北	湖北	湖北	山西	黑龙江	吉林	江西	湖北	河南	湖南	广西	湖北	湖北	湖北	河南	河南	江西	江西	河南	河南	湖南	湖南
3	湖南	湖南	湖南	湖北	湖南	湖北	河南	河南	湖北	山西	吉林	吉林	湖南	湖南	湖南	湖南	广西	湖南	湖南	湖南	河南	江西
4	安徽	安徽	安徽	黑龙江	湖北	安徽	广西	湖南	黑龙江	河南	山西	江西	安徽	黑龙江	江西	江西	湖南	广西	江西	江西	江西	吉林
5	江西	江西	江西	广西	江西	黑龙江	黑龙江	广西	湖南	吉林	江西	黑龙江	黑龙江	吉林	安徽	安徽	吉林	吉林	安徽	安徽	吉林	河南
6	黑龙江	黑龙江	黑龙江	吉林	广西	广西	湖北	山西	广西	广西	湖南	湖南	广西	安徽	广西	广西	河南	安徽	广西	广西	山西	山西
7	广西	广西	广西	河南	河南	湖南	安徽	黑龙江	安徽	黑龙江	湖北	安徽	吉林	广西	黑龙江	黑龙江	山西	山西	黑龙江	黑龙江	安徽	黑龙江
8	山西	山西	山西	湖南	山西	山西	山西	安徽	吉林	安徽	河南	广西	山西	山西	吉林	吉林	安徽	河南	吉林	吉林	广西	广西
9	吉林	吉林	吉林	安徽	安徽	江西	吉林	吉林	山西	湖北	安徽	山西	江西	江西	山西	山西	黑龙江	黑龙江	山西	山西	黑龙江	安徽

附表 5-19　2009 年广西与中部 8 省本科院校教育指标比较

排序	本科院校师资				本科院校办学条件				本科院校校均规模
	生师比	高级职称教师比例	研究生学位教师比例	双师型教师比例	生均校舍建筑面积	生均教学行政用房	生均图书册数	生均教学仪器设备值	
1	山西	黑龙江	河南	江西	江西	江西	湖南	广西	河南
2	湖北	吉林	安徽	湖南	湖北	湖北	山西	黑龙江	江西
3	广西	湖南	湖北	河南	湖南	黑龙江	江西	山西	黑龙江
4	江西	广西	湖南	吉林	河南	河南	广西	湖南	山西
5	黑龙江	湖北	黑龙江	山西	广西	湖南	吉林	吉林	湖南
6	湖南	江西	吉林	黑龙江	山西	吉林	河南	湖北	湖北
7	吉林	河南	广西	广西	安徽	安徽	安徽	江西	吉林
8	安徽	安徽	江西	安徽	黑龙江	广西	黑龙江	安徽	安徽
9	河南	山西	山西	湖北	吉林	山西	湖北	河南	广西

附表5-20 2009年广西与中部8省专科院校教育指标比较

排序	专科院校师资				专科院校办学条件				专科院校校均规模
	生师比	高级职称教师比例	研究生生学位教师比例	双师型教师比例	生均校舍建筑面积	生均教学行政用房	生均图书册数	生均教学仪器设备值	
1	江西	黑龙江	河南	湖南	江西	江西	江西	吉林	河南
2	黑龙江	吉林	湖南	黑龙江	湖北	河南	河南	江西	湖北
3	吉林	湖北	湖北	河南	河南	黑龙江	黑龙江	河南	湖南
4	山西	湖南	吉林	广西	湖南	湖南	湖南	黑龙江	广西
5	河南	江西	山西	吉林	黑龙江	湖北	广西	广西	安徽
6	广西	河南	广西	江西	广西	广西	山西	山西	江西
7	湖南	山西	江西	湖北	山西	安徽	湖北	湖南	黑龙江
8	湖北	安徽	安徽	安徽	安徽	吉林	吉林	湖北	吉林
9	安徽	广西	黑龙江	山西	吉林	山西	安徽	安徽	山西

附录三：广西各学段指标与全国及东部、中部、西部地区比较（附表5-21至附表5-24）

附表5-21　2009年广西与全国及东部、中部（各省级行政区）、西部（各省级行政区）学前教育指标比较

排序	幼儿园招生人数		幼儿园在园人数		小学招生中接受过学前教育的比例			小学附设学前教育人数占学前教育规模比例			民办幼儿园幼儿人数		民办幼儿园在园幼儿占全部幼儿比例		
	与西部12省级行政区比较	与中部8省级行政区比较	与西部12省级行政区比较	与中部8省级行政区比较	与西部12省级行政区比较	与中部8省级行政区比较	与全国及东部、中部、西部地区比较	与西部12省级行政区比较	与中部8省级行政区比较	与全国及东部、中部、西部地区比较	与西部12省级行政区比较	与中部8省级行政区比较	与西部12省级行政区比较	与中部8省级行政区比较	与全国及东部、中部、西部地区比较
1	四川	河南	四川	河南	陕西	湖南	东部	贵州	**广西**	**广西**	四川	河南	陕西	江西	中部
2	**广西**	湖南	**广西**	湖南	内蒙古	吉林	中部	**广西**	安徽	西部	**广西**	江西	四川	湖南	全国
3	云南	**广西**	云南	**广西**	重庆	山西	全国	云南	河南	中部	云南	湖南	重庆	黑龙江	东部
4	贵州	江西	贵州	江西	**广西**	黑龙江	**广西**	宁夏	湖北	全国	陕西	**广西**	青海	河南	西部
5	重庆	安徽	重庆	安徽	四川	河南	西部	青海	湖南	东部	重庆	安徽	**广西**	吉林	**广西**
6	陕西	湖北	陕西	湖北	宁夏	湖北		四川	黑龙江		贵州	湖北	宁夏	湖北	
7	新疆	山西	新疆	山西	云南	**广西**		新疆	吉林		甘肃	黑龙江	内蒙古	安徽	
8	甘肃	黑龙江	甘肃	黑龙江	新疆	江西		重庆	江西		内蒙古	山西	云南	**广西**	
9	内蒙古	吉林	内蒙古	吉林	贵州	安徽		内蒙古	山西		新疆	吉林	甘肃	山西	
10	宁夏		宁夏		甘肃			甘肃			青海		贵州		
11	青海		青海		青海			陕西			西藏		西藏		
12	西藏		西藏		西藏			西藏			宁夏		新疆		

附表 5-22 2009 年广西与全国及东部、中部（各省行政区）、西部（各省级行政区）小学教育指标比较

排序	小学净入学率			小学五年巩固率			小学毕业生升学率		
	与西部12省级行政区比较	与中部8省级行政区比较	与全国及东部、中部、西部地区比较	与西部12省级行政区比较	与中部8省级行政区比较	与全国及东部、中部、西部地区比较	与西部12省级行政区比较	与中部8省级行政区比较	与全国及东部、中部、西部地区比较
1	内蒙古	河南	中部	贵州	吉林	东部	重庆	吉林	中部
2	重庆	江西	全国	陕西	湖北	全国	四川	安徽	广西
3	陕西	山西	东部	内蒙古	湖南	中部	青海	江西	全国
4	宁夏	安徽	广西	云南	山西	西部	新疆	湖北	西部
5	青海	吉林	西部	重庆	黑龙江	广西	内蒙古	湖南	东部
6	新疆	湖北		广西	河南		广西	黑龙江	
7	广西	黑龙江		四川	安徽		西藏	山西	
8	四川	广西		新疆	广西		陕西	广西	
9	西藏	湖南		西藏	江西		甘肃	河南	
10	贵州			甘肃			贵州		
11	甘肃			青海			宁夏		
12	云南			宁夏			云南		

附表5-23 2009年广西与全国及东部、中部（各省级行政区）、西部（各省级行政区）初中教育指标比较

排序	初中三年巩固率			初中毕业生升学率		
	与西部12省级行政区比较	与中部8省级行政区比较	与全国及东部、中部、西部地区比较	与西部12省级行政区比较	与中部8省级行政区比较	与全国及东部、中部、西部地区比较
1	陕西	湖北	中部	陕西	江西	东部
2	内蒙古	山西	东部	青海	湖南	全国
3	甘肃	吉林	全国	重庆	湖北	中部
4	新疆	黑龙江	西部	内蒙古	吉林	西部
5	云南	江西	广西	宁夏	山西	广西
6	重庆	安徽		四川	黑龙江	
7	青海	湖南		甘肃	河南	
8	宁夏	河南		广西	安徽	
9	西藏	广西		新疆	广西	
10	四川			云南		
11	贵州			贵州		
12	广西			西藏		

附表 5-24　2009年广西与全国及东部、中部（各省级行政区）、西部（各省级行政区）普通高中教育指标比较

排序	高考报名数		高考录取率		与全国及东部、中部、西部地区比较
	与西部12省级行政区比较	与中部8省行政区比较	与西部12省级行政区比较	与中部8省级行政区比较	与全国及东部、中部、西部地区比较
1	四川	河南	重庆	黑龙江	东部
2	陕西	安徽	内蒙古	吉林	中部
3	**广西**	湖北	新疆	湖南	全国
4	甘肃	湖南	**广西**	**江西**	**广西**
5	内蒙古	山西	云南	广西	西部
6	贵州	江西	四川	湖北	
7	云南	**广西**	西藏	河南	
8	重庆	黑龙江	甘肃	安徽	
9	新疆	吉林	陕西	山西	
10	宁夏		贵州		
11	青海		宁夏		
12	西藏		青海		

说明：1. 附录一、二、三各表中生师比指标按原始数据从低到高排列，其余指标均按原始数据从高到低排列。

2. 附录一、二、三的原始数据来源于教育部发展规划司作的《2009年全国教育事业发展简明统计分析》和《2009年教育统计摘要》。

第六章

关于"进入人力资源强省（区）"问题分析

党的十七大提出，要优先发展教育，建设人力资源强国。《国家中长期教育改革和发展规划纲要（2010—2020年）》提出，到2020年，我国要进入人力资源强国行列。广西目前的状况是人口大省，那是否是人力资源强省呢？本部分将分析探讨这个问题。

从业人口素质的高低与其受教育程度有密切的关系，一般来说，受教育程度高，其素质就高；反之则低。而从业人口的数量、构成和分布，反映了一定时期内全部劳动力资源的实际利用状况，成为衡量基本国情国力的重要指标。以下将采用文献法和统计法，通过分析广西从业人口的整体文化素质、三大产业从业人口素质比较及技能型人才现状，得出广西从业人口的素质与教育公平情况；进而对广西每万人在校大学生数、主要劳动年龄人口平均受教育年限（其中包括受过高等教育的比例）、新增劳动力平均受教育年限（其中包括受过高中阶段及以上教育的比例）、成人识字率等人力资源指标进行预测分析并与全国平均水平及西部省区进行比较分析；最后在现状分析和预测比较分析的基础上提出对策建议。

一、广西从业人口素质现状分析

从业人口，是指从事一定的社会劳动并取得劳动报酬或经营收入的全部劳动人口，它包括职工、城镇的私营企业从业人员和个体劳动者、农村社会劳动以及其他社会劳动者。

(一) 广西从业人口整体文化素质偏低

广西不仅人口整体素质低，而且从业人员受教育程度也不高。第五次全国人口普查资料显示（见表 6-1），广西受研究生文化程度教育的从业人员仅占从业人口总数的 0.04%，受大学本科文化程度教育的仅占 0.77%，受大专文化程度教育的占 2.47%，受高中文化程度教育的占 11.43%，受初中文化程度教育的占 40.47%，受小学文化程度教育的占 40.32%，接受扫盲教育的占 1.43%，未上过学的占 3.07%。未上过学的人员主要是 50 岁以上人口，占未上过学从业人口的 77.91%。广西从业人员受教育程度是以小学和初中教育程度为主，占从业人员的比重高达 80.79%。

表 6-1　广西 2000 年从业人口文化程度构成　　　　（单位:%）

地区	总计	未上过学	扫盲班	小学	初中	高中	大专	本科	研究生
广西	100	3.07	1.43	40.32	40.47	11.43	2.47	0.77	0.04
全国	100	8.4		32.8	41.7	12.6	3.2	1.2	0.1

资料来源：1. 广西统计信息网（http://www.gxtj.gov.cn/）；2. 中国教育与人力资源问题报告课题组. 从人口大国迈向人力资源强国 [M]. 北京：高等教育出版社，2003：617.

另据 2005 年广西及全国 1% 人口抽样调查资料显示（见表 6-2、图 6-1），广西受研究生文化程度教育的从业人员仅占从业人口总数的 0.1%，受大学本科文化程度教育的仅占 1.3%，受大专文化程度教育的占 3.7%，受高中文化程度教育的占 10.2%，受初中文化程度教育的占 45.2%，受小学文化程度教育的占 34.7%，未上过学的占 4.8%。广西从业人口受教育程度以小学和初中教育程度为主，占从业人员的比重高达 79.9%。

表 6-2　广西 2005 年从业人口文化程度构成　　　　（单位:%）

地区	总计	未上过学	小学	初中	高中	大专	本科	研究生
广西	100	4.8	34.7	45.2	10.2	3.7	1.3	0.1
全国	100	7.8	29.2	44.1	12.1	4.5	2.1	0.2

同全国比较，广西从业人员中受初中以上程度教育的人员所占比重均低于全国平均水平，缺乏高学历层次人员，尤其是受大专以上教育程度的从业

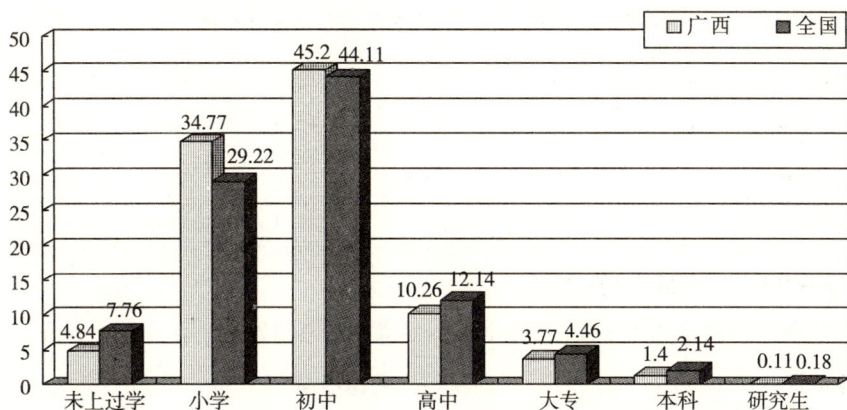

图6-1 广西从业人口受教育程度（2005年1%人口抽样调查）

人员仅占5.28%，远低于全国平均6.78%的比重。由于劳动者文化素质低，接受科学技术能力差，劳动生产率和创造财富的能力就难以提高。劳动者的文化素质低下，已成为制约广西经济发展的一大"瓶颈"。

此外，广西每年有30多万新增劳动力（20多万初中毕业生和近10万高中毕业生）未能接受必要的职业技能培训就进入社会。

（二）广西从业人口中农业劳动力占主体

1995—2006年11年间，广西第一产业从业人数从1995年的1 583万人下降到2006年的1 521万人，减少62万人，仅下降3.92%；第二产业从业人数从1995年的282万人上升到2006年的334万人，增加了52万人，增长幅度为18.4%；第三产业从业人数从1995年的518万人上升到2006年的905万人，增加387万人，增加了74.7%（见表6-3）。三次产业从业人员比重由1990年的76.5：9.8：13.7，1995年的66.4：11.8：21.8，变为2006年的55.1：12.1：32.8（见表6-4）。

表6-3 广西主要年份三次产业从业人员人数 （单位：万人）

产业类别	1990年	1995年	2000年	2004年	2005年	2006年
第一产业	1 614	1 583	1 571	1 532	1 519	1 521
第二产业	207	282	278	287	322	334
第三产业	288	518	717	830	862	905

资料来源：广西统计年鉴2007。

表 6-4　广西主要年份三次产业从业人员比例　　　　　（单位:%）

产业类别	1990 年	1995 年	2000 年	2004 年	2005 年	2006 年
第一产业	76.5	66.4	61.2	57.8	56.2	55.1
第二产业	9.8	11.8	10.8	10.8	11.9	12.1
第三产业	13.7	21.8	28.0	31.3	31.9	32.8

资料来源：广西统计年鉴 2007。

广西第一产业配置从业人员比重不仅高出全国 12.5 个百分点，甚至高出西部地区平均值 0.7 个百分点，仅低于云南、西藏、贵州、甘肃，居第五位。而第二产业配置的就业人员比重则低于全国 13.1 个百分点，低于西部地区平均值 3 个百分点（见表 6-5）。第三产业从业人数略高于全国和西部地区平均水平。

表 6-5　广西与西部地区、全国三次产业
从业人员构成比较（2007 年）　　　　　（单位:%）

地　　区	第一产业	第二产业	第三产业
广西	55.1	12.1	32.8
内蒙古	53.8	15.6	30.5
重庆	45.3	21.5	33.2
四川	50.6	18.4	31.0
贵州	57.4	10.3	32.3
云南	69.4	10.0	20.6
西藏	61.4	9.2	29.3
陕西	50.8	18.5	30.7
甘肃	57.2	13.7	29.1
青海	49.2	17.4	33.5
宁夏	48.4	22.3	29.3
新疆	53.3	13.3	33.4
西部地区	54.4	15.1	30.5
全国	42.6	25.2	32.2

资料来源：中国统计年鉴 2007。

从从业人员的城乡分布来看（见表6-6），广西农村从业人员人口远高于城镇从业人口，所占比重超过80%，远高于全国平均水平。

上述数据说明，广西人力资源在三次产业中的配置变动趋势是由第一产业向第二产业、第三产业转移，主要是向第三产业转移，但转移速度缓慢，农业劳动力资源仍然是广西人力资源的主要构成部分，占全部劳动力资源的60%以上，广西还处于以农业为主的产业形态，工业化进程缓慢，工业化发展水平很低。

表6-6 广西主要年份城乡从业人员人数及构成

	1990 年	1995 年	2000 年	2004 年	2005 年	2006 年
城镇从业人员（万人）	341	405	421	727	785	821
农村从业人员（万人）	1 768	1 965	2 145	2 245	2 275	2 311
城镇从业人员比重（%）	16.2	17.0	16.4	27.4	29.0	29.8
农村从业人员比重（%）	83.8	82.5	83.6	84.8	84.2	83.7

资料来源：广西统计年鉴 2007。

（三）三次产业从业人口受教育程度差异较大

广西三次产业人均受教育程度不平衡，差异显著。2000 年，广西第一产业从业人员人均受教育年限最低，仅有 7.22 年；第二产业为 9.70 年，比第一产业高 2.48 年；第三产业从业人员人均受教育年限最高，达到 10.97 年，比第一产业高 3.75 年。

广西第一产业从业人口占从业人口总数差不多 60%，而受教育年限却远远低于第二产业、第三产业从业人口，导致从业人口"量大质低"。尽管广西三次产业从业人口人均受教育年限分别比全国平均水平高 0.43、0.26、0.18 年，但由于第一产业从业人口"量大质低"，导致广西整个从业人口人均受教育年限反而低于全国平均水平 0.03 年（见表6-7）。

表6-7 广西和全国三次产业从业人口人均受教育年限比较（2000 年）（单位：年）

地区	合计	第一产业	第二产业	第三产业
广西	7.96	7.22	9.70	10.97
全国	7.99	6.79	9.44	10.97

资料来源：中国教育与人力资源问题报告课题组. 从人口大国迈向人力资源强国 [M]. 北京：高等教育出版社，2003：605.

广西第一产业从业人口以小学和初中文化程度为主，占整个产业从业人口的比重高达89.28%，高中以上文化程度从业人口仅占5.12%。第二、第三产业从业人口以初中和高中文化程度为主，占整个产业从业人口的比重分别为74.7%、70.04%，其中，第三产业大专以上文化程度人员所占比重高达18.05%，而第二产业则仅有6.68%，两者相差11.37个百分点（见表6-8）。

表6-8　广西和全国三次产业从业人口受教育水平比较（2000年）（单位:%）

产业类别	地区	总计	未上过学和扫盲班	小学	初中	高中	大专	本科	研究生
第一产业	广西	100	5.58	48.05	41.23	5.00	0.11	0.02	0.00
	全国	100	11.82	43.13	40.31	4.61	0.11	0.02	0.00
第二产业	广西	100	0.79	17.83	46.81	27.89	4.97	1.67	0.04
	全国	100	1.44	17.32	52.84	22.45	4.33	1.56	0.07
第三产业	广西	100	0.75	11.17	33.15	36.89	13.57	4.25	0.23
	全国	100	1.54	11.53	36.52	31.42	13.21	5.37	0.41

资料来源：中国教育与人力资源问题报告课题组. 从人口大国迈向人力资源强国[M]. 北京：高等教育出版社，2003：617-622.

广西七大职业从业人口人均受教育年限差距较大。其中，人均受教育年限最长的是专业技术人员，达到13.02年，相当于大学一年级文化程度，但低于全国水平0.03年。受教育年限最短的是农、林、牧、渔、水利业生产人员，仅有7.21年，相当于初中二年级水平。同全国相比，除专业技术人员外，广西其余六个职业的人均受教育年限均略高于全国水平（见表6-9），但与先进地区相比较，广西七大职业人均受教育年限仍然有较大差距。

表6-9　广西和全国七大职业从业人口人均受教育年限比较（2000年）（单位：年）

地区	管理人员	专业技术人员	办事人员和有关人员	商业、服务业人员	农、林、牧、渔、水利业生产人员	生产、运输设备操作人员及有关人员	不便分类的其他人员
广西	12.99	13.02	12.49	9.39	7.21	9.33	9.07
全国	12.24	13.05	12.15	9.25	6.78	9.08	8.86

资料来源：中国教育与人力资源问题报告课题组. 从人口大国迈向人力资源强国[M]. 北京：高等教育出版社，2003：606.

国家机关、党群组织、企业、事业单位负责人是广西受教育程度最高的职业人群，以高中和大专文化程度为主，占该职业从业人口比重达66.44%，受大专以上程度教育的所占比重高达到42.85%，不仅远高于其他职业同等受教育人员的比重，也高于全国水平。

广西专业技术人员、办事人员与有关人员以高中和大专文化程度为主，占该职业从业人口比重分别为79%和68.81%，受大专以上程度教育的从业人员所占比重分别为35.75%、33.33%，但均低于全国水平。

商业、服务业人员和生产、运输设备操作人员及有关人员以初中和高中文化程度为主，占该职业从业人口比重分别为76.58%和77.49%，受大专以上程度教育的从业人员所占比重仅分别为3.61%、2.61%。

农、林、牧、渔、水利业生产人员是广西受教育程度最低的职业人群，以小学和初中文化程度为主，占该职业从业人口比重达89.4%，而受大专及以上程度教育的从业人员所占比重仅为0.1%（见表6-10）。

表6-10　广西和全国各职业从业人口
受教育水平比较（2000年）　　　　　　（单位:%）

职　　业	地区	总计	未上过学和扫盲班	小学	初中	高中	大专	本科	研究生
国家机关、党群组织、企业、事业单位负责人	广西	100	0.08	3.26	17.08	36.73	29.71	12.05	1.09
	全国	100	0.28	5.74	26.10	32.95	23.53	10.44	0.96
专业技术人员	广西	100	0.10	1.98	9.42	52.75	26.25	9.11	0.39
	全国	100	0.15	2.06	14.14	43.40	26.72	12.05	0.98
办事人员和有关人员	广西	100	0.20	4.15	19.10	43.22	25.59	7.37	0.37
	全国	100	0.82	5.74	23.24	37.85	23.55	8.37	0.43
商业、服务业人员	广西	100	1.39	18.42	49.45	27.13	3.02	0.58	0.01
	全国	100	2.65	18.09	50.33	24.90	3.27	0.74	0.02
农、林、牧、渔、水利业生产人员	广西	100	5.58	48.10	41.30	4.92	0.09	0.01	
	全国	100	11.83	43.19	40.37	4.52	0.08	0.01	

续表

职　　业	地区	总计	未上过学和扫盲班	小学	初中	高中	大专	本科	研究生
生产、运输设备操作人员及有关人员	广西	100	0.76	19.14	51.31	26.18	2.16	0.45	0.00
	全国	100	1.46	18.56	57.28	20.46	1.84	0.39	0.01

资料来源：中国教育与人力资源问题报告课题组. 从人口大国迈向人力资源强国 [M]. 北京：高等教育出版社，2003：617–622.

（四）技能型人才队伍素质不高

技能型人才是指在产业领域中具有一定的专业知识，掌握一定的工艺和技术，能够独立使用工具、设备进行操作或生产加工的熟练或比较熟练的工人。广西技能型人才队伍素质不高，具体表现在以下四个方面。

1. 技能型人才数量不足

根据中国统计年鉴有关全国可比性数据分析测算，至2005年年底，广西城镇户籍技能劳动者总量约为120万人，占城镇从业人数的28%（全国平均为32%，广东为34%）。全区现有技术工人130多万人，不到全部工人的1/3。另据统计，1996年至2004年，广西取得职业资格证书的技术工人约有89.9万人次，考虑到技术工人技能晋级及取证后到区外就业等因素，目前在广西企业就业的持证技术工人约50万人，持证技术工人仅占全国持证技术工人的0.7%。

2. 技术等级结构不合理

目前，我国技术工人分为初级工、中级工、高级工、技师、高级技师五个等级。在广西130多万技术工人当中，初级工占43.6%，高级工及以上等级技术工人占3.1%，低于4%的全国平均水平。在广西50万持证技术工人中，初级工22.5万人，占45%，中级工23.25万人，占46.5%，高级工及以上等级技术工人4.25万人，占8.5%。然而，在德国、美国、澳大利亚等发达国家，产业工人基本上都是技术工人，高级工约占35%，中级工约占50%，初级工约占15%。总的来说，广西初级技能劳动者比例过高，尤其是以农民工为主的加工类、建筑类等第二产业的劳动者，难以满足提高效率和保证质量的双重要求。

3. 技能型人才文化水平偏低

近几年，广西技能型人才队伍的整体文化水平和学历改善较为明显，但与全国相比，平均文化水平仍然偏低。据调查，技术工人中初中及以下文化水平的约占 39.36%，高中及中职学历的占 51.52%，大专及高职以上学历的仅占 9.12%。

4. 高技能人才年龄偏老

抽样调查结果显示，目前广西技能型人才的年龄结构以中青年为主体，其中 45 岁以上的技能型人才占 22.62%，36—44 岁的占 29.48%，35 岁及以下的占 47.9%，但高水平的技术工人呈现出老龄化的趋势。全区高级工以 36 岁以上居多，占高级工总数的 69.5%，技师、高级技师的年龄多在 45 岁以上，占技师、高级技师总数的 52.6%。同时，广西 45 岁以上的技能型人才主要分布在大中型企业。在一些传统行业如制造业中，高级工及以上等级的技术工人年龄也偏大。一旦这些为数不多的处于 45 岁以上年龄段的中高等级技能型人才陆续退休，广西企业高技能人才极有可能出现断层局面。

二、人力资源类指标预测及比较分析

我们将广西的人力资源类指标预测值与国家规划目标值列出，如表 6-11 所示。

表 6-11　广西人力资源类指标预测值与国家规划目标值比较

指　标	广西			全国		
	2008 年	2015 年	2020 年	2009 年	2015 年	2020 年
每万人在校大学生数（人）	135.2	153	168	212	225	235
主要劳动年龄人口平均受教育年限（年）	8.1	9.5	10.7	9.5	10.5	11.2
其中：受过高等教育的比例（%）	6.5	10.5	16	9.9	15	20

指　　标	广西			全国		
	2008 年	2015 年	2020 年	2009 年	2015 年	2020 年
新增劳动力平均受教育年限（年）	10.9	12.4	13.2	12.4	13.3	13.5
其中：受过高中阶段及以上教育的比例（%）	50.2	69.6	72	67	87	90
成人识字率（%）	94.4	95.5	97	92.23	—	—

（一）每万人在校大学生数

我们先将广西每万人在校大学生数与西部省区的相应数据进行比较。如表 6-12 所示，2008 年，广西每万人在校大学生数为 135.15 人，在西部地区排名第八位，相当于西部平均水平的 83.3%。考虑到广西高等教育的综合评价结果在西部地区位列倒数第二，应该说广西的这一数据比预计的略好一些，这也为广西提升人力资源的素质提供了一定基础。

表 6-12　西部地区每万人在校大学生数比较

地　区	每万人在校大学生数（人）及排序	每万人在校大学生数与西部地区平均数的比值及排序
内蒙古	164.98（4）	1.016 7（4）
广　西	135.15（8）	0.832 9（8）
重　庆	219.25（2）	1.351 2（2）
四　川	163.69（5）	1.008 8（5）
贵　州	96.91（12）	0.597 2（12）
云　南	117.41（10）	0.723 6（10）
西　藏	127.92（9）	0.788 4（9）
陕　西	287.99（1）	1.774 9（1）
甘　肃	168.68（3）	1.039 6（3）
青　海	103.32（11）	0.636 8（11）
宁　夏	161.02（6）	0.992 4（6）
新　疆	141.37（7）	0.871 3（7）

我们再将广西每万人在校大学生数与全国平均水平作比较，如表6-11所示。2009年广西的这一指标相当于全国平均水平的66%（按预测数测算），到2015年为68%，2020年为71%，提升较为缓慢。需要指出的是，按测算，即便到2020年，广西这一指标也不能达到2009年全国平均水平。

本次预测采用模拟预测，基础数据为1995—2008年广西普通高等学校平均每万人在校生数，由于统计资料欠缺，部分年份数据采用插值法得出。预测模型为：

$$ZX = 16.401\ 5 + 13.101\ 5ZXT - 24.950\ 6LZXT$$

$$(6.36) \qquad (19.90) \qquad (-7.01)$$

$$R^2 = 0.993\ 1 \quad D.W. = 0.999\ 6 \quad F = 803.26S \quad MPL = 1995—2008$$

（二）主要劳动年龄人口平均受教育年限

根据《广西统计年鉴2009》提供的1%人口抽样调查数据测算，广西主要劳动年龄人口的平均受教育年限约为8.1年，相当于全国平均水平的80%，明显好于每万人在校大学生数。而根据测算，到2015年、2020年广西的这一数值相当于全国平均水平的90%和95%，2015年广西主要劳动年龄人口平均受教育年限预测值为9.5年，2020年为10.7年，也就是说，到2020年，广西主要劳动年龄人口平均受教育年限有望接近全国平均水平。

（三）主要劳动年龄人口中受过高等教育的比例

课题组根据《广西统计年鉴2009》提供的1%人口抽样调查数据进行估算，广西劳动年龄人口中受过高等教育的比例仅为6.5%，比全国平均9.2%的比例低了2.7个百分点，相当于全国平均水平的68%。而根据预测，2015年广西这一指标相当于全国平均水平的70%，2020年相当于全国平均水平的80%。在这里我们采用弹性预测法。按广西比全国平均增幅高3—5个百分点的速度测算，到2015年，广西这一指标为10.5%，到2020年为16%。广西这一指标基本上落后于全国平均水平5年左右。

（四）新增劳动力平均受教育年限及新增劳动力中受过高等教育的比例

这两项指标统计年鉴未提供相关数据，所使用的基础数据和预测值为估算数，可能与实际情况有较大出入，仅供参考。按比例法推算，广西新增劳动力平均受教育年限相当于全国平均数，比主要劳动年龄人口平均数高 3 个百分点测算，则广西新增劳动力的平均受教育年限分别为：2009 年为 10.9 年，2015 年为 12.4 年，2020 年为 13.2 年。

（五）成人识字率

2008 年，广西成人识字率为 94.4%，全国平均为 92.2% 左右，广西在全国处于中上水平，这也是广西的人力资源指标中唯一一个超过全国平均水平的。需要指出的是，这一指标常用于国际间人力资源的对比，对于发展中国家的人力资源素质而言是一个较为敏感的指标。当一个国家进入一定发展阶段，人口素质有较大提高后，这一指标的重要性相对下降。国家中长期教育规划未将这一指标列入目标体系。

三、建议

广西要实现从人口大省向人力资源强省的跨越，必须优先发展教育，把发展教育摆在更为突出的位置。优化教育结构，促进义务教育均衡发展，加快普及高中阶段教育，大力发展职业教育，提高高等教育质量，构建全民学习、终身学习的现代国民教育体系，提高从业人口的素质，促进教育公平，为建设富裕、文明、和谐的新广西作出新贡献。

（一）巩固和提高"两基"，促进义务教育均衡发展

2007 年，广西虽然顺利通过了国家"两基"验收，但仅仅是达到了我国现阶段"普九"和扫盲工作的基本要求，还存在着标准低、基础薄弱、指标波动等问题，城乡、区域、校际之间存在着较大的差距。因此，必须进一步抓好"两基"巩固提高工作，继续把"两基"放在教育工作"重中之重"的地位，作为一项长期而艰巨的任务，继续攻坚破难，不断巩固"两基"成果，提高"两基"整体水平和质量，促进义务教育均衡发展。

推进义务教育均衡发展，全力实施"一个计划"，着重建立"三项制度"，认真抓好"八项重点工作"。"一个计划"就是《广西壮族自治区"两基"巩固提高计划》。2008年4月，广西壮族自治区人民政府办公厅正式印发了广西"两基"巩固提高计划，这是义务教育工作的指导性文件。"三项制度"包括：义务教育均衡发展评估制度、义务教育教学质量监测和教学指导制度、义务教育教师交流轮岗制度。"八项重点工作"包括：一是深化农村义务教育经费保障机制改革；二是稳步实施免除城市义务教育阶段学生学杂费工作；三是全面开展中小学特别是农村中小学校舍安全排查和维修改造工作；四是突出做好中小学教师特别是农村中小学教师队伍建设工作；五是坚持不懈强化控辍保学特别是初中学生的控辍保学工作；六是深入实施义务教育课程改革工作；七是积极开展中小学实验室、图书馆（室）标准化建设试点工作；八是切实有效地抓好中小学常规管理和校园文化建设工作。

建议从2009年开始，直到2013年，奋战5年，全面实现"两基"巩固提高和义务教育均衡发展，夯实教育发展的基础。

（二）加快普及高中阶段教育，特别要大力发展中等职业教育

这是突破广西高中教育程度劳动者比例偏低"瓶颈"的唯一途径。新建和扩建一批普通高中，继续扩大普通高中教育优质资源，促进高中阶段毛入学率的提高。同时，要大力发展中等职业教育，因为它是提高劳动者素质的一条"短、平、快"的途径。

全面实施职业教育攻坚总体目标和主要任务。到2010年，广西全区就读中等职业学校的学生占当年初中毕业生总数达45%以上，中等职业学校招生数量达32万人，在校生数量达89万人，中等职业学校与普通高中的在校生数量比例达到1：1以上，为加快普及高中阶段教育奠定基础。全面完成农村劳动力转移培训、农村实用人才培训、成人继续教育与再就业培训任务，使劳动力素质得到普遍提升。

建设100所自治区级示范性职业院校，带动全区职业教育高水平发展；全区职业院校的校园面积、建筑面积、设备价值、图书册数的生均值以及生师比分别达到国家规定的标准。建设150个自治区示范性职业教育实训基地，

提供高质量的专业核心技能培训条件。重点建设具有开放性、服务性、社会性，适应工学结合，具有职业和生产氛围的实训基地。从资助困难群体子女入手，逐步实现免费职业教育。毕业生就业率持续增长，到 2010 年，实现中等职业学校毕业生初次就业率大于 85%，毕业生平均就业起薪明显高于就业地最低工资水平。

（三）大力发展高等教育，培养大批高层次创新人才，提高广西综合创新能力

相关研究表明，一个落后国家一般要经过三个追赶阶段。第一阶段是由资本积累以及劳动投入推动经济增长；第二阶段以技术模仿取代资本积累推动经济增长；第三阶段是以技术创新推动经济增长。专家们认为，中国现在正处于第二阶段的起始期，培养大批高层次的创新人才和大批中等技术与技能人才，对我国完成第二阶段追赶及顺利进入第三阶段，具有十分重要的作用。同时，大力发展高等教育，优化结构、扩大规模和提高质量，对广西具有特别重要的现实意义。

广西高等教育发展要把握发展节奏，优化布局结构调整；用"质量工程"引导带动高等教育教学改革，以示范职院和实训基地建设为重点，全面提升高等职业教育质量；进一步加强教学评估，完善教学质量保障体系，全面提升高校科研与科技服务实力；创新思路，完善措施，继续做好高校就业工作。

（四）构建全民学习、终身学习的现代国民教育体系，提高广西人口整体素质

专家指出，创新能力和劳动者技能的提高并不仅仅体现在受教育的比例和年限上，还体现为教育培训体制的完善和运行效率。构建完善的全民终身学习体系，是持续提高国民素质的重要保障。随着信息时代的日趋深入，终身教育和终身学习已不再仅仅是一种国际思潮，而变成许多国家的教育政策和实际行动。

在"十二五"及以后的一段时期内，广西仍应坚持教育优先的战略，严

格按照各项法律法规的要求安排教育支出，同时应将提高人均、生均教育支出摆在突出的位置。

要按照建设学习型社会的要求，根据人的未来发展和终身发展的需要，规划和发展各类教育，包括正规教育、非正规教育和非正式教育，逐步形成终身教育体系。提倡办学主体的多元化、办学形式的多样化，针对不同的人口群和社会需要，举办各式各样的学校、培训机构、辅导机构，为全体社会成员提供多层次、多样化的学习机会，提高全体社会成员的科学文化素质。要重视和发展社区教育，满足全体社会成员终身学习和接受教育的需要。

四、小结

第一，广西从业人口素质现状：一是从业人口整体文化素质偏低；二是从业人口中农业劳动力占主体；三是三次产业从业人口差异较大；四是技能型人才队伍素质不高。

第二，广西人力资源总体素质与全国平均水平差距相对不大。成人识字率优于全国平均水平，主要劳动人口平均受教育年限也相对接近全国平均水平。但由于广西高等教育缺失太多，与高等教育有关的重要指标均明显较低。根据预测，未来这一现象难以从根本上改观，广西缺乏高级人才的现象将长期存在。

第三，人力资源大省往往与"人口大省"画等号，因此，将教育发展的战略目标定为建设"人力资源大省"意义不大，建议不这样提。

第四，从国内的有关文献来看，人力资源强省主要是指"人才资源强省"。而根据广西人才中长期规划，从现在到2020年，广西人才资源增长率高于全国平均水平约1—2个百分点，广西人才资源占全国人才资源的比重从目前的约1.8%提高到约1.9%，仍然明显低于广西人口占全国总人口的比重（约3.6%）。考虑到广西高等教育不发达，未来广西中高端人才培育也不占优势，未来广西不论是人才资源总量、结构，还是总体竞争力，在全国的排位均不容乐观，将发展战略目标定为建设"人力资源强省"也不太适合。

综上所述，在制定自治区的教育规划中涉及人力资源部分的目标，可考虑"努力提高劳动者素质，与全国平均水平差距明显减小"等更为务实的提法。

参考文献

［1］广西壮族自治区课题组. 广西壮族自治区及柳州市人力资源开发与职业教育成人教育发展战略研究［M］. 北京：高等教育出版社，2005.

［2］中国教育与人力资源问题报告课题组. 从人口大国迈向人力资源强国［M］. 北京：高等教育出版社，2003.

［3］中华人民共和国国家统计局. 中国统计年鉴 2007［M］. 北京：中国统计出版社，2007.

［4］广西壮族自治区统计局. 广西统计年鉴 2007［M］. 北京：中国统计出版社，2007.

第七章

发挥继续教育的骨干作用，
构建学习型社会

一、对构建终身教育体系和建设学习型社会的认识

学习型社会是对现代社会发展特征的一种理论描述。1972 年，联合国教科文组织国际教育发展委员会的报告《学会生存——教育世界的今天和明天》对此进行了论述："教育已不再是某些杰出人才的特权或某一种特定年龄的规定活动；教育正在日益向着包括整个社会和个人终身的方向发展。""未来的教育必须成为一个协调的整体，在这个整体内社会的一切部门都从结构上统一起来。这种教育将是普遍的和继续的。"确实，在信息社会中，随着科学技术的迅速发展，信息与知识急剧增长，知识更新的周期缩短，创新的速度加快，对人的素质的要求提高，人力资源的重要性增加，学习成为所有个人、组织以及社会的迫切需要。《中国教育与人力资源问题报告》这样描述："学习型社会是以学习者为中心，以个人的终身学习、社会的终身教育体系和学习型组织为基础，以保障和满足社会全体成员多样化的学习需求，实现社会的可持续发展。"学习型社会要求学习行为的社会化和普遍化，要求学习行为的持续性和长久性。学习型社会包括学习型公民、学习型组织、学习型城市、学习型政党、学习型政府等内容。

学习型社会不可能自然形成，必须去努力建设。形成学习型社会要具备一定的条件。它要求全民形成终身学习观念，具备一定的学习能力。社会要

形成能促进学习型社会形成的终身教育体系，有保障终身教育和终身学习的政策与制度。建设学习型社会，关键是构建终身教育体系。终身教育体系以现代国民教育体系为基础，全社会形成全民投资学习、热爱学习、善于学习、享受学习的制度和服务，以及人人学习、处处学习、终身学习的环境。终身教育体系应包括广大社会成员一个生命周期中的所有学习——从婴儿到生命终结前各阶段所经历的全部各类教育和学习。教育和学习的内涵应包括学知识、情感、意志、技能和能力的学习；教育和学习可以通过多种途径和方式，在不同时间、不同场合进行。

终身教育体系是学习型社会的基石，继续教育则是终身教育体系的主体。目前，我国的职前普通教育，包括小学、中学、大学甚至研究生教育已经有了很大的发展，取得了举世瞩目的成绩，但是，我国的职后继续教育还比较薄弱，是终身教育的短板。高等学校继续教育是构建终身教育体系、建设学习型社会一支不可忽视的重要力量。我们可以通过加快发展高等学校的继续教育，满足不同社会成员的教育需求，提供随时可学、随处可处的学习条件，培养社会成员适应社会变革的学习能力，营造全民学习的氛围和环境，为基本建成学习型社会打下良好的基础。

二、广西高等学校继续教育的现状分析

（一）广西各类高校继续教育发展现状

广西高校继续教育主要由普通高校、广播电视大学系统、独立设置的成人高校、自学考试系统等开展。

1. 广西普通高校继续教育发展现状

一是建立了大体完善的继续教育办学体系。广西普通高校通过二十多年的办学实践，已经形成了多层次、多形式和多学科的继续教育办学体系。其中学历教育部分，按学历层次可分为高中起点专本科教育、专科起点本科教育、在职研究生课程班等；非学历教育部分包括各种高研班、培训班、证书班等。继续教育的学习形式主要有函授、业余、夜大学、脱产班、自考助学等。其中函授、业余是广西普通高校继续教育办学的主要方式。目前，广西普通高校继续教育的专业涵盖了除军事类之外的全部 11 个学科门类，共开设了文史、财经、法律、理工、外语、管理、美术、艺术等应用性和职业性较强的本、专科专业共 240 多个。专业设置比较合理、完善，适应广西区域经济建设和社会发展的需要。

二是形成了一定规模的办学格局。普通高校继续教育的学生主要来自在职从业人员、待业青年及没有通过普通高考录取的应届高中毕业生。目前，广西 51 所普通本、专科院校的成人高等教育在校生 9.84 万人，占广西成人高等教育在校生的 72%（见图 7-1）。其中，广西大学、广西师范大学、广西医科大学、广西民族大学、桂林电子科技大学、广西工学院、桂林工学院、广西师范学院、玉林师范学院和桂林医学院 10 所普通本科院校，成人高等教育在校生共 8.86 万人，占广西成人高等教育在校生的 64.9%。如：广西大学成人高等教育在校生达到 3.29 万人，广西师范大学成人高等教育在校生为 1.6 万人，广西工学院成人高等教育在校生为 1.38 万人。又如在 2005—2007 年 3 年间，仅桂林市四所普通高校继续教育的学历教育累计毕业学生近 5 万人，其中本科生 21 000 多人，专科生 26 000 多人，分别占总毕业生人数的 43% 和 52%，其他学历层次的毕业生 2 000 余人，占总毕业生人数的 5%。

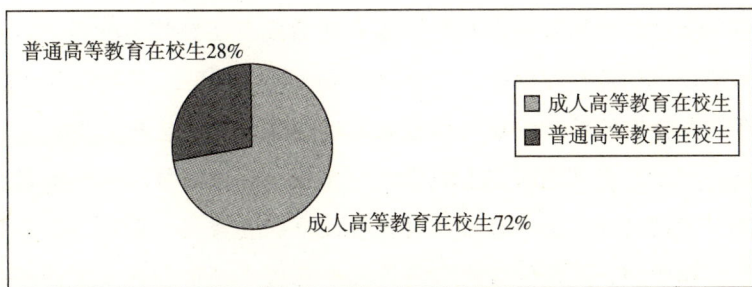

图 7-1　广西高校继续教育规模示意图

三是拥有一支素质较高的继续教育教师和管理干部队伍。为了防止政出多门，更好地发展继续教育，广西普通高校对学校的继续教育普遍实行归口管理，由学校的成人教育学院或继续教育学院行使管理职能，设置专门的科室，配备专门人员，负责学校继续教育的办学管理。管理队伍中具有本科以上学历的超过 50%；具有高级和中级职称的分别占 17% 和 80%。55% 以上的管理人员具有 10 年以上的继续教育管理工作经验。多年来，各学校通过在职送培、经常参加国内外继续教育的考察调研、鼓励开展理论与实践研究、竞聘上岗、建立政策激励机制等办法，不断提高继续教育教学和管理人员的素质与工作效能，形成了一支在继续教育事业上素质高、吃得苦、业务好、善管理的过硬的教师队伍和管理干部队伍。

四是实现了教学基本建设与办学管理并重。当前，广西的普通本科院校继续教育主要采用以下三种管理体制：（1）"一级管理、统一办学"体制。即由代表学校的继续教育管理职能部门——继续教育学院或成人教育学院全面统管全校继续教育的招生录取、教学安排、教师聘用、教务管理、课程考试、学生管理、证书发放等一系列办学工作，各院（系）只作配合管理。广西医科大学、广西工学院、桂林医学院等高校均采用这种管理模式。（2）"一级管理、分级办学"体制。即校、院两级管理模式。由继续教育学院或成人教育学院实行学校对全校继续教育的宏观管理，行使规划、组织、指导、管理、监督、调控、协调和服务的职能；各院（系）负责组织实施教学与日常管理，负责保障教学过程和教学质量。广西大学、广西师范大学、广西民族大学、桂林电子科技大学等学校都采用这一管理体制。（3）"校、院、教学点（函授站）三级管理"体制。即继续教育学院或成人教育学院实施招生、办学、发证等全过程职能管理，各院（系）对教学点实施教学管理，负责教学过程和教学质量的监督和保障，教学点参与协同管理，三者相结合。前述 10所高校中，凡设有校外教学点（函授站）的学校都采用这种管理模式。

五是在继续教育理论研究上取得了一定成绩。面对新世纪继续教育所遇到的挑战，考虑到成人高等教育的可持续发展，为解决广西成人高等教育办学出路的迫切问题，广西的普通高校近年来积极主动地加强了继续教育理论与实践的研究工作。广西成人高等教育专业委员会所属的 46 所高校，每年召开 1—2 次学术研讨会，共同商讨研究继续教育办学中的共性问题和热点、难点问题，分析讨论，理出思路，寻找对策，积极向自治区教育行政部门提供改革的意见和建议。2006 年 6 月，成人高等教育专业委员会根据 2005 年广西成人高等教育生源严重滑坡成为全国之最的情况，将研讨结果汇总为《进一步完善2006年广西成人高等教育招生有关政策的请示》的报告，向自治区教育厅提出招生政策改革的六条意见。这些研究成果受到自治区教育厅的高度重视，纳言变革，2007年一举扭转了连续3年的成人高等教育生源滑坡局面，使全区成人高等教育考生增加10 000人。2008年6月，广西成人高等教育专业委员会又向教育厅、考试院提出开展成人高等教育办学评估、整顿区内成人高等教育办学市场、应届专科毕业生报考成人高等教育本科的具体管理办法等旨在提高教学质量、规范办学市场的七条建议。

各普通高校不断加强继续教育的理论研究，例如广西师范大学成立了第一个校级成人教育研究所，设立成人教育"十一五"规划专项课题，并设立了专项研究经费。成人教育学院的管理干部承担了多项国家社科基金教育学课题、教育部规划课题、教育部青年专项课题、广西壮族自治区教育厅课题，完成专著或参与编写著作多部，并积极发表学术论文，为申报成人教育学硕士点奠定了坚实的基础。

2. 广西广播电视大学发展现状

广西广播电视大学（以下简称"广西电大"）是一所以现代信息技术为主要手段，采用广播、电视、文字教材、音像教材、计算机和网络等多种媒体进行远程教育的开放性高等学校。其主要任务是通过系统办学的优势，面向地方、面向农村、面向基层、面向边远和民族地区培养应用性高等专门人才，开展本专科学历继续教育教育，举办各级各类岗位非学历培训，为广大求学者提供终身接受教育的机会。经过近30年的建设和发展，广西电大已经形成由总校、19所市级分校、126个教学点（2005年底是83个）组成的广西最大的现代远程开放教育系统。

广西广播电视大学利用系统办学和远程教育的优势，不断扩大办学规模，已经成为广西继续教育的重要力量。自2000年开始实施教育部批准的《中央广播电视大学人才培养模式改革和开放教育试点项目》以来，在自治区教育厅的领导下，在中央电大的直接指导下，学校围绕试点项目进行了积极而富有创新的探索，构建了具有广西民族地区特色的现代远程教育环境下人才培养模式，以及相应的教学模式、管理模式和运行机制，为广西高等教育的大众化，为构建终身教育体系、发展各类继续教育打下了良好的基础。

广西电大系统主要通过系统办学和远程教育手段实施继续教育，经过 30 年的发展，各方面取得了很大的成绩，主要表现在以下几个方面。

一是学历和非学历教育保持一定规模。在学历教育方面，从 2000 年至 2011 年，广西电大整个系统学生规模保持在 50 000 人左右。但是，各地区电大分校的办学规模不平衡。例如，处于普通高校众多的桂林市的桂林电大办学规模弱于贵港、钦州等高等教育相对落后的新兴城市；在工业发展成熟的柳州，电大开放教育的办学方式则一直得到社会稳定的认同；而较为偏远的地区如贺州、梧州、河池等地的电大，办学力量不足，使得成人教育招生难上规模。广播电视大学系统在规模的扩展方面也由于新项目的出现，带来一些新的增长点。如全国广播电视大学系统提出的服务于新农村建设的学历提升计划"一村一大学生"项目引入广西后，在自治区党委组织部、教育厅等的领导和民委、民政厅、扶贫办等单位的协助下，2004 年秋季开始试点招生，参与的电大从最初的恭城电大、三江电大扩展到 13 个地级市的 21 个县（区、市），累计招生 2 508 名。这一项目的开展，既为广西农村培养了根植乡土的技术、管理人才，也为农村远程高等教育开拓了一片新天地。

在非学历教育方面，广西电大主要是融入行业中的培训服务，主要是在证券从业人员继续教育培训、广西国家公务员课程培训、会计从业人员培训、保险代理人资格考试培训等方面开展，每年基本保持在 3 000 人左右。但近来非学历教育规模有下滑趋势，主要是现代行业资格证书制度逐渐完善，各自行业培训得到比较快的发展；各职业学院也介入相关职业培训，竞争加剧。非学历教育作为继续教育的重要内容，随着区域经济发展水平的整体提高，将有一个快速的发展，因而也是电大教育将来的一个主攻方向。

二是建设了较为丰富的远程教育教学资源。广西电大重视教学资源建设，通过教师进行专门的多媒体教学资源建设培训，提高制作水平，并通过推荐教师参加全国广播电视大学和广西壮族自治区高校课件大赛等形式，促进教学资源建设的积极性。在方式上，实行自建与引进相结合、购买与交换共享相结合等多种方式。在资源类型上，主要有中央电大建设和广西电大自建的网络课件、网络视频资源、VCD 资源、录音带资源、三分屏资源等，较为丰富、便捷，有助于学员的自主学习。经过 8 年的开放教育试点，广西电大通过直接使用中央电大教学资源和自己建设教学资源，建成了比较完整的、涵盖70多个本专科专业的远程教育网上教学资源体系。

三是在教学管理等学习支持方面服务水平不断提高。广西电大结合开放教育试点项目的开展，不断进行教学改革探索，结合远程高等教育的相关理论，提出了"导学→自主学习←辅学"的教学模式，即在明确学生是主体、中心的前提下，在学习理念、学习计划、学习技术、学习内容、学习方法等方面给学生必要的引导和帮助，培养学生的自主学习能力。经过十多年的开放教育试点，广西电大系统建立的教学模式，充分体现了"以学生为中心"的远程教学理念，"一切为了学生，为了一切学生，为了学生的一切"，教师从"导学"和"辅学"的链条上围绕学生的需求提供更齐全、更周到的学习服务，使"中央电大—区电大—分校"三级远程教学的导学或辅学任务更清楚，促进了开放教育的进一步发展。

为了更好地实施广西电大远程开放教育"导学→自主学习←辅学"的教学模式，在实践的基础上，广西电大总结形成了"一二三远程教育教学管理模式"。"一"是以学生为中心，确定教学管理服务的落脚点；"二"是建立适合学生个别化自主学习的质量保证体系和学习支持服务体系；"三"是强化学生管理、教务管理和教学管理三个模块，实现对过程管理的系统性分化，进一步强化各个管理环节的权责落实。总结和实施"一二三远程教育教学管理模式"的目的是提高广西电大系统的教学管理和学习支持服务水平，提高学生对学校的满意度和认可度。

3. 广西独立设置的成人高校继续教育发展现状

广西目前独立设置的成人高校，学校类别涵盖了区域办学、行业办学和干部管理学院。其中2所为区域办学，3所为干部管理学院，1所为行业办学。从办学历史看，广西教育学院创建于1953年，具有55年教师培训、50年校长培训、25年成人高等教育本专科教育、15年普通专科和4年普通本科教育的历史，共培养本、专科生一万多名，培训教师和教研员数十万人（次），培训校长近万人（次），取得科研成果3 000多项，为广西的基础建设、教育事业和经济文化发展作出了显著的贡献，成为广西教师教育的重要资源。南宁地区教育学院创建于1982年8月，目前已拥有全日制普通高等教育、成人高等教育、远程开放教育、继续教育等五种办学形式，学历教育涵盖五年制专科、三年制专科与本科层次，形成了成人高等教育与普通高等教育、学历教育与非学历教育、师范教育与非师范教育共同发展的办学模式。广西卫生管理干部学院是 1983 年在原广西卫生学校（创办于 1953 年）的基础上建立的高等医药院校，具有 50 多年的办学历史，现在是一所集高职高专、成人大专于一体的国家公办的成人高等医药院校。广西经济管理干部学院成立于 1983 年，是一所以经济管理干部培训为主的成人高校。经过 20 多年的发展，形成了比较独特的教育模式和办学特色，兼有成人高等教育、普通高等职业教育、在职培训等多种教育模式，全日制本科和专科、专科升本科、函授本专科等多种教育层次并存。广西政法管理干部学院 1984 年经自治区人民政府批准成立，是广西独立建制的政法类成人高校，与广西司法学校合并办学。建院以来，共培养了 1.3 万多名毕业生，培训政法干部近万人，学员主要分布在全区各级政法机关和法律服务机构。桂林职工大学创办于 1979 年，是桂林市工会系统在计划经济时期为提高广大职工文化素质而兴办的教育机构，当时的主要职能是为广大职工提供大专层次的学历补偿教育，现以成人高等职业教育为主，兼办中等职业技术教育及各层次的培训教育，已向社会输送各类专业技术人才达一万余人，其中本科毕业生 225 人，业余、函授大专毕业生 3 198 人，自考助学班大专生 4 000 多人，职业中专毕业生 1 630 人，业余中专生 2 500 多人，还为社会各领域进行各类文化技能培训达 5 万人次。

从上述分析可以看出，广西独立设置的成人高校涉及的专业都是与改善民生关系较为密切的教育、卫生、经济、政法及区域经济建设等领域。上述高校在一定的历史背景下，为广西经济社会的基础建设和经济发展作出了突出的贡献。

广西独立设置的成人高校继续教育发展现状可概括为以下几点。

一是以各类学历教育为主。6 所独立设置的成人高校，其中 2 所承担职工学历教育任务，1 所承担了广播电视教学任务，6 所均承担函授教育任务，2 所承担网络教育任务，4 所承担高职教育任务，3 所承担中职教育任务，5 所承担职业培训任务，1 所涵盖社区教育。广西教育学院除承担普通专科教育外，还与其他普通本科学校联办普通本科教育。广西政法管理干部学院与其他院校联合办有成人本科教育。广西独立设置成人高校办学总体上仍以各种类型的学历教育为主，承担着3万多人的学历教育任务，大约占全区高等教育总规模的5%。可以说，6所学校都是广西高等学历教育的重要阵地。

二是办学条件有所改善，但总体表现滞后。随着高等教育的不断发展，广西独立设置成人高校的办学条件不断改善。从2002年到2007年，独立设置成人高校校园占地面积由2 136万平方米增加到3 938万平方米，增长比例为84%；教学仪器设备总值由11.8亿元增加到29.3亿元，增长比例为148%；生均教学仪器设备值由5 014元增加到6 152元，增长比例为23%；图书总量由1 848万册增加到3 491万册，增长比例为89%。但成人高校由于政策等原因，目前发展已较为滞后，若再无有效措施改善办学条件，生存将面临极大的困难。

三是学校机构设置逐渐健全。从外部管理机构来看，6所学校除广西教育学院为自治区教育厅直接管理外，其他5所学校都分属各自的行业主管部门或地市政府。由于各行业和地市发展需求不一，对学校的要求和支持也不一，因此各学校的发展方向定位也不明确。从学校内部管理来看，6所学校的内部管理机构大多比较健全，基本能满足承担学历教育和非学历教育任务的需要，都根据专业情况设置了教学系、部，并辅之以必需的教学辅助机构，如图书馆、高教研究所等，还设置有教学行政部门，如教务处、学生工作处等。广西教育学院、桂林职工大学等长期承担培训任务，还设有干训部、培训部等机构。

四是师资队伍建设取得一定成绩。从师资队伍情况看，在本校教师队伍中，正高职称比例依次为广西教育学院7%，南宁地区教育学院2%，广西卫生管理干部学院5%；副高职称比例依次为42%、32%、27%，广西经济管理干部学院的比例为12%。从学历结构来看，研究生以上学历的，广西教育学院为19%，南宁地区教育学院9%，广西卫生管理干部学院30%，广西经济管理干部学院9%，博士比例最高的为广西教育学院。从管理干部的结构来看，广西教育学院的干部中高级职称占的比例明显较高，年龄层次也集中在30—50岁之间，研究生及以上的学历占了近一半。从整体情况看，广西教育学院的师资队伍和管理人员的素质较高，其余几所学校高级职称的师资稍微薄弱。

五是教育发展规模受限。成人高校发展面临的最大的问题是招生问题，因为学历补偿教育任务已基本完成，函授大专已名存实亡。

在学历教育方面，广西教育学院自 1983 年开始举办成人本科学历教育，1993 年开始举办普通专科学历教育。2004 年开始分别与广西民族大学、广西艺术学院联合办学，举办了多个普通本科专业。学院虽一直承担本科教育任务，但是至今仍无普通本科教育的独立招生权，所以在办学方面，特别是招生、师资队伍建设、学科建设与专业发展等方面受到了极大的限制，严重制约了学院的发展。一方面，广西普通教育资源还不能满足日益增长的社会需求；另一方面，广西教育学院已有良好的普通本科教育资源又未能得到利用，既不利于学院自身的发展，也不利于广西经济社会的快速发展。

在非学历教育方面，各校以学校主办、开展培训工作为主，与政府或企业合作开展的培训并不多。如广西经济管理干部学院承担了自治区组织的全区事业单位法人代表、"全区中小企业管理人员培训工程"等培训工作，2005 年到 2007 年，共培训全区事业单位法人代表 1 024 名，全区中小企业管理人员 149 名。目前，广西成人高校培训的生源主要通过上级部门发文件要求学员参加培训。各校培训的人数不等，最多的是广西教育学院，其后依次为桂林职工大学、广西政法管理干部学院、广西经济管理干部学院、南宁地区教育学院。广西教育学院培训人数起伏变化很大，从 2005 年的 8 841 人次到 2007 年的 48 075 人次，2008 年为 20 384 人次，说明培训人数的不确定性较为明显。

各学校培训的类型比较多的是知识普及型培训和专业技能型培训，培训人数均超过千人次，多的可达到 4 500 人次。高层次继续教育培训人数较少，最多仅为 900 人次。

目前，广西独立设置成人高校只有广西卫生管理干部学院开展社区教育，尚无学校开设老年大学教育。

4. 广西高等教育自学考试的发展现状

2003 年至 2007 年 5 年间，广西高等教育自学考试事业与全国同步发展，经历了回归整固、规范管理等阶段。5 年间，广西先后有 1 390 529 人次参加高等教育自学考试，共报考 2 580 632 科次；总共有 57 770 人获得高等教育自学考试毕业证书，其中，获得本科毕业证书的有 17 301 人，获得专科毕业证书的有 40 469 人（毕业生数未包含 2007 年下半年数据），为广西经济和社会发展培养了为数众多的建设人才。在广西高等教育资源相对短缺的情况下，高等教育自学考试为满足部分中青年接受高等教育，取得高等教育学历，促使广西与全国同步步入高等教育大众化阶段作出了积极的贡献。

高等教育自学考试开考之初，广西仅开考几个专业，且都是专科层次。随着经济和社会的发展，社会对不同层次、不同类型人才的需求越来越迫切，人们对教育的需求越来越高。为了满足这种需求，广西积极开考本科层次的自学考试专业。在专业设置上，先是开考了文学、法学、经济学等容量大、涉及面广的专业，以解决社会带有普遍性的人才需求矛盾，随后又开考了理学、工学、农学、医学等专业；为配合"普九"工作，解决中小学教师学历达标问题，开考了汉语言文学教育、政治教育、数学教育、英语教育、初等教育等专业；为满足乡镇企业发展对人才的需求，开考了房屋建筑工程、机电一体化和计算机及应用等专业；为服务农村经济发展，开考了若干个农学类专业。这些专业的设置和开考，为考生提供了一个较为宽广的自学成才的空间。2002 年以来，根据自考形势变化情况以及全国自考办的有关要求，广西对自学考试开考专业进行了较大幅度的调整，目前开考有 88 个专业，其中本科专业 45 个，专科专业 43 个。经过几年的改革创新，主要取得了如下几方面的成绩。

一是利用高校的教育资源，创办全日制高等教育自学考试助学班。自学考试曾经取得过辉煌，但是近年来，由于普通高校和成人高校扩招，民办高校不断崛起，高等学校的教育规模迅速扩张，各级自考管理部门采用行政手段调用学校的教育资源支持自学考试工作越来越困难，特别是高等院校由于连年扩招，对自学考试工作的热情下降，自学考试规模在 2001 年达到顶峰后开始回落，单次考试报考科次数从 2002 年 10 月考试的 26 万多下降到 2007 年 10 月考试的 9 万多，减少近 2/3。其中，助学班在学考生报考数大幅下降，降到不足考试总人数的一半，这成为广西高等教育自学考试规模缩小的主要因素之一。

二是开展自学考试向农村拓展的工作。广西有 4 900 多万人口，其中城镇人口占 29.1%，农村人口占 70.9%。多年来，广西采取积极的措施，开展自学考试向农村延伸的工作。（1）开设适合农村地区考生报考的自考专业。根据本地实际情况，先后开设了农学（专科）、兽医（专科）、林业生态环境管理（专科）、农业推广（专科）、水产养殖（专科）、农学（本科）和畜牧兽医（本科）等农科类专业，以及主要面向农村地区考生的小学教育（专科）、汉语言文学（专科）、临床医学（专科）、护理学（专科）、中医学（专科）和工商行政管理（专科）等专业。（2）在农村地区设置考点，方便考生参加考试。由于广西大部分地方是山区和丘陵地区，交通不便，为便于农村考生就近参加高等教育自学考试，在具备条件的县和县级市设置考点。近两年来，由于生源减少，对大部分县级考点进行了撤并，但至 2007 年 10 月考试，仍设有 13 个县级考点。（3）支持高等学校在农村地区开展助学活动。由于农村地区学习条件较差，考生完全靠自学不太容易通过考试。广西支持高等院校进入农村地区开展助学活动，把助学点办到县，在坚持严格要求的前提下，对助学班的考务考籍管理尽可能提供方便。（4）改革报名报考办法，延长报名报考时间。广西从 2004 年 7 月开始，实行在自考办、农行和网上三种途径报名报考的办法，同时延长在农行和网上报考的时间，为交通不便的农村地区考生报考提供了方便。（5）借助"烛光工程"，开展面向农村教师的助学活动。广西是"烛光工程"的受援地区。利用开展"烛光工程"的机遇，广西在考生相对集中的县（市）建立了 6 个辅导站，将受赠的电视机、影碟机、教学光碟等全部分发到各辅导站，定期集中考生进行面授。经过各级自学考试机构和助学单位的共同努力，广西高等教育自学考试面向农村工作取得了一定的成绩。但近几年来，由于种种原因，农村地区参加高等教育自学考试的人数下降幅度较大。

三是建立规章制度，严格考务管理，确保考试安全有序，狠抓考风考纪，确保考试质量。多年来，在考试组织过程中，广西始终认真贯彻落实国家四部委关于做好国家教育考试安全保密工作的通知精神及有关法律规章制度，从试题命制、试卷接收、印制与分发、运送、保管，考试的组织、试卷的回收、评卷、登分等环节上，加强保密措施，确保万无一失。由于严格管理，精心组织，确保了各次考试的顺利进行，在考务管理方面没有出现异常情况。

四是开发建设自学考试计算机管理系统，提高自学考试管理手段的现代化。广西普通高校招生计算机管理系统的开发是走在全国前列的，但自学考试的管理却比较落后。为改变这一状况，2003 年年底，经协商，自治区招生考试院和农行广西区分行达成合作协议，利用农行的设备和网络平台，建设广西自学考试计算机管理系统。该系统在全国考务考籍管理软件的基础上进行拓展，包括计划管理、命题管理、考务管理和考籍管理等功能模块。2004年 5 月开始，广西开始启用考务管理模块，考生可以到农行的网点报名报考，通过电话、手机短信和互联网查询考场座位和考试成绩。同年 8 月中旬，开通网上报名报考，进一步拓宽了报名报考的渠道。

（二）广西各类继续教育发展中存在的问题及分析

1. 普通高校继续教育目前存在的主要问题

一是现行的管理体制不利于高校发展继续教育。党的十六大报告就已经提出构建终身教育体系，使国民能充分享有接受继续教育的权利。但我国至今没有一部继续教育法，成人高等教育管理法律法规严重不全，造成了政府部门管理明显缺位或不到位。主要表现在：政府职能部门对成人教育招生计划、学籍管理、计算机课程考试等管得太死，使高校继续教育部门受到太多约束，办学难以主动适应市场需求；普通高校办成人继续教育的办学条件要求和评估、教学质量监控等方面没有要求和明文规定，使不具备资质的办学机构低门槛进入成人继续教育市场，成人继续教育市场管理不到位，成人教育声誉频跌，屡遭社会质疑。

广西区外的先进高校，由于学校的名气和计划指标分配的传统惯性，每年依然能拿到大量招生指标（尤其是本科指标）。这些高校将大量富余招生指标从已需求无多的发达地区，转移到正有需求的经济后起地区——西部省区，以开办异地成人高等教育函授站的形式，实施"淘金"计划。这些高校实行"只带指标，就地承包"的办学方式，他们没有向办学地区作任何投入，只是利用欠发达地区的现有教育资源办学，实现"贫困的办学，丰满的腰包"，甚至是与没有任何办学资源的私人"皮包学校"联办。教室就地租用，教师当地聘请，不论是否具有资质，能凑合上课就行。这些高校下放了成人高等教育办学权，只需出具牌子与指标，就能按发达地区的标准收取学费，按协议分成。这种情况既有失教育的公平性，也扰乱了社会办学市场。它们到广西办学越多，成人高等教育办学水平就越低，区内生源被抢夺就越严重，广西的继续教育发展的阻力就越大。

二是高校本身的问题制约着继续教育的发展。普通高校在继续教育的办学思想、运行机制、管理模式、政策规定、教学手段等方面存在的问题，也直接阻碍了继续教育的发展。（1）普通高校继续教育的管理机制不灵活，束缚了继续教育的开创性发展。继续教育学院虽是高校继续教育办学的管理职能部门，但却没有人事调配、经济支配、设施建设等方面的权力。因此，在确定继续教育编制、建立激励机制、改善办学条件等方面，只能完全按学校的意图办，处于被动、等待的位置上，二级学院、继续教育管理部门、教师和管理人员的积极性不能得到有效地调动。（2）不少普通高校继续教育的普教化倾向较突出，教学手段还比较落后，缺乏办学特色，没有凸显成人教育的特点，难以满足学习多样化的要求。学校安排的实践教学、应用性技能教学能减则减，多以获取学历文凭为目的。（3）对新时期继续教育的定位认识模糊。相当一部分高校并没有真正将继续教育纳入学校统一发展目标和工作规划，没有具体规划和实施措施，对继续教育办学没有有效的制度和政策。（4）目前广西高校多数没有建立起一支"双师型"的继续教育师资队伍，不能适应当前继续教育的要求。高校教师多数擅长书本理论教学，而对于工程实际、社会改革实践、管理实际环节、政府行业现行法规的了解、研究甚少，因而难以满足继续教育学员有效更新知识的愿望。

2. 广西广播电视大学发展中存在的主要问题

一是广西电大办学系统不断被弱化。随着全区范围内高校的不断整合调整，不少市级电大分校被并入当地普通高等学校，成为一个部门，管理职能弱化，机构设置、教师队伍建设、办学经费支持等进一步受到限制，特别是有的分校在合并后电大开放教育的招生下滑严重。广西电大办学系统弱化也对整个系统协调管理、继续教育发展提出了严峻挑战。

电大办学系统弱化也反映了各级政府的教育主管部门对电大教育与普通高等教育属不同类型教育的认识不足，无法从发展继续教育高度看待电大的地位和作用，使电大系统部分资源在当前各地高等教育发展如火如荼的情况下被合并或肢解，这势必肢解了发展广西继续教育的重要力量。

二是学校教学设施建设不足。由于区域经济发展的特殊原因，加上政府对电大发展有限甚至缺乏的经费支持，使得广西电大总校和市级电大分校发展有限，基层电大和教学工作站的发展更是捉襟见肘，大多挂靠其他办学单位，许多硬件软件如办学场地、机房、网络、教师等发展不足，或者是设施落后，或者是设施使用率有限，或者是全面的导学服务跟不上，使得办学规模、教学质量、管理效率等方面的发展难尽人意。特别是在当前社区学院、数字化学习港等方面的项目建设发展不足。广西还没有真正意义的社区学院，而数字化学习港也仅有北海电大一家，这明显难以满足北部湾经济区发展对电大继续教育的需求。

三是招生生源有下滑的危险。广西整体教育水平和经济水平低，因而电大所能利用的外聘教师、精品课程资源、教学实验基地等资源有限，加上全区潜在的继续教育消费水平不高，在这种情况下，有名牌、名师影响力的区内外高校网络教育在竞争上相对优势明显，而广西电大系统有限的市场调整权不足以应对这种挑战，使得生源"青黄不接"——老的招生项目影响力逐渐失去，新的招生项目竞争力需要时间去培植。招生生源有下滑的危险，将直接影响电大继续教育的发展。

四是教师队伍建设还不尽如人意。这主要包括两个方面：一是广西电大系统的教师队伍建设，存在着"越一线越基层越边缘"的问题。基层电大、教学点、工作站的师资建设直接影响着教学质量、教学管理支持服务、电大形象等，但在机构设置上往往是依托、挂靠其他单位，系统的师资管理、培训较有难度。二是由于电大大多数学校沿用传统计划经济条件下的教师管理体制，在人才引进、在职培训、职称晋升、编制与规模、竞争与淘汰等方面的制度创新不足，使得教师在自身素质和专业知识的提升、危机感和责任意识的强化、人才引进对学校规模发展的促进等方面不尽如人意。

五是教学质量的问题。影响教学质量的因素是多方面的，除了前面提到的教育经费、教学设施、师资、教学资源欠缺等，实际学习手段和教学手段有限也是影响电大教学质量的重要因素。一是电大提供的支持性教学手段有限，如提供给学员的实习基地、多教学手段的综合利用有限。二是学员自身的自主学习条件有限，特别是家庭上网的条件在广西农村地区并不普遍，加上一些边远地区交通不便，这些现实困难使得网络难以发挥作用，进而大大削弱了教学质量。

3. 广西独立设置的成人高校发展面临的困难与问题

近三年，除广西教育学院培训呈上升趋势外，广西其他独立设置的成人高校培训量均呈下降趋势。主要原因有以下几点。

一是培训任务通常是行政行为，既无法满足学校发展需求，又与受训者的需求不完全相符。如根据国务院《关于发展城市社区卫生服务的指导意见》（国发〔2006〕10 号）、人事部等五部委《关于加强城市社区卫生人才队伍建设的指导意见》（国人部发〔2006〕69 号）精神，要求在或即将在政府举办的社区卫生服务机构从事社区卫生服务的临床类执业医师及注册执业护士，必须参加社区卫生人员岗位培训并通过考核才能到社区卫生服务机构从事社区卫生服务工作。但广西卫生管理干部学院在培训中遇到了困惑：第一，培训工作多半为行政行为，即主管部门委托才有培训任务；第二，参加培训的人员工学矛盾较突出，缺课现象时有出现，有的学生学习目的性不够强，因而积极性不够高；第三，由于培训费用、学习待遇等问题，目前很难进行市场开发。

二是传统的培训体系因缺乏有力的学术支撑而处于低水平和低层次状态，难以适应社会发展的需要。通过普通本科学历教育、以学科专业建设推动学术开展，为师资培训提供有力的学术支撑，是高等教育的一般规律。但限于成人高校的办学定位，其主要任务是在职培训，这对于成人高校的学科专业建设和课程建设十分不利。如果成人高校的体制不从根本上改变，浓厚的学术风气就难以形成，广大教师也就难以从事开拓性、前沿性的学术研究。更为严重的是，由于一般培训不需要深厚的科研成果支撑，挫伤了教职员工的学术进取心，并由此导致优秀人才外流，严重影响着师资队伍的建设。

三是成人高校"造血"功能不强，发展后劲不足。高等教育资金投入体制改革后，高校运作的资金有相当大的部分来自学历教育的学费收入。成人高校主要是承担继续教育任务，主要办学形式是短期非学历培训，而这种培训往往是政府拨款少，或是收费标准低，有的培训项目还规定不能收费等。由于自身"造血"功能不强，成人高校的发展步履维艰。特别是近年来普通高等教育毛入学率大幅提高，成人教育严重萎缩，这更凸显了成人高校的生存危机。

四是培训市场比较混乱，市场上各种培训机构缺乏资质认证；培训收费管理混乱，学校的培训收费受到比较多的限制；学校内部管理机制不灵活，难以和社会上的培训机构进行竞争等。

4. 广西高等教育自学考试存在的主要问题及原因分析

据统计，2007 年广西参加自学考试的共计 157 877 人次、309 848 科次，与上年相比分别减少了 8 628 人次和 3 287 科次。广西高等教育自学考试规模下降的原因是多方面的，主要有如下几方面。

一是自学考试的大环境发生了变化，其定位及功能处在调整中。其一，随着我国普通高等教育大众化进程的发展，自学考试补学历的功能逐渐萎缩，特别是近年来普通高校招生规模逐年增加，成人高校、远程教育、网络教育的发展，对自学考试的发展都产生了冲击，全国自学考试规模逐年递减，经济欠发达的西部地区递减与经济较发达的东部地区递减幅度更大些；其二，近年来全国自考办对自学考试的功能与定位、考试内容与形式等问题进行了探讨，但形成可操作性的政策及措施较少，这对自学考试的发展也产生了一定影响。

二是在执行全国统一专业考试计划与保持地方特点专业建设的关系处理上有值得研究的方面。根据全国自考办的有关要求，2002 年，广西对自学考试专业考试计划进行了大调整，开考的专业数量从原有的 140 个减少到 88 个。对具有广西特色的专业都进行了调整，这客观上对自考产生了一定的影响。据了解，目前自考工作开展得好的省区，在专业建设方面除执行全国统一的专业课程考试计划，使用全国统一命制的试题外，都开考有本省区特色的专业，保持较灵活的试题命制方法。在专业考试计划及试题命制方面，如何处理好原则性与灵活性的关系值得我们进一步研究。

三是主考院校和市县考试机构对自学考试工作的积极性下降。这与自学考试规模下降，效益相对降低以及各单位的分配政策等因素密切相关。

四是每年考试次数减少一次及县级考点的撤并对考生报考也有一定的影响。

五是师资力量不足。广西自学考试系统的各单位均随着考试规模的缩小而减员，在此情况下，除保证一年几次考试任务顺利完成外，少有精力开展自学考试发展方面的其他工作。

六是社会考试管理机制不够灵活，制约了有关工作的顺利开展。社会考试不是国家统一考试，但目前我们采用的是国家统一考试的方法进行管理。实践证明，这样的管理模式存在着弊端，不利于调动参与社会考试工作各方面的力量开展工作，制约了社会考试规模的发展。

三、着眼于构建终身教育体系，关于大力发展广西继续教育的建议

（一）构建广西继续教育发展的运行体系，发挥高校继续教育的作用

构建广西继续教育体系，首先需要建立一个强力的、高于教育系统的权力机构，统领终身教育下的继续教育。建议在人大成立终身教育发展委员会，从继续教育的体制架构、条例规定、合作办学等方面制定相关法律法规。在具体的继续教育实践中，主要由人事、劳动等部门归口管理下属的培训机构完成劳动力转移培训、干部培训等任务，教育部门归口管理各类高等院校、职教中心完成社会各类在职人员的学历教育和非学历教育（行业、专业的知识和技能培训，校企合作的定向培训）。因此，在终身教育发展委员会的统筹协调管理下，继续教育体系的构建主要从以下几个方面着手。一是规范发展人事、劳动和教育系统的劳动力转移培训、干部培训、高等院校继续教育和职校培训等，通过评估整改、分层分类操作、完善质量保障体系等，使之在办学基础、教学资源、规模和布局以及规避同行同类恶性竞争等方面取得

明显成效。二是整合资源，协调发展。整合资源，一方面要整合教育资源，把区内外大大小小的继续教育机构，有指导、有规划地进行整合，避免恶性竞争；另一方面要整合教学资源，实现各类继续教育机构相关教学资源的共用共享，避免不必要的人力财力浪费。协调发展，主要是实现各类、各级继续教育之间的沟通、支持，以及继续教育中的职业教育与普通学校教育在课程、学分和升学等方面的衔接。如高校继续教育为劳动力转移培训提供理论指导和师资支持等，也可以利用其场地优势扩大其培训规模；人事的干部培训通过高校继续教育的支持进一步实现其培训的系统化、规模化。广西继续教育发展的运行体系如图7-2所示。

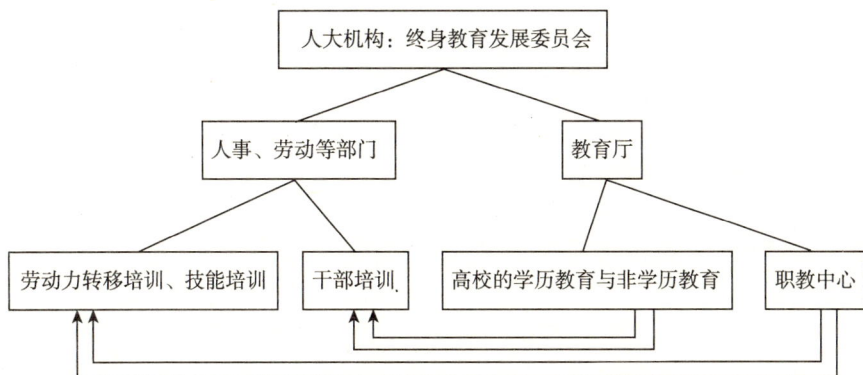

图7-2　广西继续教育发展的运行体系示意图

（二）加强广西继续教育法规建设，保障高校继续教育的法律地位

首先，广西继续教育方面的法规屈指可数，而且由于出台时间较早，跟不上社会经济的发展形势。如1991年出台的《广西壮族自治区专业技术人员继续教育暂行规定》，对专业技术人员继续教育的概念、对象、内容、时间等作了简单的规定，而且仅限于专业技术人员。就广西目前的情况来看，专业技术人才的总量和结构都不尽如人意。因此，当前要建立的继续教育法规，应从终身教育下的"大继续教育"概念入手（包括学历补偿教育和各类教育培训，在人才培养过程上包含了职前、在职和职后三个阶段，以及以娱乐、休闲为主的"老年大学"类型的继续教育），服务于人才培养和区域经济发展，出台具有纲领性意义和面向全区的政策法规。

其次，在政策法规的建设过程中要对远程教育的作用给予特殊重视。自 20 世纪 90 年代发展到现在，远程教育在学历教育和各类培训中得到充分的利用。在广西，继续教育的各类平台几乎都有远程教育的影子。因而，新的继续教育体系要重视远程教育在整个体系构建中的重要地位和作用，并进行重点发展。

最后，完善各级政府、各行业、单位等继续教育的相关法规、制度建设。如 2005 年出台的《福建省终身教育促进条例》第三条明确规定："县级以上地方人民政府应当制定本行政区域终身教育发展规划，并将其纳入国民经济和社会发展规划，统筹整合各种教育文化资源，促进终身教育事业的发展。"反观广西继续教育的法规制度建设，既需要有政策层面的法规出台，也需要有重点行业的继续教育政策规定出台（如教师、医护人员、律师等行业的继续教育管理规定），还需要完善职能部门和用人单位基于继续教育的聘用制度与人才培养制度的建设完善。

（三）不断推动高校继续教育发展，办好开放大学

区域继续教育体系的构建，涉及办学主体、布局规划、教学资源、整合共享、队伍建设、平台建设、合作办学等方面。广西继续教育类型目前主要有普通高校的继续教育、独立设置成人高校、广播电视大学、自学考试，由广西电大和社区共建的社区学院正处于起步阶段，大型企业自有的教育培训体系也大都欠缺。因此，对广西继续教育的整体规划，首先要在层次、类型、布局、规模上实现多样、合理、互补且实用等目标；其次还需要借助各方面的办学力量，不断丰富继续教育的类型，壮大其规模，并在此基础上，解决区内、区外办学力量之间的有效合作、合理竞争，并有针对性地对一些重要办学机构进行引导、扶持。

广西的高等教育资源相对比较薄弱，但函授、电大、自考等类型的继续教育以及普通高校的网络教育依托电大的教育网点遍布全区。不难发现，电大远程开放教育以其独有的系统网络平台和众多教学点、工作站，实现了对全区远程教学虚拟与现实的双重覆盖，广西电大在全区布局、技术支撑、平台支撑等方面都具有较大的优势。因此，在广西电大的基础上，组建广西开

放大学，建立健全宽进严出的学习制度，实行更加开放、灵活的招生制度，把成人既往学习的经历和成果作为入学的重要参考条件，拓宽成人进入广西开放大学学习的通道，建立继续教育学分积累和转换制度，使学习者灵活多样地选择适合自己的学习方式，通过考试、测试等方式对学习者通过各类学习取得的成果进行评价，有利于学习成果得到社会的认可，鼓励人们终身学习。

办好通过远程教育实施教学的开放大学，可以大力发展现代远程教育，通过开放大学的"学分银行"和学分积累认证制度，可以搭建各类教育纵向衔接、横向沟通的终身学习"立交桥"，所以，开放大学是构建开放灵活的终身学习体系的重要力量。

（四）整合各类继续教育资源，加强继续教育平台建设

要注意对继续教育资源进行整合：一是要整合各继续教育类型内部的教学资源；二是要整合各继续教育类型之间的教学资源；三是要整合区内、区外的相关教学资源，实现强强合作、优势互补；四是整合行业、企事业、社区与普通高校继续教育、广播电视大学、成人高等教育等的教学资源，特别是区外发展较快的社区学院、数字化学习中心等，在满足相关条件的前提下应鼓励、支持其建设、发展。

要加强继续教育平台建设，推进现代科技与教育的深度融合，建设集教学、科研、管理、服务于一体的网络平台和数字化学习资源库，促进教育信息化和教育现代化。主要是本着科学、可持续发展的原则，对重要行业（如教师、律师、会计等）、主要继续教育办学机构、重要培训机构等的系统平台，严格规范其平台要素，在通用标准的基础上结合自身的特点进行有选择性的规范化建设。在平台建设的过程中，一是需要从类型、内容、数量等方面对平台建设进行规范；二是借助平台建设进行资源整合，或者说在平台建设的过程中考虑资源整合这一因素。

（五）建立不同继续教育机构的沟通机制，搭建终身学习"立交桥"

由于继续教育的对象本身是多类型、多层次的，加上各类继续教育、培

训机构的多样性，为了使社会成员在不同的高校和培训机构接受继续教育的学习成果得到社会认可，必须建立不同继续教育机构的沟通机制和较为完善的沟通渠道，建设继续教育课程学习成果的互认制度，搭建终身学习的"立交桥"，探索建立学习成果认证和"学分银行"制度，促进各级各类教育和不同学习成果之间互认衔接，不断提高学习者的学习兴趣，满足学习者的个性化需求。继续教育培训机构、教育人事劳动主管部门，以及行业、企事业单位、社区学院与相关教育培训机构之间也要逐步建立沟通机制和渠道。

（六）建立有效的继续教育行政监管机制

继续教育的教学质量，一直是社会各方面积极关注的重点。继续教育领域需要监管的环节较为复杂。如不少政府部门、大型企业、行业等的委托培训，都存在一定程度的经费挪用、项目简化、内容单一、形式老套等问题，使得整体教学质量下降、效果差。有的单位对职工的继续教育培训不够重视，或者没有培训，培训时间不够，或者培训作假。监管的混乱和简化，在一定程度上也反映了管理机构混乱、管理制度不健全、对管理重视不够等问题。

因此，建立健全继续教育的行政监管机制，是促进继续教育健康、持续发展的有力保障。为此，应主要从以下几个方面着手：一是监管各类继续教育培训项目，应把好钢用在刀刃上，把有限的继续教育经费、师资、教育资源用在单位的主要管理骨干、技术人员培训上，用在区域经济发展的重点行业、紧缺行业的专业人才培养上；二是建立一个职责明确的行政监管部门；三是建立有针对性的监管制度，对行业、企业人才、员工的继续教育要求，应根据其职业、岗位需要进行具体细化。只有建立了具体的行政监管部门，并健全监管制度，才能实现对继续教育各环节的有效监管，做到"有人才的地方就有继续教育项目，有项目的地方就有经费支持、教育培训制度和过程监管"。

四、广西加快继续教育发展的措施

《广西壮族自治区中长期教育改革和发展规划纲要（2010—2020 年）》

中对如何加强继续教育的发展进行了规划性的阐述，主要体现在几个方面。

关于整合继续教育资源。纲要提出，鼓励各级各类学校、科研机构、文化馆、图书馆、博物馆、行业、企业等相关组织开展继续教育。健全宽进严出的学习制度，探索以广西广播电视大学为基础建设广西开放大学的途径。大力发展现代远程教育，建设以卫星、电视和互联网等为载体的远程开放继续教育及公共服务平台，开发各类教育网络资源。支持和鼓励发展社区教育机构和教育网络，促进学习型社会发展。

关于加强不同继续教育机构的沟通方面。纲要提出，搭建终身学习"立交桥"，促进各级各类教育纵向衔接、横向沟通，满足个人多样化的学习和发展需要。建立继续教育学分积累与转换制度。

关于建立健全继续教育行政监管机制方面。纲要提出，要加强继续教育监管和评估，提高继续教育质量。

关于广西继续教育体系的构建方面。纲要提出，各级政府成立跨部门继续教育协调机构，加强对继续教育工作的组织和协调。将继续教育纳入区域、行业总体发展规划，行业主管部门或协会负责制定行业继续教育规划和组织实施办法。健全继续教育激励机制，推进继续教育与工作考核、干部任用、岗位聘任（聘用）、职务（职称）评聘、职业资格注册等人事管理制度的衔接。

上述规定一定程度上对广西继续教育在建设学习型社会中发挥应有的作用起到了保障作用。笔者认为，广西建立终身教育体系，首先，要建立健全终身教育管理机构，并依托广西广播电视大学及其全区网络系统，建立学习型社会服务体系；成立广西终身教育服务指导中心，切实加强对推进终身教育和学习型社会建设的理论与实践研究，不断总结经验，改进工作；建立社会学习网络平台，采用计算机网络、卫星网络、数字电视、广播、光盘等现代教育技术手段，建设"学习广场"网站，实现多种形式的资源传输共享；依托学习平台，建设终身学习档案库，为终身学习者提供有针对性的学习与管理服务。同时，要积极完善政策法规，建立专兼结合的终身教育管理与师资队伍。其次，要建立终身教育多元投入保障机制。应尽快实现自治区财政性教育经费占 GDP 4% 的目标。在财政性教育经费中，安排一定比例的经费作为终身教育经费。通过地方立法，明确企业对教育培训的投入责任，同时完善税收优惠，鼓励企业增加教育培训投入。再次，要整合和开放各种教育资源，不断完善终身教育平台。各级政府及有关部门、企事业单位应有序开放所属的教育培训场地、文化、体育设施等，各类教育培训机构应当为终身教育提供便利，逐步实现各种教育培训资源共享。同时，积极开展各类终身教育和学习活动，为社会成员提供各种形式的学习机会和交流平台。建设一批学习型社会的标志性项目，进一步拓展学习型社会建设的深度和广度。创建学习型组织，充分发挥机关、企事业单位及各类社会团体参与终身教育的积极性，鼓励根据各自特点开展学习型组织创建活动，营造"人人皆学"的良好学习氛围。最后，要建立终身学习的质量保障和认证机制，完善终身教育的评估鉴定体系。

五、小结

广西现有的四大类继续教育——普通高校继续教育、广西广播电视大学的远程继续教育、成人高校继续教育、成人自考为广西继续教育的发展作出了重要贡献。这既是广西主要的继续教育资源，也是大力发展广西继续教育的重要基础和起点。为此，首先要做好广西区内继续教育的资源整合，在此基础上形成广西继续教育事业的发展规划，并从领导、组织和配套政策上加以重视、扶持。其次，要建立健全继续教育与常规教育的沟通机制，实现继续教育与常规教育之间的有效衔接，这是构建终身教育体系的核心内容。最后，要建立健全继续教育的监管机制，促进、保障继续教育良性竞争、健康发展。

第八章

关于"基本实现教育现代化"问题研究

一、教育现代化的相关研究概述

目前关于教育现代化的相关研究较多，主要集中在教育现代化的内涵、特征、指标构成及评价指标体系等方面。

（一）关于教育现代化内涵的相关研究

现有研究对于教育现代化内涵的阐述，大多从教育现代化的内容、过程、结果、功能及特点等多个角度加以界定，但总的来看，这些表述的实质是基本一致的。

顾明远先生认为，教育现代化就是传统教育向现代教育转化的过程，在这个动态发展过程中，教育现代化在社会现代化不同阶段中具有各不相同的特点。

杨东平认为教育现代化至少具有三层含义：一是教育在数量、规模上的发展以及在办学条件如校舍、设备、技术手段、教育经费等方面的先进程度；二是教育在制度层面的现代化；三是教育价值、教育思想、教育观念等方面的现代化。

冯增俊认为，教育现代化在广义上是指从适应宗法社会、封建社会的旧教育转向适应大工业民主社会的现代教育的历史过程，是一切有关进行现代教育的改革和发展的总称；在狭义上，教育现代化主要是指"新独立的落后国家如何学习发达国家推动本国教育现代化，从而赶上发达国家实现现代化的运动"。

谈松华认为，从时间尺度讲，教育现代化是指从与传统的封闭的农业社会相适应的教育向与现代的开放的工业社会以及信息社会相适应的教育转化过程；从价值尺度讲，教育现代化是指传统教育向现代教育转变过程中通过分化整合所获得的新的时代精神和特征。

刘晖、熊明认为，教育现代化实质是从传统教育向现代教育转型的过程，并在器物、制度、观念、功能等层面发展出现代性特征。

邬志辉对有关教育现代化的各种观点进行比较后，认为教育现代化的定义大致可分为四类：（1）教育现代化是超越传统教育，走向现代教育的整体转换过程，其核心是促进人的现代化；（2）教育现代化的过程是教育的现代性不断实现与增长的历史过程；（3）教育现代化是社会现代化结构的重要组成部分之一，其过程的实质是教育适应和促进整个社会现代化的过程；（4）教育现代化是一个动态的赶超先进的过程，其目标是要达到或超过工业化国家的教育发展水平。

（二） 关于教育现代化特征的相关研究

顾明远从静态的角度出发，根据现代社会的基本情况和当前世界教育发展形势归纳出教育现代化的九个主要特征和标准：教育的民主性和平等性、个性、终身性、多样性、开放性、国际性、创新性、信息化和网络化、科学性。

谈松华从时间维度指出，教育现代化有五个特征：一是动态的持续发展过程；二是教育整体转化的运动或教育形态的变迁过程；三是对传统教育的批判、继承和发展的过程；四是全球性的历史演进过程；五是人自身现代化的实践活动过程。从价值维度看，教育现代化也有五个特征：一是以实现人的现代化为其根本目的；二是教育与生产劳动相结合；三是教育的民主性；四是教育的科学性；五是教育的开放性。

（三） 关于教育现代化指标构成及评价指标体系的相关研究

目前，关于教育现代化指标构成及评价指标体系还没有形成一个广泛认可的统一标准。现有比较权威的评价指标有三种。

第一种，世界经济合作与发展组织教育指标体系（2000 年版）。它采用"背景—投入—过程—产出"分析模式，由人口背景、教育经费、受教育机会参与与进步、学校的学习环境和组织管理、个人产出和社会产出以及劳动力市场产出、学生成绩 6 大类 89 项指标构成。

第二种，联合国教科文组织的教育指标体系，建立了世界教育指标体系的三个理论框架：（1）教育与政治、经济、社会、文化、人口的关系是总的理论前提；（2）教育供给和需求是决定一个国家和地区教育发展水平的直接因素；（3）在教育资源供给与需求的均衡过程中，教育质量与公平是教育走向现代化必然要解决的至关重要的两个问题。该指标体系包括教育供给、教育需求、入学和参与、教育内部效率、教育产出 5 个部分 21 项指标。

第三种，世界银行的教育指标体系。世界银行的《世界发展报告》中的教育指标由教育投入、受教育机会、教育效率、教育成果、性别与教育 5 项组成。

世界中等发达国家和发达国家一般以 15 岁以上人口的识字率、平均受教育年限、中等教育毛入学率、高等教育毛入学率、每万人口在校大学生人数、公共教育经费占 GNP 的比例、人均公共教育经费为衡量教育现代化实现程度的重要指标。

谈松华、袁本涛从定性和定量两个方面提出了教育现代化实现程度评价指标体系，其中定性指标主要有教育制度、教育思想、教育内容、教育管理、师资队伍 5 个方面；定量指标包括识字率、平均受教育年限、中等教育毛入学率、高等教育毛入学率、10 万人口中的高校在校生规模、公共教育经费占 GDP 比例、人均公共教育经费 7 个方面。

胡瑞文认为，教育综合入学率和劳动年龄人口平均受教育年限是教育现代化的核心指标。

刘晖、熊明从 5 个方面来考察城市教育现代化的动态发展：（1）教育发展背景，包括经济发展水平和人口背景等；（2）教育发展保障，包括教育法律、教育政策、教育制度的制定、执行与监督等；（3）教育发展动力，包括精神动力、物质动力和人员动力等；（4）教育发展效率与质量，包括教育效率和教育质量等；（5）教育发展水平与结果，包括教育的公平性、全民受教育水平、教育的开放性、教育对科技创新的贡献率、教育对经济增长的贡献率等，下设 53 个三级指标。

牛征选取世界经济论坛（简称 WEF）和瑞士国际管理发展学院（简称 IDM）对世界各国国际竞争力年度评价 8 大指标里与教育相关的 6 个指标：（1）公共教育经费投入水平，包括人均国内生产总值、公共教育经费估计数、公共教育支出占国民生产总值的百分比等；（2）生均公共教育日常经费，包括学前教育、初等教育、中等教育、高等教育的生均公共教育日常经费估计数，生均公共教育日常经费占人均国民生产总值的百分比；（3）各级教育毛入学率、成人文盲率、每十万人口中高等教育在校生人数、报纸流通量；（4）社会现有知识水平，涉及学前教育、初等教育、中等教育、高等教育阶段；（5）15-64 岁年龄组每千人拥有的教师数，涉及初等教育、中等教育、高等教育阶段；（6）各级教育在校生与教师比率。

李健宁、潘苏东借鉴联合国环境规划署（UNEP）基于"压力—状态"框架发展成的"压力—状态—响应"框架模型，把教育现代化指标体系分为 3 个系统：动力系统、质量系统和公平系统，每个系统通过框架模型再细分各级子指标。

成媛认为，西部地区教育现代化评估指标体系有 5 个方面：（1）教育投入指标，包括财政性教育经费支出占 GDP 的比重、政府公共教育投入占义务教育投入总额比重、各级各类教育生均支出占人均 GNP 的比例等；（2）教育规模指标，包括各级各类教育规模、入学率、各级各类学校占总量的比例等；（3）教育成就指标，包括各级各类学校的入学率、成人识字率、社会劳动力平均受教育年限、适龄人口受高等教育的人数、新增劳动力受教育的年限等；（4）教育质量指标，包括各级各类学校教师学历的达标率、教学软件的使用率、各级各类学校教育中生均计算机数、双语教学的学校比例等；（5）教育管理指标，包括基于绩效的政府经费拨款制度和基于结果的政府管理模式，政府、社会和学校等利益相关者共同参与的监测与评估制度等。

"上海高等教育现代化指标研究"课题组研究提出，上海高等教育现代化指标包括规模指标、结构指标、质量指标、经费指标和管理指标 5 个方面，每个方面都包括核心指标和扩展指标。规模指标中核心指标有高等教育在校生总数、高等教育毛入学率、研究生教育规模、留学生教育规模等。结构指标中核心指标有学科专业门类、学校/学生类型、研究生/本科生与专科生之间的比例。质量指标中核心指标有教师中博士学历的比例、教师与学生的比例、毕业生就业率、一流大学/学院等。经费指标中核心指标有政府资金的投入比例、在政府教育总经费中的比例、年生均学生经费、教师年平均工资、学生资助体系等。管理指标中核心指标有高等学校管理权、学校内质量保证系统、外部监测评估体系等。

二、广西教育现代化指标选择

综上所述,借鉴现有关于教育现代化的相关研究成果并结合广西的实际情况,本研究选取的教育现代化指标体系包括教育经济指标、教育事业指标和人力资源指标三个层面。教育经济指标主要是经费投入类指标,包括生均教育经费与西部生均教育经费之比、生均预算内教育经费与西部生均预算内教育经费之比、教育财政投入占区域财政支出的比例。教育事业指标包括各学段毛入学率:学前教育毛入学率、义务教育阶段小学净入学率和初中巩固率、高中教育毛入学率和大学毛入学率。人力资源类指标为以下四个:每万人平均在校大学生数、主要劳动年龄人口平均受教育年限(其中包括受过高等教育的比例)、新增劳动力平均受教育年限(其中包括受过高中阶段及以上教育的比例)、成人识字率。具体如下:

1. 教育经济指标

(1)生均教育经费

(2)生均预算内教育经费

(3)教育财政投入占区域财政支出的比例

2. 教育事业指标

(1)学前教育毛入学率

(2)义务教育阶段小学净入学率和初中巩固率

(3)高中教育毛入学率

（4）高等教育毛入学率

3. 人力资源类指标

（1）每万人平均在校大学生数

（2）主要劳动年龄人口平均受教育年限

（其中包括受过高等教育的比例）

（3）新增劳动力平均受教育年限

（其中包括受过高中阶段及以上教育的比例）

（4）成人识字率

三、教育经济指标分析

根据评价指标的设定，教育现代化指标中的经济类指标主要是经费投入类指标，包括生均教育经费与西部生均教育经费之比、生均预算内教育经费与西部生均预算内教育经费之比、教育财政投入占区域财政支出的比例。这三项指标的前两项是与平均水平的比较值，反映的是某个省区相应指标与平均水平的比值。

我们从《2009 年中国统计年鉴》中获取相关数据进行计算，得出表 8-1 所示的结果。

表 8-1　西部省区教育经费投入类指标比较

西部省区	生均教育经费与西部生均教育经费之比	生均预算内教育经费与西部生均预算内教育经费之比	教育财政投入占区域性财政支出的比例（%）
内蒙古	1.532 7	1.608 7	14.19
广　西	0.848 6	0.840 7	19.37
重　庆	1.176 4	1.013 5	15.11
四　川	0.964 8	0.895 8	12.52
贵　州	0.703 3	0.757 1	21.80
云　南	0.917 0	0.989 1	16.46

西部省区	生均教育经费与西部生均教育经费之比	生均预算内教育经费与西部生均预算内教育经费之比	教育财政投入占区域性财政支出的比例（%）
西　藏	2.216 1	3.029 9	12.37
陕　西	1.044 5	0.892 6	18.54
甘　肃	0.857 2	0.932 5	18.89
青　海	1.264 6	1.538 5	13.42
宁　夏	1.329 9	1.519 2	16.65
新　疆	1.282 0	1.384 2	18.80

数据来源：根据《2009 年中国统计年鉴》相关数据计算整理。

　　教育经费是各级各类学校赖以持续发展的经济基础，是进行人才培养和科学研究的基本保证，也是教育质量得以提升的根本支撑。从表 8-1 可以看出，广西生均教育经费、生均预算内教育经费均在西部省区的平均水平之下，分别相当于西部平均水平的 84.86% 和 84.07%。就排位来看，广西这两项指标均排在西部省区的倒数第二位，仅高于贵州省。从相对差距来看，广西这两项指标分别是西部地区中排位最高的西藏的 38.29% 和 27.75%，可以说差距非常明显。由于这两项指标均为生均指标，广西排位靠后应该与在校生人数多有关。2008 年广西各类学校在校生总数在西部地区排在第二位，仅次于四川省。但进一步的分析发现，在校生基数比广西更大的四川省，这两项指标分别排在第八位和第九位，而在校生数接近于广西的云南省，上述两项指标也分别排在西部第九位和第七位。可见，广西要提高生均教育经费还有一定潜力，在制定教育中长期规划中应重点考虑提高生均教育经费的措施，切实改变生均教育经费过少的局面。

　　经费投入类的另一个指标是教育财政投入占区域性财政支出的比例，这里我们用各省区财政支出中的教育支出与财政总支出的比值来表示。从表 8-1 和图 8-1 可以看出，广西教育财政投入占财政支出的比例达到了 19.37%，在西部省区中仅次于贵州省，排在第二位。由此可见，广西在财政许可的情况下，已经尽可能加大对教育的投入和扶持，这在西部地区中是做得相当出色的。但由于人口众多，生均教育支出水平偏低，这也在一定程度上限制了广西教育的发展。

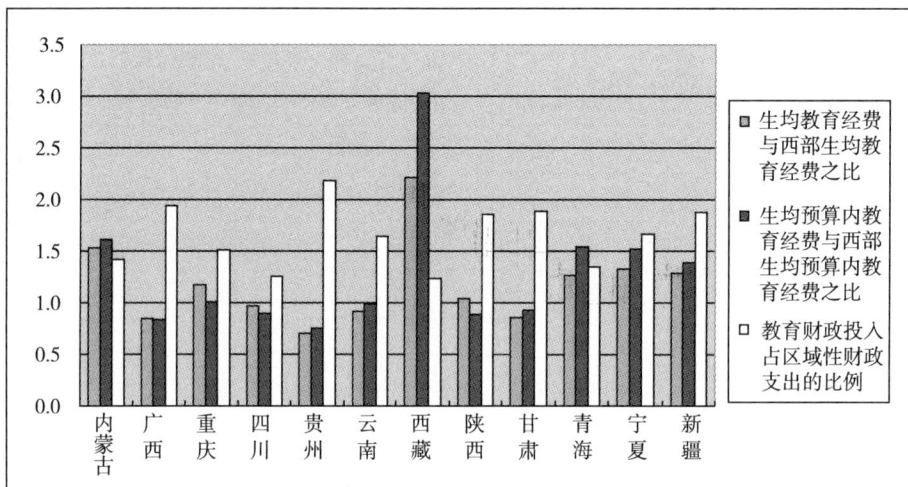

图 8-1　西部省区教育经费投入类指标比较图

说明：为了使比较更为直观，"教育财政投入占区域性财政支出的比例"这一指标采用的是十分比。

四、教育事业指标分析

（一）各学段毛入学率的省际现状比较

2009 年，广西学前教育毛入学率在全国排第十二位（见图 8-2），略高于全国平均水平；小学净入学率在西部地区排第七位、中部各省中排第八；初中三年巩固率为 82.96%，在中西部地区中倒数第一；高中阶段毛入学率在全国排第二十八位（见图 8-3），低于全国平均水平；高等教育毛入学率全国倒数第一（见图 8-4）。

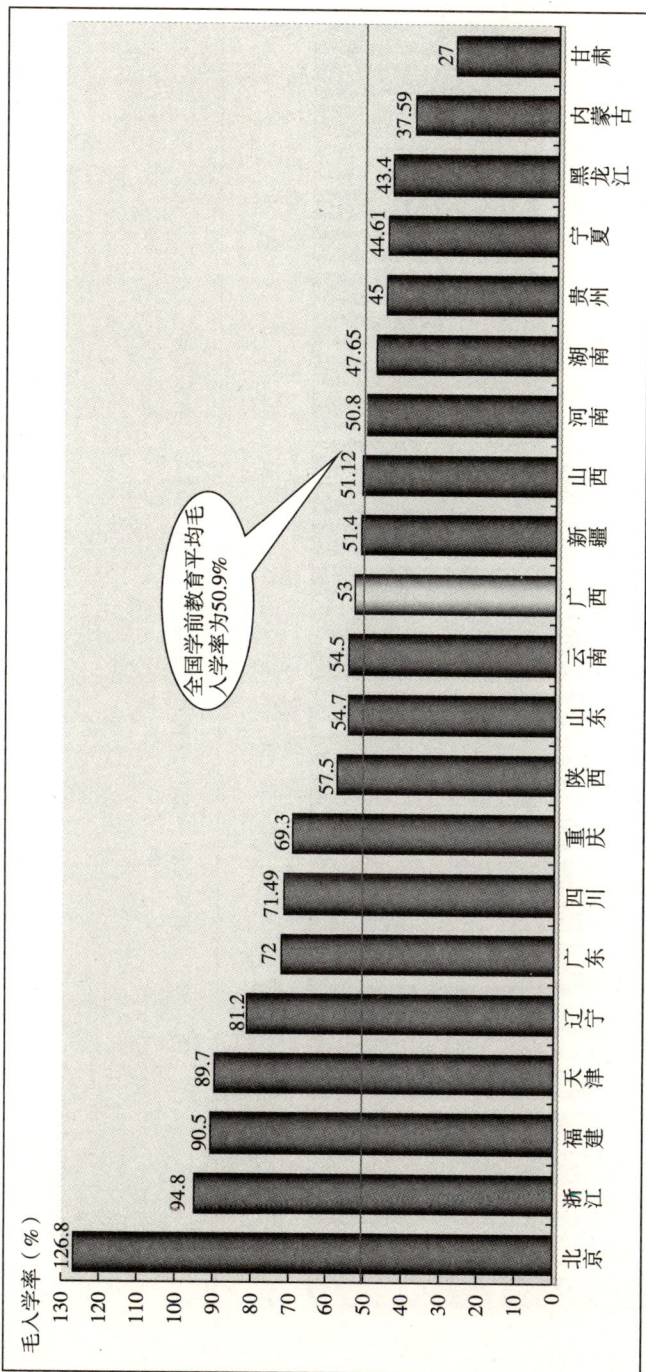

图 8-2　广西与全国部分省（直辖市、自治区）学前教育毛入学率比较

注：河北、上海、江苏、海南、安徽、江西、湖北、西藏、青海 10 省（直辖市、自治区）没有数据。

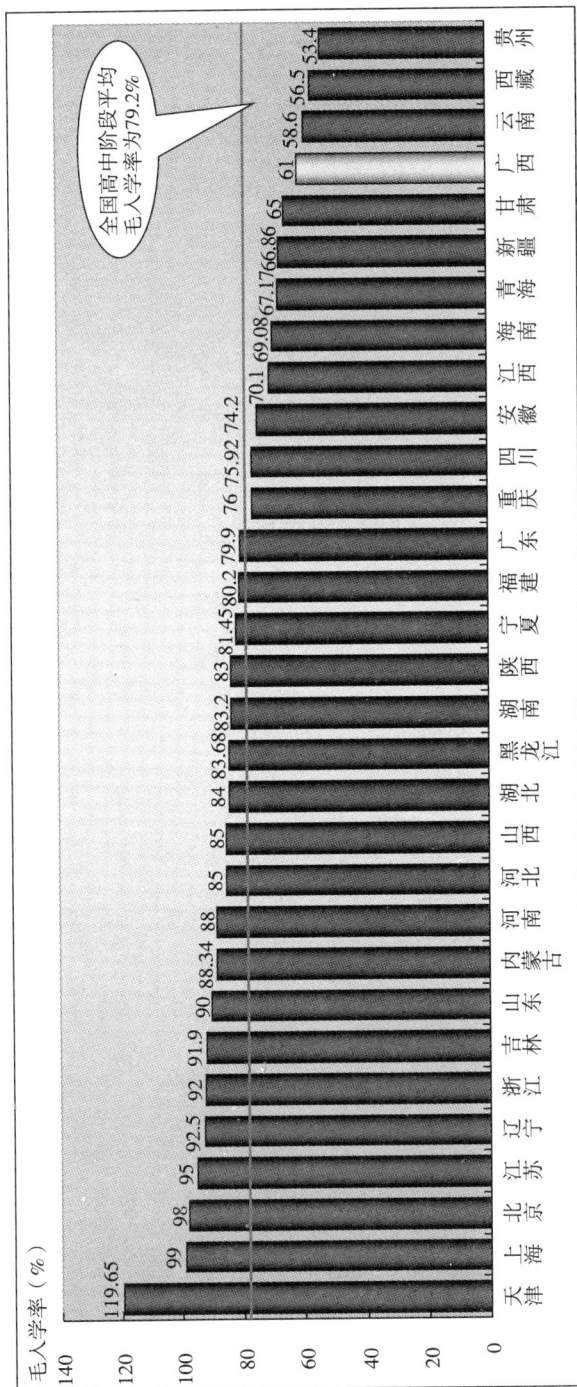

图 8-3 广西与全国各省（直辖市、自治区）高中阶段毛入学率比较

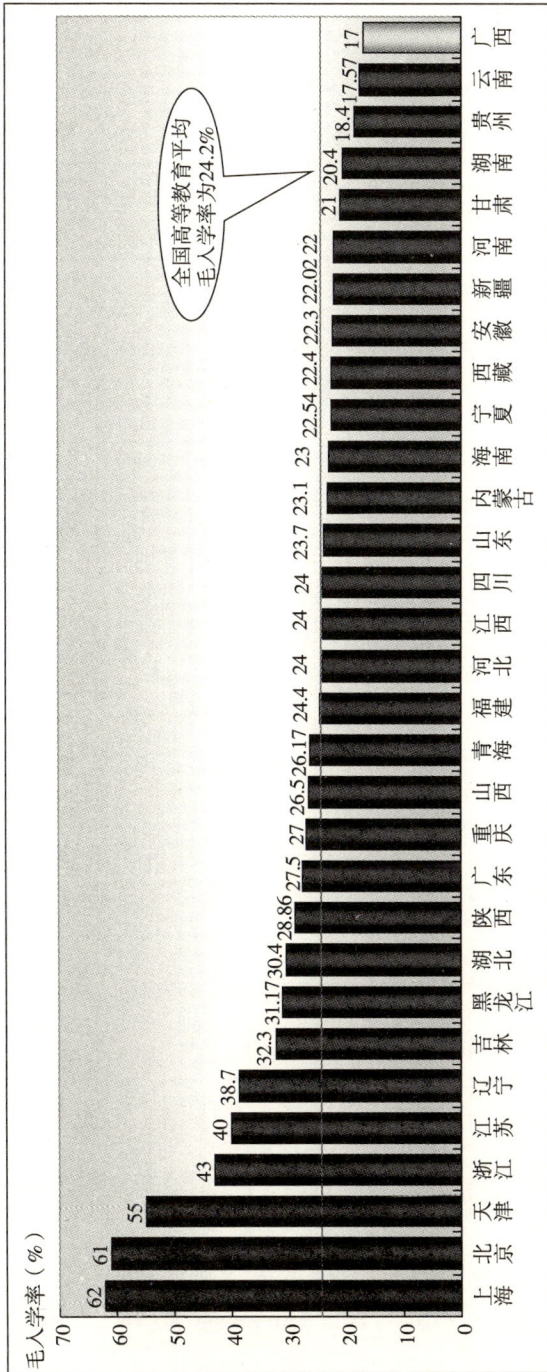

图 8-4　广西与全国各省（直辖市、自治区）高等教育毛入学率比较

毛入学率（%）

全国高等教育平均毛入学率为24.2%

上海 62
北京 61
天津 55
浙江 43
江苏 40
辽宁 38.7
吉林 32.3
黑龙江 31.17
湖北 30.4
陕西 28.86
广东 27.5
重庆 27
山西 26.5
青海 26.17
福建 24.4
河北 24
江西 24
四川 24
山东 23.7
内蒙古 23.1
海南 23
宁夏 22.54
西藏 22.4
安徽 22.3
新疆 22.02
河南 22
甘肃 21
湖南 20.4
贵州 18.4
云南 17.57
广西 17

（二）毛入学率的预测分析

广西教育事业发展目标预测见表 8-2。

表 8-2 广西教育事业发展规模预测

指　　　标	2009 年			2015 年			2020 年		
	方案一	方案二	全国	方案一	方案二	全国	方案一	方案二	全国
学前教育									
学龄人口预测数（万人）	265 (2010)	214	—	315	238	—	300	216	—
幼儿园在园人数（万人）	113	113	2 658	189	143	3 400	210	151	4 000
学前三年毛入学率（%）	71	52	50.9	85	85	60	95	95	70
学前一年毛入学率（%）	52	71	74	60	60	85	70	70	95
九年义务教育									
学龄人口预测数（万人）	600 (2010)	615	—	586	645	—	670	693	—
在校生数（万人）	643	643	15 772	600	650	16 100	650	690	16 500
巩固率（%）	79	79	90.8	87	90	93	95	93	95
高中阶段教育									
学龄人口预测数（万人）	245	245	—	200	200	—	187	208	—
在校生数（万人）	148.75	148	4 624	158	160	4 500	167	180	4 700
毛入学率（%）	61	61	79.2	79	80	87	90	87	90
职业教育									
中职在校生数（万人）	73	73	2 173	80	80	2 250	83.5	85	2 350
高职在校生数（万人）	29	29	1 280	36	38	1 390	40	42	1 480
高等教育									
学龄人口预测数（万人）	415	501	—	306	375	—	257	329	—
在学总规模（万人）	82	82	2 979	84	95	3 350	85	103	3 550
在校生数（万人）	69	69	2 826	75	90	3 080	80	95	3 300
其中：研究生数（万人）	1.9	1.9	140	3.05	3	170	4	4	200

续表

指　　标	2009 年			2015 年			2020 年		
	方案一	方案二	全国	方案一	方案二	全国	方案一	方案二	全国
高等教育									
毛入学率（%）	17	17	24.2	30	28	36	40	36	40
继续教育（万人次）	630	630	—	1 100	1 100	—	1 300	1 300	—
合计	—	973	—	1 017	1 043	—	1 102	1 116	—

方案一与方案二的区别如下：

（1）用的人口预测数据不同。

（2）职普比不同，方案一均用的是 1∶1。

（3）方案一选 2010 年、2020 年的节点预测，因此招生增幅和在校生增幅比例与方案二不同。

（4）高等教育的毛入学率取国家平均水平往回倒算，在校生和入学规模、研究生、其他各类学生、省外招生规模用方案二的数据，则本专科生在 2015 年为 60 万人，比 2010 年增加 3 万人；高职生按六成算可达 36 万人；2020 年在校生达 80 万人，本专科生增加 5 万人，增量大多在高职。

（三）校均规模估计和学校设置

2009 年广西各学段校均规模如表 8-3 所示。高校的校均规模均未达 1 万人，还有潜力可挖，可以容纳规模增长带来的在校生增量，主要投入在生均经费的增长上。

表 8-3　2009 年广西各学段校均规模

学　　段	学校数（所）	在校生数（人）	校均规模（人）
学前教育	5 053	1 128 170	223
义务教育	16 553	6 433 243	
小学	14 290	4 367 767	306
初中	2 263	2 065 476	913
高中教育	870	1 485 566	

学　　段	学校数（所）	在校生数（人）	校均规模（人）
普通高中	478	752 797	1 575
中等职业学校	392	732 769	1 869
高等教育（不含研究生）	68	528 342	7 770
本科院校	29	238 647	8 229
专科院校	39	289 695	7 428

说明：1. 初中含初级中学、九年一贯制学校、完全中学；高中含高级中学、完全中学。

2. 其中本科院校含 9 所独立学院；专科院校含 31 所高等职业学校、7 所成人高等学校。

五、人力资源类指标分析

广西的人力资源类指标为以下四个：每万人平均在校生数、主要劳动年龄人口平均受教育年限（其中包括受过高等教育的比例）、新增劳动力平均受教育年限（其中包括受过高中阶段及以上教育的比例）、成人识字率。各指标预测值如表 8-4 所示。

表 8-4　广西人力资源类指标预测

指　　标	2008 年	2015 年	2020 年
每万人平均在校生数（人）	135.2	215.6	275.8
主要劳动年龄人口平均受教育年限（年）	8.1	9.5	10.7
其中：受过高等教育的比例（％）	6.5	10.5	16.0
新增劳动力平均受教育年限（年）	10.9	12.4	13.2
其中：受过高中阶段及以上教育的比例（％）	50.2	69.6	72.0
成人识字率（％）	94.4	95.5	97.0

预测结果显示,"十二五"时期,广西普通高等学校平均每万人在校大学生数年均增长 6.89%,与全国"十一五"时期平均增幅(约为 6.97%)大体相当,2016—2020 年年平均增长 5.05%。主要劳动人口受过高等教育的比例按广西比全国平均增幅高 3—5 个百分点的速度测算,到 2015 年,广西这一指为 10.5%,到 2020 年为 16%;根据测算,到 2015 年,广西的这一数值相当于全国平均水平的 90%—95%。2015 年广西主要劳动人口平均受教育年限预测值为 9.5 年,2020 年为 10.7 年。据测算,广西新增劳动力平均受教育年限为:2015 年为 12.4 年,2020 年为 13.2 年;广西受过高中阶段及以上教育的比例为:2015 年为 69.6%,2020 年为 72.0%;成人识字率到 2015 年目标值 95.5%,到 2020 年为 97.0%,相当于目前北京市的水平。

六、小结

根据比较分析,我们认为,比较适合广西实际情况的教育现代化目标表述是"与国家同步基本实现教育现代化"。

第一类是教育经济指标,共 3 个。与西部其他地区比较,广西教育财政投入占区域性财政支出的比例排第二位,生均教育经费与西部生均教育经费之比排第十一位,生均预算内教育经费与西部生均预算内教育经费之比排第十一位,从而影响相关教育目标的实现。因此,在"十二五"及以后的一段时期内,广西仍应坚持教育优先的战略,严格按照各项法律法规的要求安排教育支出,尤其应将提高人均、生均教育经费支出摆在突出的位置。

第二类是教育事业指标,共 4 个。2009 年,广西学前三年毛入学率为 52%,学前一年毛入学率为 71%,分别与国家平均水平的 50.9%、74% 基本持平;九年义务教育中的巩固率 79% 与国家平均水平 90.8% 存在差距,差值为 11.8 个百分点;高中阶段教育的毛入学率 61% 与国家平均水平 79.2% 相差较大,差距为 18.2 个百分点;高等教育毛入学率 17% 落后于全国平均水平 24.2%,相差 7.2 个百分点。

2020 年,广西学前教育毛入园率可望达到全国平均水平。消除目前义务教育辍学和流失 30.2 万人的现象，要付出超乎想象的艰巨努力；但却可以一方面提高巩固率，另一方面为高中阶段提供生源。高中阶段毛入学率依赖普高学生的来源和中职招生面向社会的开放性。扩大普高容量水平，灵活中职教育体制，一方面发展高中阶段教育，另一方面为高等教育提供生源。高等教育毛入学率的追赶难度较大。从方案一、方案二测算来看，人口对高等教育毛入学率的贡献率分别为 15% 和 7%，广西的差距还很大，因此，扩大教育规模要全社会共同努力，如狠抓继续教育、打通中职升高职的通道、外省来招计划加大等，也许可望接近全国平均水平。

第三类是人力资源类指标，有 4 个。人力资源指标可考虑提 "努力提高劳动者素质，与全国平均水平差距明显减小" 等更为务实的提法，最多提 "进入西部人力资源强省（区）行列"。广西人力资源总体素质与全国平均水平差距相对不大，成人识字率优于全国平均水平，主要劳动人口平均受教育年限也接近全国平均水平。但由于广西高等教育缺失太多，与高等教育有关的重要指标均明显较低。根据预测，未来这一现象难以从根本上改观，广西缺乏高级人才的现象将长期存在。根据广西人才中长期规划，从现在到 2020 年，广西人才资源增长率高于全国平均水平 1—2 个百分点，广西人才资源占全国人才资源的比重从目前的约 1.8% 提高到约 1.9%，明显低于广西人口占全国总人口的比重（约 3.6%）。考虑到由于广西高等教育不发达，未来广西中高端人才培育也不占优势，未来广西不论是人才资源总量、结构，还是总体竞争力，在全国的排位均不容乐观。

参考文献

[1] 顾明远. 关于教育现代化的几个问题 [J]. 中国教育学刊，1997（3）.

[2] 杨东平. 教育现代化：一种价值选择 [J]. 中国教育学刊，1994（2）.

[3] 冯增俊. 试论我国教育现代化的基本任务及主要特征 [J]. 中国教育学刊，1995（4）.

[4] 谈松华. 中国教育现代化的区域发展 [M]. 广州：广东教育出版社，2003.

[5] 刘晖，熊明. 我国教育现代化研究述评 [J]. 教育导刊，2006（6）.

［6］戚敏. 教育公平——教育现代化的重要评价指标［J］. 当代教育论坛，
　　　2010（9）.

［7］刘晖，熊明. 城市教育现代化指标体系的构建［J］. 教育发展研究，
　　　2007（9A）.

［8］谈松华，袁本涛. 教育现代化衡量指标问题的探讨［J］. 清华大学教育
　　　研究，2001（1）.

［9］谈松华，王蕊，王建. 中国区域教育现代化研究［M］. 北京：教育科
　　　学出版社，2002.

［10］胡瑞文. 2020年我国基本实现教育现代化展望［J］. 教育发展研究，
　　　2009（2）.

［11］牛征. 天津教育现代化的指标与策略研究［J］. 邢台职业技术学院学
　　　报，2005（8）.

［12］李健宁，潘苏东. 关于教育现代化指标体系设置的构想［J］. 现代大
　　　学教育，2004（1）.

［13］成媛. 西部地区教育现代化指标体系的构建［J］. 北方民族大学学报
　　　（哲学社会科学版），2010（6）.

［14］上海高等教育现代化指标研究课题组. 上海高等教育现代化框架及其
　　　指标的展望［J］. 教育发展研究，2007（2B）.

［15］王金霞，赵丹心. 构建中国教育早期现代化分期研究的指标体系［J］.
　　　河北大学学报（哲学社会科学版），2006（5）.

［16］全面推进首都教育现代化［N］. 中国教育报，2010-08-01.

［17］胡瑞文.《国家中长期教育改革和发展规划纲要》主要精神解读与热
　　　点、难点探析［J］. 中国高等教育评估，2010（2）.

［18］胡瑞文. 高等教育应坚持适度超前和可持续发展［J］. 中国高等教育，
　　　2004（3）.

［19］2009年中国统计年鉴［OL］. http://www.stats.gov.cn/tjsj/ndsj/2009/
　　　indexch.htm.

［20］滕珺. 关于中国教育现代化的理论探索——顾明远的教育现代化思想
　　　探析［J］. 教育研究，2008（8）.

| 第九章 |

广西边境民族地区教育改革
与发展调研报告

为全面了解广西边境民族地区教育改革与发展取得的成绩和面临的问题，听取各方面人士对广西边境民族地区教育改革与发展的建议和意见，研究并提出进一步发展广西边境民族地区教育的对策，从而为广西政府制定边境民族地区教育发展政策及广西中长期教育改革与发展规划提供咨询和参考，"广西边境民族地区教育发展的实证研究"课题组受广西教育厅的委托，分成两个调研组，从 2009 年 11 月 1 日至 12 日，分别到那坡县、靖西县、大新县、龙州县、凭祥市、宁明县、防城区、东兴市 8 个边境县（区、市），以及享受边境地区待遇的天等、德保 2 个县，以个别访谈、座谈会、问卷调查、实地考察、文献查阅等形式进行了教育调研。现将调研情况报告如下。

一、调研背景

广西地处祖国南疆，南临北部湾，面向东南亚，西南与越南毗邻，东邻粤、港、澳，北连华中，背靠大西南，是西南地区最便捷的出海通道，也是中国西部资源型经济与东南开放型经济的结合部，在中国与东南亚的经济交往与合作中占有特殊而重要的地位。广西的东兴市、防城区、宁明县、凭祥市、龙州县、大新县、靖西县、那坡县等边境县（区、市）与越南的广宁、谅山、高平 3 个边境省接壤，双边沿陆地边境有东兴、凭祥、友谊关、水口、龙邦 5 个国家一类口岸。

从地理位置看，广西边境县（区、市）不仅是中国—东盟自由贸易区的桥头堡，同时也是中国的重要国门之一。然而，如今广西的千里边境线上，仍有边民居住在茅草房里，生活条件异常艰苦，社会发展整体水平较低。2008 年，据广西区政府扶贫办提供的信息显示，广西与越南边境线上的县市，离边境线三公里范围内的区域贫困率高达36%，高出广西平均水平29.2个百分点。有鉴于此，广西区政府 2008 年决定集中人力、物力、财力，在边境 8 个县（区、市）离边境线三公里范围内的村屯，实施"兴边富民"基础设施建设大会战，力求改变国门形象。

近十年来，广西区政府也非常关注边境民族地区的教育发展，投入了大量的人力、物力和财力，取得了不少的成就，但边境民族地区的教育依然还很落后。众所周知，国门形象不仅仅表现在基础设施建设上，更多地表现在包括经济、文化、科技等在内的社会发展水平上，而这一切与教育的发展水平是正相关的。正因为如此，我们决定立足于边境民族地区教育的特殊性，从政策学的视角研究广西边境民族地区的教育改革与发展问题。经专家论证，"广西边境民族地区教育发展的实证研究"被教育厅确立为"广西教育改革与发展研究重点项目"。

课题组成员到大新县、靖西县、那坡县、凭祥市、东兴市、防城区、宁明县、龙州县 8 个边境县（区、市）以及享受边境地区待遇的德保县和天等县的有关中小学、教育主管部门、民族事务局、县政府进行了调查研究，深入了解广西边境民族地区教育发展的现状、存在的问题、面临的困难，掌握边境民族地区教育的特殊性，征询有关人员对发展边境民族地区教育的意见和建议，收集了翔实的第一手研究资料。

本次调研主要以座谈、问卷调查（包括教师问卷和学生问卷）、访谈等方式进行。座谈围绕六个主题展开：（1）广西边境县（区、市）的经济条件、文化基础等基本情况及其特殊性；（2）广西边境县（区、市）教育的总体状况、存在的主要问题（如义务教育公平问题、均衡发展问题、办学条件问题、义务教育的入学率与辍学率、教师的编制状况、寄宿制民族班的发展情况、女童上学状况、壮汉双语教学状况、薄弱学校改造问题等）及其原因分析；（3）广西对边境县（区、市）的教育政策扶持情况（如教育经费支持和教育督导力度、教育行政干部和校长的组织培训政策、义务教育学生的助学政策、贫困家庭学生的资助政策、公办教师与代课教师的倾斜政策等）；
（4）广西边境县（区、市）发展教育在哪些方面需要政府特殊的政策支持；
（5）广西边境民族地区教育发展的成功经验；（6）广西发展边境民族地区教育的对策。调查研究结束后，课题组对所获取的资料进行了梳理、分析、总结。

二、广西边境民族地区的基本概况

广西的那坡县、靖西县、大新县、龙州县、凭祥市、宁明县、防城区、东兴市、天等县、德保县 10 个县（区、市），总面积约为 2.2 万平方公里，总人口约为 332 万人，散居着壮族、汉族、侗族、瑶族、苗族、京族、布依族等 17 个少数民族。由于地处中越边境，在两国关系比较紧张的年代，这些边境县（区、市）的经济、文化、教育等均没有得到应有的发展，以至于现在与广西内地存在较大的整体性差距。这 10 个县（区、市）中的那坡县、龙州县、靖西县、天等县、德保县等是广西的"老、少、边、山、穷"地区，更是国家级贫困县，经济落后，整体财力非常有限。

表 9-1　2008 年广西部分边境县（区、市）经济状况

县　　市	国内生产总值	县财政收入	城镇居民人均年收入	农村居民人均年收入
德保县	29.69 亿元	3.08 亿元	15 411 元	2 687 元
龙州县	23.39 亿元	1.776 亿元	—	2 513 元
那坡县	8.52 亿元	0.701 6 亿元	10 300 元	2 185 元
天等县	27.653 亿元	2.08 亿元	10 833 元	3 348 元
宁明县	35.36 亿元	3.547 6 亿元	10 918 元	3 594 元
东兴市	30.19 亿元	4.22 亿元	17 086 元	5 337 元
西部地区	—	—	12 971 元	3 518 元
全国	—	—	17 067.78 元	4 760.62 元

除个别边境县（区、市）（如东兴市）的经济发展比较好（但也只是稍高于国家平均水平）外，广西绝大多数边境县（区、市），无论是国内生产总值，还是城镇居民、农村居民人均年收入，都远低于国家的平均水平。在整体经济实力相对落后的情况下，国家和广西地方政府每年都必须要向这些边境县（区、市）划拨专项财政补贴，否则这些县（区、市）难以维持日常工作的正常运转。尽管如此，在国家和广西区政府的大力支持下，这些边境县（区、市）在社会发展、经济建设、教育文化建设等方面仍获得较大的发展，开始了新一轮的发展行程。

第一，这些边境县（区、市）充分利用国家扶持资源与倾斜政策，积极发展边贸经济、工业经济、农业经济以及旅游经济，社会经济获得较快发展。1984年，广西的凭祥市、那坡县、大新县、龙州县、靖西县、防城区、宁明县7个边境县（区、市）的平均工业总产值为1 293.83万元，平均农业总产值为9 819.167万元，平均财政收入为624.224万元，平均农民人均纯收入为181.654元。2008年，这些边境县（区、市）的经济发展有了大跨越。

第二，广西各边境县（区、市）基本上修建了与外界联系的公路，有的边境县（区、市）的港口、高速公路、铁路等已初具规模，交通运输能力得到了极大的加强，与外界的联系及信息交流方便、快速。比如，1985年，天等县有96个村1 043个屯还没有通公路，如今的天等县城距南昆铁路隆安站87公里、田东站80公里，距湘桂铁路崇左站120公里，距中越边界凭祥口岸和龙州水口口岸不足200公里，交通发达便利。而德保县城距广西首府南宁230公里，北距百色129公里，西南距靖西龙邦口岸76公里、那坡平孟口岸107公里，到田阳机场仅需1个小时，二级公路已全线贯通，而规划建设的德保—靖西—龙邦—高平高速公路，将加强与云、贵、川等省经济联系，促进越南北部与西南地区资源整合与开发。宁明县已具有沿边、沿河、沿铁、沿高速公路的优势，是连接中国—东盟自由贸易区的结合部和最便捷的陆路大通道。广西边境县（区、市）交通要道的建设与发展，为边境地区经济发展及信息分享提供了很好的通道。

第三，广西政府高度重视边境民族地区的建设与发展，各边境县（区、市）的教育获得较大发展。20世纪80年代，广西边境地区的教育状况为：

教师极度缺乏且素质低（代课教师多）、学生入学率低、失学辍学率严重、校舍面积不足，等等。经过近 30 年的建设与发展，广西边境县（区、市）在学校布局结构、校园危房改造、师资教育与培训、"普九"巩固与提高以及边民文化精神消费设施建设等方面，都有较大的发展，国门教育形象得到了极大的改善。

三、广西边境民族地区教育发展现状

目前，广西 10 个边境县（区、市）共有 1 003 个教学点，299 所幼儿园（含公办、集资合办及私立幼儿园），1 515 所小学，178 所初级中学，12 所中等职业技术学校，25 所普通高中，5 所教师进修学校。在校小学生 229 437 人，初中生 95 353 人，高中生 22 906 人，中职生 7 883 人。小学适龄儿童入学率保持在 99% 以上，小学生辍学率控制在 0.3% 左右。初中阶段学生入学率平均达到 97%，初中学生辍学率低于 3%。小学教师 12 349 人，初中教师 5 851 人，高中教师 1 158 人，中职教师 213 人（现有的教师中有代课教师 270 人，绝大多数为小学教师）。

（一）办学条件逐步改善

（1）薄弱学校和危房改造成效明显，无 D 级危房。广西 10 个边境县（区、市）的中小学，目前已无 D 级危房存在，学生生均校园面积基本达到国家有关标准，基本实现"学生班班有教室、人人有课桌椅、寄宿学生有公寓楼"的目标，学生能安全、安心地在学校、教室接受教育。

（2）学校教学设备设施配备较好，远程教育"三个模式"基本覆盖全部中小学校。广西边境县（区、市）完全小学和初级中学的教学设备设施配备达标率均为 100%，远程教育的"三个模式"，基本上覆盖各边境县（区、市）的初中和村完小，告别了以往无法分享其他地区优秀教师课堂实录和先进的教育教学经验的时代，教育教学信息的获取、交流与分享，逐渐缩小了与发达地区教育之间的差距。

（3）生均图书资料、体育与艺术器材等达到配备标准。在"普实"工作中，在各级部门的支持下，国家和地方政府加大了农村中小学的教学仪器设备、图书及体育、劳技、卫生等各类教学设施建设的力度，购置了大批教学仪器、文体器材，使学校的教学设施得到了极大的改善，基本实现城镇中小学校规模、校舍、课桌椅、操场、环境"五达标"，达到自治区"普实"要求。如龙州县全县中小学共有图书室、阅览室 189 间（其中初中 27 间，小学 162 间），总面积 3 336 平方米。小学共有图书 333 654 册，生均 20 册；初中共有图书 308 437 册，生均 29 册，达到《中小学图书馆（室）规程》要求，基本满足学校藏书和学生阅览要求。全县城初中、小学的音乐、美术教学器材达到 II 类标准，体育器材达到必配标准；乡镇初中、中心小学的音乐、美术、体育器材基本达到 III 类标准；乡镇农村小学的音乐、美术、体育教学器材基本达到农村小学必配标准。

（二）教育投入逐渐加大

边境地区教育经费的投入逐渐加大。近年来，中央和广西政府以及其他渠道的经费累计投入广西边境大会战、普九工程、中小学校舍危房改造、学生宿舍修建、教师安居工程等项目经费达到 16 亿元，用于新建教学楼、宿舍楼、学校食堂、学生运动场等。有些县（区、市）还从当地财政中挤出经费用于发展基础教育事业，如德保县自 2002 年以来，就以"普九""普实"工作为契机，制定出台义务教育学校办学条件的"最低保障线"，对办学条件低于基本要求的学校，制订限期改造计划，每年从上级转移支付资金中拿出 10% 用于农村薄弱学校校舍改造，县里每年再拿出 300 万元用于校舍改造，每年投入农村薄弱学校校舍维修改造的资金达 500 万元以上。教育经费投入，极大地改善了边境地区中小学校园的面貌，国门教育形象也得到极大的改善。

（三）基本实现"两基"目标

目前，边境县（区、市）小学适龄儿童入学率保持在 99.5% 以上，适龄女童入学率保持在 99% 以上，初中阶段入学率维持在 96% 以上，小学辍学率控制在 0.3% 以下，初中辍学率控制在 3% 以下，除个别县（如那坡县）初中阶段适龄学生入学率比较低之外（2008—2009 学年度，全县初中阶段适龄少年入学率为 95.1%；边境线 0—20 公里范围内 13—15 周岁适龄少年初中阶段入学率为 94.91%），其他边境县（区、市）适龄儿童的入学率均控制在自治区规定的范围内。如：

在 2008—2009 学年度，大新县小学适龄儿童入学率为 99.99%，辍学率为 0.005%，初中阶段适龄人口入学率为 99.9%，辍学率为 1.96%；

德保县 2008—2009 学年度适龄儿童入学率为 99.75%，初中阶段适龄人口入学率为 96.13%，小学辍学率为 0.1%，初中辍学率为 2.74%。2009—2010 学年度，德保县小学适龄儿童入学率为 99.78%，适龄女童入学率为 99.7%，小学辍学率为 0.1%，初中适龄少年入学率为 96.15%，初中辍学率为 2.72%；

靖西县 2008—2009 学年度，适龄儿童小学入学率为 99.75%，初中阶段适龄学生入学率为 96.13%，小学辍学率为 0.1%，初中辍学率为 2.74%。

（四） 教师队伍结构日趋合理

通过对某些教学点的撤离与合并，以及特设岗位教师等政策的实施，广西各边境县（区、市）学校教师队伍结构日趋合理。

在学历结构上，小学教师的学历合格率在 99% 以上，但小学教师中本科以上学历者所占比例比较小，大专和中专学历的教师占大部分比例；中学教师的学历合格率在 95% 以上，但是研究生学历的教师比较小，本科学历和大专学历所占比例较大。

在职称结构上，从整体看，初级和中级职称教师占很大比例，超过 90%，而高级职称教师人数比较少，所占比例低于 8%，有些县甚至不到 2%，如靖西县现任中学教师中获得高级职称者只有 1.6%，中级职称和初级职称教师所占比例达到 90.1%。

在年龄结构方面，边境县（区、市）学校老中青教师整体上趋于合理，年龄梯队比较符合教师队伍成长与发展以及教育教学发展的基本需要。但是，个别县（区、市）由于近年来新录用的教师不多等原因，也导致青年教师在整个教师队伍中的比例偏低，如大新县部分乡镇 55—59 岁教师比较多。在未

来几年内，每年将会有 8—10 人同时达到退休年龄，显示出教师队伍老龄化
的问题。

（五） 全部初级中学和部分村完全小学实行寄宿制

义教工程、危房工程以及寄宿制学校工程等项目的实施，极大地改善了
边境各县（区、市）中小学的办学条件。设备相对完善的寄宿制学校的建
设，为学生的学习、生活提供了安全、舒适、卫生的活动空间，基本上能够
满足学生日常学习生活的需要。但是，随着留守儿童的增加，学生的活动场
地显得不足，如果参照《农村普通中小学校建设标准》，一些边境县（区、
市）寄宿制学校的建设与完善仍有许多工作要做。

（六） 国家扶贫助困政策惠及面较广

各边境县（区、市）义务教育阶段的学生都能享受"两免一补"政策。
如 2006 年以来，凭祥市义务教育阶段学生全部得以免杂费、享受免费教科书
的贫困生有 47 110 人次；享受寄宿制贫困生生活补助的初中生有 9 193 人次；
享受寄宿制贫困生生活补助的小学生有 2 518 人次。"两免一补"等扶持性教
育政策的实施，以及中职学生每年 1 500 元的国家补助等，在一定程度上缓
解了边境地区学生家庭的生活压力，使学生能够安心地上学读书。

四、广西边境民族地区教育发展的主要措施及成效

近几年，为了加快广西特别是国门边境地区发展，国家和政府出台了许
多有针对性的政策，如义务教育经费保障政策、兴边富民、边境大会战、国
门教育、普九攻坚、西部大开发、安居工程等。这些政策和项目的实施，对
于广西边境地区社会经济、教育文化等的发展具有重要的作用。

（一） 全面落实义务教育经费保障政策，农村义务教育经费逐年增长

在确保财政预算内教育拨款达到"三个增长"的基础上，自治区政府通

过种种途径筹集 13 亿元的教育经费用于"两基"攻坚和农村义务教育发展，扶持包括 10 个边境县（区、市）在内的义务教育阶段学校建设与发展。义务教育经费保障政策的实施，为边境地区学校的发展奠定了良好的经济基础。边境地区学校无论在校园面积、课堂教学基础设施、图书、音乐美术体育器材及远程教育设备购置等方面，还是在教师培训与学习以及学生杂费、教科书费等方面，都起了重要的支撑作用，保证了边境地区学校义务教育质量的巩固与提高。

（二）启动"兴边富民"和"边境大会战"工程，国门教育形象得到改善

在中央财政的支持下，广西于 2008 年启动了"边境 0—3 公里兴边富民行动基础设施建设大会战"，2009 年又启动"边境 3—20 公里兴边富民行动基础设施建设大会战"。边境大会战的范围包括那坡县、靖西县、大新县、龙州县、凭祥市、宁明县、防城区、东兴市以及享受边境县待遇的天等县、德保县离边境线 3—20 公里范围内的村屯；建设项目有交通、饮水、茅草（危）房改造、沼气池、用电、土地整理、广播电视、教育、卫生 9 大类 47 381 个子项目，共投资 11.736 8 亿元。边境大会战使边境地区的交通、用电、用水、入学、文化娱乐、医疗卫生、居住条件、生态环境等诸多方面得到很大的改善，边境地区人们的生活方式和思维方式都有明显的变化，物质生活质量和精神生活质量也有了极大的提高和改观。其中，大会战教育项目的实施，使边境地区适龄儿童入学率明显提高，解决了学生上学寄宿难的问题。比如，东兴市马路镇吊应村山塘屯的小学生每天要步行 6 公里才能到学校，大会战教育项目实施后，只用 10 多分钟就到教学点了。如今边境地区的学生学习时间增多，进步较快；入学率、巩固率等均大幅度提高，辍学率大幅度降低。

（三）实施"普九"攻坚计划，义务教育逐渐趋于均衡发展

由于经济发展相对落后，前些年广西仍有部分地区特别是边境民族地区的农村学校设施简陋，部分农村贫困孩子无学可上、上不起学等现象还存在，

一些边境地区的小学生甚至为了节省学费而越过边境界去国外读书。在这种情况下，通过中央和广西政府以及世界银行、英国政府赠款等筹集巨额教育资金用于广西"普九"攻坚工作。经费的投入着力于解决农村孩子的上学问题和改善农村中小学校环境等问题。目前，所有边境县（区、市）均全部实现普及九年义务教育，适龄儿童入学率超过99%，基本上解决了贫困农村孩子上学难、持续上学难等问题，边境县（区、市）义务教育逐渐均衡发展。

（四）启动教师安居工程或教师周转房项目，改善教师生活条件

目前，广西一些边境县通过各种途径筹措经费，启动教师安居工程或教师周转房项目，着实推进教师安居工程建设，促进边境地区教师生活质量提升。大新县、天等县、崇左市等边境县（区、市）已开工建设部分教师住房，在一定程度上改善了教师居住条件，提高了教师的生活质量。

（五）完善贫困生资助体系，着力落实贫困生资助政策

自2004年以来，中央财政与自治区累计投入约24亿元资助款项，为包括边境地区学校的贫困生免杂费、免教科书费、提供生活补助费，为职业中学学生提供每年1 500元的补助，10个边境县（区、市）累计有超过20万人次受到惠泽。

另外，国家和广西政府积极发动妇联、团组织和社会团体等开展诸如"关爱女童"等公益性活动，通过接受慈善捐助，关爱贫困女童和残疾学生，解决女童教育和残疾儿童教育问题，扩大边境县（区、市）学生资助范围。比如，2007年以来，天等县共有3 699名女童得到资助，全县女童入学率达98.70%，残疾儿童少年入学率达84.85%；凭祥市适龄女童有3 038人，已入学3 038人，入学率100%。

（六）加强教师队伍建设，提高农村教师队伍素质

大力推进城镇教师支援农村教育工作，推行实施农村义务教育阶段学校教师特设岗位计划和教师顶岗实习计划，加强农村中小学教师培训力度，提

高农村教师队伍质量，边境县（区、市）中小学教师学历合格率达到95%以上。

五、广西边境民族地区教育发展存在的困难

（一）"普九"巩固与提高任重而道远

在义教工程、边境大会战等一系列项目推动下，广西边境县（区、市）义务教育均已达到国家"普九"和"两基"目标的要求。但是，由于边境各县（区、市）的总体经济并没有很好地发展起来，再加上一些家庭对于孩子上学持有一种急功近利的思想和观念，认为送孩子读书的成本高，收益慢或收益低，使得家长对通过送子女读书获得回报的期望值并不高，让孩子接受教育的观念不强，对继续送孩子读书持否定态度。还有部分家长对于孩子的成长规律不甚了解，错误地认为孩子的成长只与学校有关，学校要对事关孩子成长的所有环节和问题负责，而没有清醒地意识到孩子健康成长是家庭、学校、社会共同努力的结果。另外，家长和学生由于受新一轮"读书无用论"、打工潮、厌学情绪、经济诱惑等的影响，有不少初二和初三学生随哥哥姐姐或亲戚外出打工，流失学生居高不下，控辍工作难度很大。据大新县教育局2009年上半年工作总结数据显示，2009年春季学期大新县初中滞留校外人数共134人，流失率达1.8%左右，照此推算，每学年初中生的流失率将高于国家规定的3%。

（二）寄宿制学校辅助措施有待改善

义教工程和边境大会战及农村寄宿制学校项目、农村中小学校舍维修改造项目等的实施，在很大程度上保证了寄宿学校的修建和使用，让那些远离学校的适龄学生能够安心地学习和生活。但是，由于农村中小学教师的住房没有得到很好的解决，许多教师都不住在学校，加上学校并没有专门人员负责寄宿学生的管理，使得学校对寄宿生的存在管理不到岗、不到位的现象；

另外，由于地方财政紧张，经费配套相对困难，有时寄宿生生活补助费还存在不能及时到位的现象。如龙州县 2008 年从中央和广西政府得到家庭经济困难寄宿补助生生活费为 796.41 万元（中央 439.74 万元，广西 356.67 万元）；而按要求龙州县的配套资金为 89.17 万元，但因县财力有限，难以落实这项经费。

（三）城乡学校办学条件差距大

边境山区村完小和教学点的办学条件、教学手段、师资水平和教育质量等均滞后于城镇。如天等县民族中学每位教师都配备了笔记本电脑，大新县的榄圩中学开通的网络带宽已达到 4 兆，而那些农村学校或教学点，"黑板+粉笔"仍是主流的教学方式。一些教学点，"一块黑板、一支粉笔、几个教师、一群孩子"就是学校的全部。城乡学校办学条件的差距，短时间内难以得到很好的解决，也在很大程度上影响了义务教育的均衡发展。

（四）学校硬件设施不足

经过建设，边境地区学校的硬件水平有了很大的提升，但仍存在不足。如凭祥市民族实验学校，塑胶跑道还正在建设，而这也是全市唯一的标准的田径运动场。其他中学只有简陋的篮球场和基本的体育用具，农村小学的情况更加落后，基本上没有一个标准的篮球场，体育器材非常缺乏。与体育设施相比，电教设备更加落后。如全市学校电教室的电脑基本上是 2000 年凭祥市通过自治区"普实"验收前购置的，到现在已损坏了大部分，一些学校连微机课都不能正常开展。天等县民族中学的电脑也是如此，基本上不能正常使用。在问卷调查中，学生也反映，运动场、体育器材、图书资料等设施设备的缺乏会挫伤学生参加集体活动和课余生活的积极性，不利于学生个性和爱好的培养。1 584 名学生对"你对学校现有图书资料、实验仪器、体育设施的评价"见表 9-2。

表 9-2 学生对学校现有图书资料、实验仪器、体育设施的评价

选 项	非常满意	不满意	不好评价	其 他
百分比	38.8	24.4	35.7	0.1

问卷调查中得知，仅有 38.8% 的学生对学校的硬件设施是满意的。从对学生的个别访谈中得知，尽管学校藏有一些书，但重复的书比较多，旧书比较多，书的种类比较少；上体育课或实验课时往往是多人一组。据此可推知，总体上看，学生对学校的图书资料、体育设施及实验仪器倾向于不满意。另外，从对学生的个别访谈中还得知，学生关于"校园生活特别是寄宿生的生活比较单调、乏味"的观点也从侧面印证了这一点。

（五）教师培训经费匮乏，教师全员培训难度大

边境地区的城镇中学或小学，由于办学规模较大，从上级部门获得的生均经费较多，基本可保证每年都有一定经费资助教师外出学习或参加培训。但农村学校与城镇学校相比有相当大的差距。因为，农村学校在校生不多，办学规模不大，而教育公用经费的划拨又以学生人数为标准（250 元/生）。相比之下，农村学校如果办学规模低于 400 名学生，则难以组织教师外出学习和参加培训。整体上看，边境地区的教师培训工作仍然面临经费问题，难以开展全员培训（见表 9-3 至表 9-6）。

表 9-3　参加工作后参加培训的次数

选　项	没有参加	1—3 次	4—9 次	10 次以上
选项人数	31	106	111	186
百分比	7	24.4	25.6	43

表 9-4　每年人均培训费用

选　项	100 元以下	100—200 元	200—500 元	500 元以上
选项人数	190	124	67	46
百分比	45	29	16	10

表 9-5　最希望培训的方式

选　项	顶岗实习	脱产进修	专家讲学	网络培训
选项人数	43	240	114	30
百分比	10	56.3	26.7	7

表9-6　学校不报差旅费是否去听专家讲学

选　项	学校不报销则不去	学校不报销自己出钱去
选项人数	215	212
百分比	50.4	49.6

　　按照规定，学校教师培训经费为"划拨公用经费的5%"，而经费划拨以学生人数为参照标准，如此一来，那些办学规模小的农村中小学经费总额就较少。总额不足的公用经费应付学校的水电等开支都难，更不用说用于教师培训了。

　　例如，龙州县武德乡科甲完全小学2008年春季学期有在校生112人，学校公用经费为12 600元。2008年春季学期已开支校舍维修、体育器材添置、水电费、报刊费、办公用品、教师差旅报销等项目共12 608元，完全超出学校公用经费总额，无经费安排教师外出学习培训。到目前为止，全校只有校长1人参加过市级培训，其余教师都没有参加过市级以上的业务学习培训。

　　另外，即使那些办学规模相对较大的城镇学校，每年也只能以轮流的方式让部分教师参加培训和学习，整体培训和全员培训的目标还远远没有达到。

（六）农村小学教师老龄化趋势明显

　　一方面，由于学校和教学点的整合，原本数量不够的教师显得相对"富余"，再加上农村学校生活条件比较差，福利待遇又跟不上，广西边境地区学校近年来新进教师比较少，农村学校更是没有新教师来，这导致农村教师老龄化现象。如靖西县2 522名小学教师中，51—60岁教师就有909人，占整体教师人数的39.6%。而且这些教师多为农村教师，他们缺乏新知识、新观念，是农村教学质量落后的重要原因之一。教师年龄结构的老化，导致教师知识结构无法优化，难以运用新教学技术和教学方法，难以胜任课改后的教学工作。尽管如此，但却又缺乏年轻教师作为后备梯队，致使年龄断层问题成为影响边境地区农村学校后续发展的瓶颈。

（七）特殊专业教师严重缺乏

　　总体上看，广西边境地区教师总量基本能满足教学需要，但存在学科性差异或不足。据调查，在广西边境民族地区学校中，英语、体育、美术、音乐、计算机等专业的教师十分缺乏，相应的课程教学往往由语文、数学等学科的教师来兼任，其教学效果自然会大打折扣。如凭祥市有 5 所初中，全市的信息技术、音乐、美术等专业教师却分别为 4 人、6 人和 8 人，每所学校平均只有一位专业教师，难以满足专业化的教学需要。凭祥市有小学 35 所，教学点 27 个，但是英语教师只有 20 人、美术教师 4 人、科学教师 7 人、社会教师 7 人、信息技术教师 6 人、体育教师 16 人、音乐教师 9 人、美术教师 4 人，也难以满足专业化教学的需要。

（八）农村教师住房条件亟待改善

从调查所收集的数据来看，除少部分教师不担心住房问题，绝大多数教师对自己目前的住房条件感到不满意。如，大新县目前 70% 以上的教职工（约 2 700 人）住在旧平房里。这些旧平房绝大部分是用 20 世纪六七十年代建成的砖瓦结构教室改造而成的，60% 以上属 D 级或 C 级危房。靖西县所有农村中小学教师中，只有 76 位教师有比较规范的住房，其他教师住房普遍是 20 世纪六七十年代建造的陈旧简陋的瓦房，且有许多已经成为危房，安全系数低。龙州县武德乡科甲完小有 9 位教师住校，均住在建于 20 世纪 70 年代十分破旧的砖瓦房中。其中，有的教师全家三代同挤在只有 30 平方米的平房里，连厨房中都放了一张床；有的教师全家 5 口人挤在只有 30 平方米左右已属于危房的砖瓦结构平房里，房内有三张床、一张饭桌、一张办公电脑桌、衣柜、沙发等，集卧室、餐厅、办公为一室。类似这种情况的学校全县共有 109 所，计 426 户。全县共计 222 位教师甚至没有住房，只能在校外租住。相比之下，与龙州县相邻的越南教师住房却比群众的要好，而且都是国家投入建设。另外，与周边群众住房相比，龙州县乡镇学校教师的住房也是最差的。在对教师"你对现在的住房情况满意吗"的调查中，435 名教师中，有 77.5% 的教师感觉"不满意"，仅有 21.6% 的教师感觉"满意"。一些边境县市如德保县、天等县等已启动教师安居工程或教师周转房工程，但由于资金紧缺，只能建少量的房源。总体来看，边境地区大部分教师的住房问题仍未得到较好的解决。

表 9-7 你对现在的住房情况满意吗

选 项	满 意	不满意
人数	94	338
百分比	21.6	77.5

（九）教师福利待遇偏低

广西边境地区县（区、市）多是经济不发达的地区，有的甚至还是国家级贫困县。在目前以县财政为主的财政体制下，县里无法拿出更多的财力以提高教师工资待遇，致使边境地区教师工资待遇非常差。如大新县教育局教研室的一位教师反映，他工作 15 年了，目前每月工资只有 1 500 元左右。在对教师的问卷调查中也反映出教师待遇偏低的情形（见表 9-8）。为了提高教师待遇，国家开始实行绩效工资制，但由于没有足够的财力，边境县（区、市）至今仍未能得到很好地落实和执行。

表 9-8 就最近 5 年来说，你最希望在哪些方面得到改善

项 目	住房方面	工资待遇方面	教学提高方面	工作环境方面	其他
百分比	6.9	65.3	8.7	9	10.1

（十）教师工作压力大

实行义务教育后，许多家长没有将太多的心思和精力放在孩子的教育上，许多本该由家长来完成的事现在推给了学校，这在很大程度上增加了教师的工作负担。另外，寄宿制学校建立后，因学生寄宿而随之产生的诸如学生管理等问题，也给教师带来了许多额外的工作。再加上基础教育新课程改革也给教师带来了不少的冲击和压力，致使边境地区教师感觉工作压力很大，有一定的职业倦怠心理。如访谈中，教师普遍反映，做教师难，做班主任尤其难，整天提心吊胆，怕学生出事（见表 9-9）。

区域教育改革与发展战略目标研究
——广西 2020 的实证

表9-9 如果在日常教学工作中有压力，你认为最主要的压力来源于哪里

项 目	家庭问题	职称问题	学生难教	学校领导不考虑教师的利益	其 他
百分比	3.2	12.2	68.7	12.2	3.7

另外，从教师对学生对基础教育课程改革适应性的评价来看，部分学生不太适应基础教育课程改革（见表9-10），也是让教师感到比较为难的一个问题。

表9-10 如果基础教育课程改革面临挑战，你认为最主要的原因是什么

项 目	教师不能适应课程改革	学生不能适应课程	课程改革本身存在缺陷	其 他
百分比	21.4	36.7	43	3.9

对于教师的职业懈怠，许多学校并没有采取措施进行缓解。如在问卷中调研组设计了这样一个题目："学校经常举办诸如教职工篮球、排球、乒乓球等比赛的集体活动吗？"结果表明，43.4%的教师选择"很少举行"（见表9-11）。

表9-11 学校经常举办诸如教职工篮球、排球、乒乓球等比赛的集体活动吗

项 目	很少举行	只在诸如教师节等法定节日时才举行	经常举行
百分比	43.4	20.2	36.4

（十一）幼儿教育质量缺乏有效监控

边境地区的幼儿教育，一方面没有充分发展起来，发展空间大；另一方面，发展起来的幼儿教育多以私立或集资合办为主，教学质量缺乏监控。从整体看，边境地区的幼儿教育并没有实现与义务教育相同程度的发展，这与幼儿教育没有纳入义务教育范畴有关。

目前，边境地区幼儿教育大部分是私立或集体筹资合办性质，政府公办的幼儿园占幼儿园总数的比例很小。营利显然是私立或集体合办性质幼儿园

首先要考虑的问题，从而导致这些幼儿园对经济利益的追求超过对教学质量的追求。

（十二） 留守儿童教育管理难度大

由于边境地区农业经济还没有发展起来，所以，外出打工成为边境地区居民获得更多额外收入以提高自己生活质量的主要途径。如此，造成边境地区大量留守儿童的出现。如靖西县 7—12 岁的在校农村留守儿童有 23 903 人，13—15 岁的农村留守儿童在校生 9 459 人。留守儿童的监护人多为老人，他们的文化水平较低，加上隔代抚养多体现为宠爱、溺爱及放任型的管教，致使留守儿童的家庭教育流于形式，效果缺乏。

另外，由于寄宿学校能够为学生提供一个相对安全、稳定的学习生活环境，许多家长除了在生活上比较关注外，其他关于孩子成长的心理交流与沟通，基本上也就懒得关心，认为在学校有教师关心就行了。在调查中发现，35.6% 的学生表示只有在交学习生活费用的时候才和父母谈到学习问题，而34.7% 的学生表示只有在开学或期末的时候才与父母谈到学习问题。特别是民族班的学生，有的从小学就开始住校，一周回家一次，在这样的情况下，父母与子女缺乏沟通与交流，不利于子女的成长和发展。另外，寄宿制学校缺乏专职管理人员，由教师轮流对留守学生进行管理。这让任课教师感到身心疲惫，管理常常局限于学生不出事而已。

（十三） 仅有少数学校开展壮汉双语教学

广西边境地区县（区、市）中，只有德保县、龙州县等少数边境县（区、市）的学校仍继续努力开展壮汉双语教学工作。如德保县有 3 所学校开设了壮文课，实施壮汉双语教学；龙州县则通过师生用壮汉语交流，增设教学设备等，对壮语教师进行培训，为双语教师补贴生活费等方式，持续推动和鼓励教师进行壮汉双语教学。其他边境地区大多认为汉语已成为通用的语言，年轻人基本上都能用汉语进行交流，壮汉双语教学在学校教育中已经不是十分重要，因而不重视开展壮汉双语教学。

表9-12　壮汉双语课程开设情况

选　项	开设了，效果好	开设了，效果一般	没有开设
人数	19	38	376
百分比	4.4	8.7	86.2

六、广西边境民族地区教育发展的建议与对策

（一）高度重视边境民族地区教育，确立边境民族地区教育发展水平高于内地的目标

边境民族地区教育是国家边疆巩固、民族团结、经济发展、政治昌明及社会和谐的强有力支撑。政府要从国家安全战略高度（以经济社会发展安全为主，以军事安全为辅），关注、支持和帮助边境民族地区发展社会经济；要高度重视、大力扶持边境民族地区教育事业全面发展，尽快缩小其与内地之间的差距，最终实现边境民族地区教育发展水平高于内地的宏伟目标；要建立边境民族地区教育由县市级管理向省级直接管理、教育投入由以县财政投入为主转变为以省财政投入为主的机制。

（二）加大对边境民族地区教育发展的扶持力度，由中央财政设立边境民族地区教育发展专项经费，支持边境民族地区教育发展

办好民族地区教育特别是农村教育，关系到民族群众素质，关系到民族地区经济社会发展，关系到民族团结、边疆稳定和国家统一。政府要整合更多的资源，不断加大民族地区义务教育的财政投入，确保民族教育经费投入随财政收入增加而增长；要确保政府公共教育资源向边境民族地区倾斜，切实改善边境民族地区学校的办学条件；要将边境地区少数民族义务教育的投入纳入国家和地方的规划；要保证国家和政府对边境贫困民族地区教育的投入高于内地，使国家财政成为边境民族地区义务教育经费投入的主渠道，保

证边境贫困地区教育补助专项经费及时足额到位；区政府要着实贯彻落实
《国务院关于深化农村义务教育经费保障机制改革的通知》，以立法形式，保
证边境民族地区义务教育投入的稳定性。

（三）进一步改善边境民族地区办学条件，提高办学水平

边境民族地区教育是广西教育事业的有机组成部分，具有特殊重要性，
必须采取倾斜政策给予扶持，加大对边境民族地区教育扶持力度，加强学校
硬件和软件建设。要设立边境民族地区教育专项补助经费，用于改善边境民
族地区学校的办学条件；在安排支持基础教育专项资金、中小学危房改造工
程补助款、改善中小学办学条件补助费、职业技术教育补助费、师范教育补
助费、中小学信息化教育专项补助资金等各项教育专项资金时，要向边境民
族地区倾斜；在安排青少年校外活动场所建设、对口支持农村薄弱学校建设、
教育科研立项等教育资助项目和各项教育教学活动中，要优先照顾边境民族
地区；要支持边境地区实施全免费义务教育，高标准、高质量地建设中小学，
设立边境民族地区中小学津贴，设立教师培训专项资金。

（四）采取特殊措施，加强边境民族地区教师队伍建设

教师队伍是边境地区教育发展的关键因素。要加强对边境民族地区教师
的思想政治教育，要求教师克服困难，扎根边境，勤奋敬业，认真履行好教
书育人的职责，把边境民族地区青少年培养成为国家的有用之才；要实施边
境民族地区教师特殊补贴政策；要率先在边境地区实施教师安居工程，解决
教师住房困难问题；要及时补充英语、体育、音乐、美术、信息技术、少数
民族语言等专业教师；要通过制定完善的边境地区优质师资引进与留用政策、
农村中小学教师特岗计划、优秀师范生定点免费培养、全区特级或优秀教师
边境支教、园丁工程人选边境支教等，确保优质教师资源率先流向边境学校，
服务边境学校；要完善激励措施，鼓励和支持内地优秀教师到条件艰苦的民
族地区任教，做到"下得去、留得住"；要不断完善校长、教师培养、培训
和交流制度，持续提高教师素质。

（五）动员各方力量，提高对边境民族地区教育支援的实效性

振兴边境民族地区教育，仅仅靠加大政府投入远远不够，还要动员社会各界特别是教育系统各个方面的力量，携起手来共同参与，加大对边境民族地区学校的扶持力度。对口支援学校要及时将区内外和本校的学校管理、教学研究、学生教育等方面的最新教育信息数据提供给边境地区受援学校；要支持受援学校派领导及后备干部、骨干教师到支持学校挂职、进修、参观教学，支持学校派骨干教师到受援学校举办讲座，派青年教师到受援学校轮流担负英语、信息技术、音乐、美术、体育等课的教学任务，并将此项工作作为培养锻炼本校青年教师的重要途径；要支持对口支援学校将本校闲置的教学仪器、设备、图书支援给边境民族地区学校；鼓励支持学校的学生与受援学校的学生交朋友，开展手拉手活动，开展生动的民族团结教育。

（六）加强边境民族地区学校民汉双语教学，弘扬民族文化

民汉双语教学是民族教育的重要组成部分，有利于加速边境民族地区基础教育的普及。应坚持"采取民族形式，照顾民族特点"的原则，指导边境地区少数民族学生自觉自愿进行民汉双语的学习；进一步完善民汉双语教学管理体制，形成完整的双语教学体制，支持边境民族地区学校开展双语教学，进一步探索各种形式的双语教学改革。有关部门和院校应加大培养民汉双语教学的师资和专门人才的力度，建立数量充足、稳定合格的教师队伍。编译、出版符合民族中小学特点的双语教材；进一步提高教师汉语水平，加强师资培训，通过岗位培训、重点培训、提高学历层次培训，加强师资队伍建设，全面提高师资质量；加强民汉双语研究，努力提高教育教学质量；科学调整双语教学实验小学校点的布局，提高办学效益，集中人力、物力、财力办好双语教学实验学校；注意加强宏观指导，及时总结双语教学经验，发现典型加以宣传，同时及时解决双语教学中出现的问题，确保双语教学工作顺利进行。要充分发挥边境民族地区学校在培养传承民族文化"小使者"、造就民族团结"小卫士"等方面的地位和作用，率先在边境民族地区推行特色标准学校建设。

（七）加强边境民族地区爱国主义和民族团结教育，帮助学生树立正确的祖国观和民族观

政府要创造优于内地的教育环境，为边境民族地区培养和输送具有扎实的学科专业知识、懂得民族政策、熟悉多民族文化等的高素质教师，推动边境民族地区爱国主义和民族团结教育。边境民族地区学校要继续深入开展爱国主义教育及民族团结教育，大力宣传"三个离不开"思想，注意帮助学生牢固树立正确的祖国观、民族观、文化观，学会正确理解其他民族的文化，促进不同民族之间的了解和尊重；加强以马克思主义民族观、党和国家民族政策为重点内容的民族团结教育工作，重视中华历史文化和爱国主义教育，培养各民族学生的民族团结意识，提高各民族学生维护祖国统一、民族团结、反对分裂的自觉性，增强中华民族的向心力和凝聚力；通过广泛深入开展具有民族特色的教育活动，促进各民族同学之间的平等团结，让他们牢固树立民族自尊心和自豪感；充分尊重各民族的风俗习惯和民族感情，弘扬各民族文化的优秀传统，努力营造良好的多元文化共存、不同文化背景学生和睦相处的校园环境，促进不同文化的交流与融合。

（八）扩大边境民族地区学生资助面，提高资助标准，帮助学生解决学习和生活上的困难

进一步扩大生活补助范围，边境民族地区农村义务教育阶段学生应全部享受生活补助；中小学生除了免收杂费、教科书费，还应免部分文具费、校服费，并为学生提供交通费；建立开展勤工俭学、帮困助学的长效机制，动员社会各方面力量帮助边疆地区的贫困学生，进一步提高学生助学金标准等；妥善解决边境一线地区因战争致残人员子女的教育问题，以体现国家的关怀，维护边疆的安定团结；在边境民族地区设立实行"三包"（包吃、包穿、包住宿）的寄宿制学校，进一步提高边境民族地区义务教育阶段寄宿生生活补助标准。

参考文献

［1］欧阳常青. 广西边境民族地区教育发展的前景、定位及路径［J］. 边疆经济与文化，2011（6）.

［2］赵维元. 民族地区教育均衡发展研究［J］. 青海师范大学民族师范学院学报，2011（1）.

［3］彭永庆. 文化生态学视野下民族地区教育发展的思考——以永顺县灵溪镇学校教育为例［J］. 广西民族大学学报（哲学社会科学版），2010（2）.

［4］冯皓，冯宜萍. 试论西部民族地区教育发展与和谐社会的构建——以云南省教育发展为例［J］. 保山师专学报，2008（1）.

［5］边仕英. 全纳教育的新理念对民族地区教育发展的启示［J］. 教学与管理，2007（18）.

［6］高卉，左兵. 英国"教育优先区"政策对我国少数民族地区教育的启示［J］. 民族教育研究，2007（6）.

第十章

广西"国家民族地区职业教育综合改革试验区"研究

广西自 2008 年实施职业教育三年攻坚计划，到 2010 年，职业教育改革发展成就巨大，全区职业教育办学条件跃上全国平均水平，全社会对职业教育的认同进一步强化，职业教育制度建设和政策体系日渐完善，为今后十年全区统筹规划和改革发展职业教育奠定了坚实的战略、条件和政策基础。

2009 年 3 月，自治区政府与教育部在北京签署了共建国家民族地区职业教育综合改革试验区协议。教育部与广西共建试验区，表明要直接为广西职业教育发展增力助势，全面支持广西打好职业教育攻坚战，推进广西职业教育的改革与发展，也意味着广西职业教育要在三年攻坚的基础上，继续向纵深发展。这个"后攻坚"是基于教育部将民族地区职业教育发展上升为国家战略，并作为促进广西深入实施西部大开发战略、人才强国战略，促进民族团结、科技进步和区域协调发展的重要举措，因此，其意义更为重大，任务更为艰巨。

为切实有效地推进国家民族地区职业教育综合改革试验区各项工作的顺利开展，课题组开展了广西国家民族地区职业教育综合改革试验区目标、内容与运行机制的专题研究。

一、需求研究

（一）广西职业教育攻坚的基本概况

广西实施职业教育攻坚三年计划以来，职业教育发展达到了历史最高水平。

1. 中等职业教育规模空前发展

2010 年，广西全区中等职业教育招生 32.5 万人，办学规模达到历史新高，职业教育大规模培养中级技能型人才的基本能力、承接普及义务教育之后加快普及高中阶段教育的基本能力、服务广西从人力资源大省向人力资源强省转变的基本能力正在迅速形成。

2. 公共财政对职业教育投入力度前所未有

仅 2008—2009 年，全区各级财政投入职教攻坚建设经费 25.8 亿元，相当于攻坚前十年的总和，充分体现了各级政府对职业教育的高度重视。目前，全区已建成 53 所示范性学校、73 个校内外示范性实训基地，装备了 200 多个技能教室，职业学校基础设施长期薄弱落后的面貌正在迅速改变，民族地区的一批职教品牌正在快速形成。

3. 城市职业教育园区建设成为民族地区职教发展的新亮点

广西各地积极整合职业教育资源，集中力量建设城市职教园区，成效明显。其中，柳州市总投资 50 亿元，规划建设全国一流的万亩职教集中办学区；钦州市职业教育中心投资 11.05 亿元，一期工程的 30 栋职教大楼拔地而起；崇左市建成 5 万平方米教学用房；北海市已基本完成北海职教新区项目的前期准备；南宁市数个职教新区目前均已开工建设。

4. 中职学生享受了最好的资助和免费政策

在三年职业教育攻坚中，广西累计投入中等职业学校学生资助经费达 19.1 亿元，其中中央财政 13.6 亿元，自治区财政 5.5 亿元，累计受益学生达 103 万人次，惠及 90% 的在校生。一大批农村和家庭经济困难子弟通过资助和免费政策，接受职业教育并顺利就业、创业。目前，广西大约有 20%—25% 的学生享受了免学费政策。

5. 中等职业教育教师队伍建设成效显著

实施职业教育攻坚以来，广西采取有力措施，大力推进中等职业学校教师队伍建设，取得了明显成效，教师队伍的数量不断增加，结构不断优化，整体素质明显提高。广西全区现有中等职业学校专任教师 21 053 人（不含外聘教师）。其中，具有本科及以上学历的教师占 71.2%，具有研究生学历的占 2.7%；双师型教师 5 261 人，"双师型"教师占专任教师的比例接近25%。攻坚以来，广西财政安排用于中等职业教育师资培训经费 1 000 万元，共组织培训中等职业学校校长和专业教师 7 000 多人；教育厅争取到新加坡淡马锡基金会援助项目资金 1 000 万元（人民币），分三年实施广西中等职业学校管理干部和教师培训资助项目。

6. 职业教育服务经济发展的能力有所增强

2010 年，按照国家新的中职专业目录，广西共设置中等职业教育专业186 种，专业布点 2 389 个，专业覆盖农林牧渔、资源环境、能源与新能源、土木水利、加工制造、石油化工、轻纺食品、交通运输、信息技术、医药卫生、休闲保健、财经商贸、旅游服务、文化艺术、体育与健身、教育、司法服务、公共管理与服务 18 个产业门类；专业门类基本覆盖了广西产业结构。由于专业调整和教学改革的推进，职业学校学生培养质量和适应经济社会能力有所增强，毕业生就业率达到 95%。职业教育在农村劳动力转移和扶贫开发培训工作中发挥了主阵地作用。新生劳动力的就业技能明显提高，有力地促进了城乡就业，为改善民生作出了贡献。

7. 教育教学水平和人才培养质量有所提高

职业院校以学生职业道德培养、掌握一定的文化知识和熟练的职业技能、能够顺利就业为办学目标，加大专业设置调整力度，加强课程改革和教材建设，改进教学方法，实行订单培养，推进弹性学习制度、"双证"制度。职业学校还定期举办各种形式的职业技能大赛，使之制度化、规范化，教育教学水平和人才培养质量有了较大提高。

8. 职教体制机制不断改革创新

国家民族地区职业教育综合改革试验区协议签订后，领导小组积极协同广西壮族自治区攻坚办、法制办、发改委、财政厅、教育厅、劳动和社会保障厅等部门进行了具有实效性的探索职业院校聚集发展调研活动，同时积极探索和完善体现职业教育特点的管理机制、办学体制、投入体制、运行和学校人事分配制度，制定了系列推进共建工作的政策性文件，为广西职业教育的发展创造了良好的政策环境。

（二）广西中等职业教育发展的问题分析

1. 职业教育发展与经济快速发展对技能型人才的需求不相适应

当前，广西经济社会已进入一个新的发展时期，随着全球经济一体化的进程加快、中国—东盟自由贸易区的建成和北部湾经济区的开放开发，广西经济结构调整步伐不断加快，工业化、城镇化、农业现代化加快推进，一大批大中小型企业雨后春笋般地成长起来，对技能型人才产生了巨大的需求。而目前广西劳动力素质较低，技能型人才尤其是高级技工和技师缺乏，特别是在食品、汽车、石化、电力、有色金属、冶金、机械、建材、造纸与木材加工、电子信息、医药制造、纺织服装与皮革、生物、修造船及海洋工程装备 14 个产业年销售收入超千亿元的产业领域，工业产业工人队伍中的技能型人才特别是高技能人才严重短缺。如 2010 年，南宁市、百色市、河池市、柳州市、来宾市等需要的高技能人才包括数控机床操作、焊工、机修工、冷轧/箔轧操作工、铝加工设备主操作手、汽车维修、电工电子维修工、铸工、电工、铝加工、氧化铝、铝电解工等工种人才急缺，有巨大的需求，但广西区内职业院校可供给机械制造加工类毕业生只有 10 635 人，电工电子技术应用与维修类毕业生为 4 155 人，有色金属冶炼加工类毕业生为 240 人。

目前，广西全区职业学校虽然年均毕业 20 多万人，但仍不能满足经济与社会发展对技能型人才的需求。其主要原因有以下两点。

一是职业学校专业设置与产业发展契合度不高。中职学校中，经济管理类、计算机、电子信息、文秘、会计等办学成本低的"热门"专业布点过多，而一些办学成本高但广西紧缺的工科专业，如装备制造、数控技术、有色金属加工、能源电力、石油化工、汽车制造等专业布点过少甚至空白。如目前广西需要从事制造业的技能型人才约 103 万人，而职业学校目前设置的相关专业在校生数不足 1/100。2010 年，广西中职学校专业布点中，计算机专业布点就有 231 个，占 9.7%。专业布点在 100 个以上的 7 种专业有 5 个属于第三产业，专业布点与产业结构升级所需不尽吻合。中等职业教育专业设置与区域经济的适应性较差，与广西大力发展的 10 大产业集群对应的中等职业教育专业或空缺，或布点很少。

二是由于广西属于经济欠发达地区，企业给予的待遇不高，使得部分毕业生流向经济发达地区。

2. 职业教育经费不足，职业学校办学条件相对落后

职业教育是一种技能教育，需要实训基地、实验设施设备以及大量的耗材，按照我国目前各级各类学校在校生规模及生均标准成本测算，职业教育的培养成本比普通教育培养成本高得多。而目前，广西各级政府、行业财政对职业教育的投入明显不足，职业教育经费来源渠道单一，制约了全区中等职业教育发展。

以三年职业教育攻坚为例，2008 年到 2010 年的三年职教攻坚，广西全区需要筹集 60 亿元，由自治区、市、县三级财政分担。按计划，2010 年各市筹措攻坚经费总任务数为 14.061 4 亿元，其中，市、县财政部分为 7.437 5 亿元，学校筹集部分为 3.624 4 亿元，吸收社会投资部分为 2.999 5 亿元。据统计，截至 2010 年 7 月 10 日，各市已筹措攻坚经费总数为 13.280 7 亿元，占攻坚经费总数 14.061 4 亿元的 94%。各市财政投入共 6.716 4 亿元，占全年总任务数 7.437 5 亿元的 91%（其中，财政专项和教育附加投入 6.479 9 亿元，占全年任务数 6.627 4 亿元的 98%；农村税费改革专项转移支付 0.236 5 亿元，占全年任务数 0.810 1 亿元的 29%）。学校筹措经费共 4.222 4 亿元，占全年任务数 3.624 4 亿元的 116%；社会力量投入 2.342 亿元，占全年任务数 2.999 5 亿元的 78%。从经费投入结构来看，各市县攻坚经费主要是依靠财政投入。而不少县区一级的财政难以保证足额投入，使得部分职教攻坚项目不能开工或者无法如期完成，一些中职学校在职教攻坚中购置了大量实训设备，但由于场地不足，设备只能堆放在库房，或者建好了校舍，但因为缺乏后续经费，很多也成为空房子而闲置。

职业教育经费投入不足的主要原因有以下几点。

第一，广西是经济欠发达地区，县市区财政基础薄弱。特别是县域经济发展滞后，县级财政基本为"吃饭财政"，全区有国家贫困县 49 个，这些地区维持温饱都困难，对不宽裕的县财政来说，依靠政府的财政投入扶持高投入、高消耗的职业教育无疑压力是巨大的。因此，在职业教育攻坚中，尽管自治区、市、县层层签订了职业教育攻坚责任状，县财政也难以足额投入。

如桂林市市本级基本能够完成自治区下达的攻坚经费投入，但多数县政府对本县职业学校的投入均不到位，所投经费与签订责任书的要求有较大的缺口。

第二，缺乏生均经费标准。职业教育法规定，由省级政府制定本地区职业学校学生人均经费标准，职业学校举办者应当按照学生人数平均经费标准足额拨付职业教育经费。而广西至今还没有制定中职学校财政生均拨款标准或公用经费标准。

第三，现有经费政策落实不到位。广西壮族自治区规定的"企业按照职工工资总额的 1.5% —2.5% 用于职业教育培训"和"城市教育费附加的 30% 用于职业教育发展"的政策，在市、县一级地方政府至今没有落实。

第四，学校筹集资金能力弱。职业学校还没有形成多元化的资金来源格局，除了学生的学费，政府的投入是学校唯一的经费来源渠道，中职学校学生大多数来自于农村和城镇低收入家庭，要进一步提高收费、增加学校收入余地很小，也导致了办学经费紧张，办学设施紧缺。

3. 职业教育师资队伍尚不适应技能型人才培养需求

师资是学校发展的核心所在，当前广西职业教育教师队伍建设还很薄弱，存在的主要问题如下。

第一，职业院校特别是中等职业学校教师缺编严重。目前广西中职学校的专任教师共 2.4 万人，校均生师比为 28.7∶1，有些学校高达 33∶1。按教育部要求的生师比 16∶1 计算，广西中职教师总量应达到 4.36 万人，缺口近 2 万人。近几年，职业学校招生规模不断扩大，但许多地方教师编制没有增加。如广西畜牧兽医学校有 3 049 名中职生，应有教师 152—169 人，而 20 世纪 80 年代自治区编办给的教职工编制 84 人至今未变。一些学校为了弥补教师不足聘请兼职教师及编外专职教师，但其工资福利均由学校承担，使学校本已不多的经费更加紧张。以办得较好的南宁市、柳州市公办职业学校为例，目前每所学校承担外聘教师的费用每年都在 150 万元以上，费用最多的学校达到 400 多万元。

第二，职业教育教师结构不合理。一是教师专业结构不合理，具有职业技能背景的"双师型"专业课教师和实习指导教师数量严重不足。职业学校教师主要来源于刚毕业的本科、硕士生，缺乏企业工作经验和专业技能。而三分之二的教师没有必要的专业技能训练和生产实践经验。如，防城港市全市中职学校教职工167人，其中专任教师120人，"双师型"教师只有16人，这与教育部要求的30%—40%的比例相去甚远。二是教师队伍职称结构不尽合理，中、高级教师缺乏也是突出问题之一。

第三，职教师资队伍不稳定。目前突出的问题是：各中等职业学校教师工资普遍低于义务教育阶段公办教师工资；不同地域的职业学校待遇差别很大，如柳州职业学校职工工资待遇比南宁市和当地同类人员均低400—600元；再加上部分县级职业学校地理位置偏僻，交通不便，条件艰苦，致使中等职业学校特别是县级职业学校的教师难以安心任教，教师流失严重。

政策缺失是制约教师队伍建设的主要原因。

第一，职业学校教师编制政策未能落实到位。尽管职业学校新的编制标准已经出台，但落实工作进展慢，学校仍然面对着教师编制短缺的困难。如自治区工信委主管的职业院校目前共计聘用教职工1 153人，约占全部教职工总数的41%，缺编严重。这既使得急需的专业课教师不能及时补充，又使聘用的教职工占用大量的办学经费，造成学校基础能力建设投入不足。

第二，职业学校教师职称评定和收入分配没有单独序列，往往是按普通学校的规定和标准执行，没有反映出职业教育特点，限制了企业和科研单位的工程技术人员、高技能人才进入职业学校教师队伍。

第三，政府缺乏鼓励企业员工进入职业学校的激励政策。如，广西用人政策规定，企业人员进入事业单位不能入事业编制，这使得行业企业精英与企业的能工巧匠很难被引进到职业学院（学校），学校调配工作出现"进入的不能用，能用的进不来"的尴尬局面。又如，目前政府也没有出台教师到企业实践的引导性政策，使得教师到企业、公司等挂职锻炼渠道受到限制，企业不愿意接收教师来实践。

第四，缺乏对职业教育师资培养培训基地的制度设计。目前，区内尚无专门的职业教育师资培养培训基地。近两年，尽管自治区本级财政安排中等职业教育师资培训经费1 000多万元，组织培训了一批中等职业学校专业教师、管理人员，并派出30多名职业教育骨干教师到新加坡、德国、奥地利等国进修学习，广西也建立有4个职业教育教师培训基地，但培训质量有待提高。

4. 职业教育多头管理，缺乏统筹

　　广西职业教育不同程度地存在条块分割、多头管理、职能交叉、政出多门、资源分散、效益低下等问题。表现在：一是多头分散管理。从横向看，职业院校分属教育、劳动、农业、工信委、交通、卫生、商务或其他行业部门管理，主要还是部门办学，只在教学业务上接受教育部门管理；从纵向看，有自治区、市、县（区）管理。在南宁市，广西机电工业学校、广西机电工程学校、南宁机电工程学校同属机电类职业学校，但却分别归自治区国土资源厅、自治区农机局、崇左市农机局主管。职业技能培训机构由教育、卫生、农机、农业等部门分别管理。由于政出多门和多头管理，导致学校级别和拨付经费标准不同，教育教学管理标准不同，教师工资待遇和职称评定标准不同，毕业生获取职业资格证书的等级、工作身份和待遇不同等结果。二是各发各的证书。教育部门发学历证书，劳动部门发职业资格证书或技术等级证书，不同行业又有各自的执业证，造成学生重复多头考试。三是人才培养与就业分离。突出表现在"你办你的学，我招我的工"，教育、劳动、人事部门之间缺乏有效的沟通和联系。

　　由于管理体制没理顺，协调机制未建立，宏观上难以有机协调并形成合力，导致统筹管理和资源整合困难重重，行业、企业和学校兴办职业教育的积极性无法得到充分发挥。如贺州职业教育中心建立后，政府设想将所有入驻学校统一管理，但因为入驻的学校由不同部门管理，在资源整合方面产生不同的意见，至今未能达成一致的意见。

5. 职业教育校企合作步履维艰

　　目前广西职业学校在校企合作中普遍存在"剃头挑子一头热"的现象，企业参与的积极性不高，很多合作项目难以获得企业的支持与有效配合，主动来寻求与学校合作办学的企业少之又少。调研表明，88%的企业认为参与职业教育是一种负担，不愿意与职业院校建立较紧密的产学合作。即使学校与企业签订了办学协议，校企合作也仅仅停留在解决实验、实训基地等浅层次的结合上，而双向参与、互惠互利、双赢共生的战略伙伴关系还没有建立起来。

6. 中职教育招生难，生源流失严重

"招生难、难招生"几乎是所有中职学校都共同面对的难题，在一些市和县级部分学校连续几年完不成招生任务。由于有些职业学校办学条件较差，学生即使录取了，生源中途流失也很严重。一方面是学生报到率低，另一方面，退学率很高，有的学校一年的退学率高达 50%。

招生难的根本症结在于以下几点。

第一，对职业教育的认识还有一定偏差。受传统观念的影响，社会上普遍存在重视普通教育、学历教育，轻视职业技术教育的倾向。

第二，技术工人待遇太低。常说"没有一流的技工就没有一流的产品"，但是技术工人在经济地位上还处于弱势。技术工人就业岗位的质量、薪酬水平、晋升的速度往往赶不上其他从业者，有的用工单位对职业学校毕业生和初中毕业生的招工条件、劳动待遇基本相同，没有体现职业学校毕业生的优势，在很大程度上影响了人们从事技术性和技能性工作的积极性。

第三，中等和高等职业教育衔接、职业教育和普通教育沟通依然不畅。中等职业学校很难继续升学读高职院校，影响了家长送学生报考职业学校的积极性和学生学习的积极性。

第四，就业准入制度还不健全。一方面，没有形成一个涵盖全部职业的准入政策，职业资格证书与职业学校学历证书之间的衔接不够；另一方面，不少用工单位没有严格执行就业准入制度和"先培训、后就业"的规定，仍在招用没有经过职业教育和培训的新生劳动力和不具有职业资格的人员直接上岗，影响了职业学校学生的就业。

7. 职业教育发展不平衡，县级职业教育相当薄弱

从地域分布看，广西有自治区、市、县三级职业教育。总体上看，自治区级和市级举办的职业教育较好，全区相对具有优势的职业教育资源基本上都集中在市区，面向农村举办的县级职业教育相当薄弱。

从办学主体看，公办职业学校发展较好，民办职业学校发展缓慢，有的民办中职办学处于举步维艰的境况。

归纳起来，广西职业教育发展面对的重要命题是：如何创新民族地区职业教育管理体制，统筹协调机制和人才培养模式，更好地服务于民族地区经

济社会繁荣进步，为推进全面建设富裕文明和谐新广西培养大批高素质劳动者和技能型人才。这是今后十年大力提升职业教育服务广西经济社会发展能力的关键所在。

（三）创建民族地区职业教育综合改革试验区的现实需要

1. 共建职业教育综合改革试验区是教育系统贯彻落实科学发展观的重大举措

2005 年以来，教育部先后同天津、四川、重庆、湖北、河南、广西、广东七个省、直辖市、自治区人民政府签署协议，共同建设天津国家职业教育改革试验区、四川国家职业教育综合改革试验区、重庆国家统筹城乡教育综合改革试验区、武汉城市圈教育综合改革国家试验区、河南国家职业教育改革试验区、广西壮族自治区国家民族地区职业教育综合改革试验区、广东自主创新综合改革试验区。七个试验区中有四个是职业教育改革试验区，另外三个改革试验区中职业教育也是重要的改革试验内容。此外，教育部还与重庆、湖北、国务院三峡办共建三峡库区职业教育和技能培训试验区。

根据《国家中长期教育改革和发展规划纲要》精神，对职业教育改革发展中的一些重大政策措施，要通过试验区的先试先行，进一步密切职业教育与区域经济社会发展的联系，形成适应不同区域实际的职业教育发展模式。开展省部共建、城乡统筹的国家职业教育改革试验区工作，在加快发展农村中等职业教育、改革人才培养模式和课程体系、完善管理体制、创新投入机制、加强基础能力建设、加快"双师型"教师队伍建设、逐步实行免费中等职业教育、实行就业准入、探索和健全职业教育与高等教育相衔接的机制以及人才成长的"立交桥"等若干重大领域加大改革试验力度。

就广西而言，近几年来，自治区全面贯彻落实科学发展观，自觉把职业教育作为振兴经济、增强区域竞争力的战略选择。通过部区共建国家民族地区职业教育综合改革试验的形式，有助于带动职业教育发展的重要方面和关键环节实现重大突破，促使职业教育在经济建设与社会发展中发挥更大更积极的作用，实现职业教育与经济社会的协调发展。

此外，通过这一模式的创建，争取在中央部门的直接指导下进一步明确职业教育改革发展目标，获得国家层面更多的政策倾斜和支持。通过部区共建模式不断深化职业教育改革和机制创新，实现广西职业教育跨越式发展。

2. 共建职业教育综合改革试验区是西部少数民族区域职业教育加快发展的必然需求

广西经济发展对各类人才提出了巨大的需求。按照《广西北部湾经济发展规划》，广西正在高起点、高水平布局和发展石油化工、造纸、冶金等八大产业基地，北部湾将成为中国—东盟开放合作的物流基地、商贸基地、加工制造基地和信息交流中心，北部湾基础设施改善和一批重点产业项目取得突破性进展。至 2010 年，北部湾经济区人才需求总量将达到 115 万人左右；至 2015 年，这一数字将达到 168 万人左右。

根据《中共广西壮族自治区委员会关于实施科学发展三年计划的决定》，到 2010 年，广西全区生产总值超过 10 000 亿元，工业化率达到 2.2 左右，进入工业化中期阶段农业增加值年均增长 5%，城镇化水平达到 40%，形成一批地区生产总值或工业总产值超 1 000 亿元的地级市和超 100 亿元的县（市、区）。广西经济社会的快速发展，客观上要求职业教育扩大办学规模、改善办学条件、构建现代化职业教育体系，强化同区域经济社会发展的联系，民族地区职业教育综合改革试验区的建设正是将抓经济、抓民生、抓和谐社会构建的思想转化为行动的体现。

3. 职教率先发展对繁荣民族地区经济、巩固边疆具有重要示范作用

改革开放 30 多年来，广西职业教育快速发展，教育部与自治区人民政府共建国家民族地区职业教育综合改革试验区，将促进民族地区职业教育发展上升为国家战略，将为国家深入实施西部大开发战略和人才强国战略，促进全国民族团结、科技进步和区域协调发展提供新的模式和经验，并为民族地区教育改革发展提供新经验。

二、目标研究

（一）建设城市职业教育园区，探索职业教育促进民族团结、繁荣民族经济的新功能

职业教育园区是根据某地区的职业教育发展状况和当地的经济发展水平，科学合理地设立一片园区，使这一地区的职业教育集中在这一园区内，充分利用各职业教育园区的优势资源和设备，实现资源共享和规模办学，以培养更多的社会需求的人才。

1. 目标

建设城市职业教育园区，高起点建设城市职业学校的基础设施，高标准规划城市职业学校的专业设置，高平台支撑城市职业学校对技能型人才的培养，大力发展民族地区职业教育事业。

针对广西的实际情况，具体目标是：对应柳州市工业基地发展地位，建设柳州工业职业教育园区；对应北部湾经济区建设需要，建设北部湾职业教育园区；对应中国—东盟博览会永久落户南宁，建设南宁首府职业教育园区；对应中国—东盟自贸区发展，建设崇左国门职业教育园区。确保到 2013 年，实现"政府主导、资源整合、集约布局、专业统筹、单位合署"的园区型规划建设目标；完成职业教育园区项目规划用地 13 200 亩、建设校舍 420 万平方米、总投资达 59.4 亿元的任务，使职业教育园区成为带动广西全区职业教育跨越发展的龙头。

2. 目标分析

在共建国家民族地区职业教育综合改革试验区中，将城市职业教育园区列为建设目标，主要基于以下考虑。

（1）职业教育自身快速发展是职业教育园区建设的原动力

2002 年全国职业教育工作会议以来，全国各地认真贯彻《国务院关于大力推进职业教育改革与发展的决定》，使我国职业教育在"十五"期间取得

了突破性发展。2005 年颁布的《国务院关于大力发展职业教育的决定》，进一步指出要落实科学发展观，把发展职业教育作为经济社会发展的重要基础和教育工作的战略重点。在 2005 年的全国职业教育工作会议上，国务院总理温家宝做了《大力发展职业教育，加快培养高技能人才》的报告，指出"各级政府要把发展职业教育作为关系全局的大事来抓。要把发展职业教育纳入国民经济和社会发展'十一五'规划，统筹安排，加大扶持力度"。2005 年11 月，贯彻落实全国职业教育工作会议精神座谈会在桂林召开。会议指出："2006 年全国在发展职业教育方面要有一个更大的突破，中等职业教育还要继续扩大招生规模 100 万人，力争总体招生规模达到 750 万人。"

在 2009 年全国中等职业学校招生工作会议上，教育部副部长鲁昕明确提出，2009 年中等职业学校的招生任务在 2008 年 810 万的基础上再增加 50 万达到 860 万人，并强调中等职业学校要更新观念，通过各种政策措施，提高中等职业教育的吸引力。如果实现这一目标，我国中等职业教育规模总体将超过普通高中招生规模。到 2020 年，具有中国特色的职业教育体系将不断丰富和完善，为国家培养大批高技能、高素质的劳动者。

职业教育招生规模的扩大使许多职业学校出现办学紧张的现象。为缓解职业教育快速发展与职业教育现有资源紧缺之间的矛盾，扩展职业教育的办学空间，增加职业教育容量，许多职业学校纷纷向政府提出增加用地的要求，希望建设新校区或设立职业教育园区。职业教育扩招这种强劲的发展势头，导致职业教育的空间资源出现了严重的不足。一些职业学校处于大城市的市中心，原校区占地面积小，基础设施老化，校舍面积、教学实验用房和学生宿舍严重不足，只好将部分学生安排在校外住宿，给职业学校的教学、管理和学生生活带来诸多不便。同时，职业教育扩招所产生的经济效益对各职业学校的吸引力越来越大，谁拥有足够的办学空间，谁就可以吸纳足够的生源，规模效益才能凸显。

由此可见，职业教育现实和长远发展的需要，是职业教育园区建设的原动力。随着国家大力发展职业教育，加强职业教育办学体制和职业教育后勤社会化改革以及投资体制改革三大改革的不断推进，从政策和措施上保证了职业教育扩招健康持续进行。于是，在国家的大力支持和社会（企业或集团）的积极参与下，一批集教学、科研、生产及生活服务设施于一体的职业教育园区便应运而生。

（2）城市化的发展促进了职业教育园区的建设

在某种程度上，我们可以把职业教育园区的建设理解为一种特殊的城市化现象，职业教育园区的开发和建设同时也加快了地方城市化的进程。

首先，职业教育园区作为新兴的教育空间，因为开发力度大和具有明显改善所在区域的空间地物、地貌的特点，成为当地城市规划战略调整的有效手段，特别对城市新区开发或新城镇的建设具有明显的带动作用。因此，职业教育园区的建设不仅会提升当地的职业教育水平，而且会促进当地经济的发展，对当地的城市规划或城镇建设也会产生重要影响。合理科学的园区规划将会对当地的城市化进程产生积极的促进作用，而城市的规划对职业教育园区的设立也具有指导意义。

其次，职业教育园区可以有效地推动所在区域城市化水平。职业教育园区的建设将会带来该区域内人口的增加，使得城市产业发展具有较强的吸引优势。职业教育培养的懂技术实用型人才正是许多企业的紧缺人才，所以对企业投资该地区将会产生积极的影响。企业在当地的投资与发展将会进一步推动该地区经济的发展和产业结构的调整，这都会促进当地城市化进程。因此，职业教育园区助推城市化建设已成为城市结构调整和实施城市化战略不可缺少的重要组成手段。

再次，职业教育园区和高等教育园区一样都是城市形象工程，是城市文化的重要组成部分，这已成为城市建设和管理的共识。一方面，职业教育园区集中了一批有文化、素质较高的技术型人才，这种特有的文化氛围增添了城市建设的文化资本含量，成为城市文化不可分割的一部分，所以城市规划者可以利用职业教育园区的建设来打造城市的特色品牌，为城市的发展注入活力。另一方面，职业教育园区不仅是职业教育集中的场所，而且是城市发展的潜在动力。职业教育园区的发展所形成的潜在品牌效应会产生良好的社会效益和文化效益。这种潜在的效益，不仅会成为周边许多项目开发的吸引点，而且会变成城市开发规划的手段。

（3）职业教育园区的建设是当地经济发展的选择

开发建设职业教育园区，除了解决本地职业教育的发展对职业教育容量的需求以外，利用职业教育园区的开发建设来促进地方经济的发展也是另一个重要的原因。职业教育园区对地方经济的促进主要表现在以下几个方面。

首先是园区的建设能够带动城市土地的开发。职业教育园区的建设有利于带动园区周边土地的开发，促进城市土地的合理开发与利用，对职业教育水平的提升和当地经济的发展都会起到促进作用。

其次，兴建职业教育园区可充分利用园区内的资源和设备，实现资源共享和规模办学，扩大职业教育规模，对经济的发展也具有一定的促进作用。另外，从长远来看，职业教育规模的扩大与经济的增长具有密切的相关性，对经济增长有深远的促进作用。

最后，从区域经济发展的角度来讲，职业教育园区可以通过带动周边区域的发展来带动地方经济的发展。

（4）政府的积极规划、运作是职业教育园区建设的直接推动力

基于职业教育园区建设自身所蕴含的推动城市化建设、拉动地方经济发展等多方面的重大价值，各地政府纷纷出台种种优惠政策，以行政划拨的方式而非市场机制为各职业教育优惠提供建设用地，积极争取、规划和运作职业教育园区的建设项目。虽然职业教育园区建设的初衷在于整合教育资源，实现教育资源共享，优化教育资源配置，从根本上解决职业教育发展的"瓶颈"和制约因素，减少重复低效投资，使职业教育园区扩大规模效益，使专业和学科建设具有更好的发展基础。地方政府和职业教育园区应积极主动地根据经济的发展和教育水平的提升来合理规划和建立职业教育园区。我国的职业教育园区建设基本上都是政府和职业教育园区的主动行为，基本上由政府发起、行政指令推行，通过市场化运作，在短期内迅速发展起来，带有明显的国家政策导向性。

（二）推进示范学校建设，满足社会对优质中等职业教育资源的需求

1. 目标

建设中等职业教育优质资源，是增强职业教育吸引力的重要举措。目的

是使中等职业教育品牌学校成为改革创新、提高质量和办出特色的示范，成为区域产业建设、改善民生的重要支撑力量，在中等职业教育改革发展中发挥引领、骨干和辐射作用。总体目标是：到"十二五"末，建设广西中等职业教育 100 所名校。

2. 目标分析

在共建国家民族地区职业教育综合改革试验区中，将示范学校建设列为建设目标，主要基于以下考虑。

(1) 满足社会对优质中等职业教育资源的需求

广西一直重视中等职业教育优质资源建设。2010 年，广西银行学校等 9 所中等职业学校被教育部、人力资源和社会保障部、财政部认定为"国家中等职业教育改革发展示范学校建设计划"第一批立项建设学校；自治区示范性学校 88 所、示范性职业教育校内外实训基地 117 个、示范性专业点 209 个。这些示范性建设，扩充了优质职业教育资源，提高了办学质量，发挥了引领、骨干和辐射作用，进一步提高了中等职业教育服务经济社会发展的能力。

广西在示范性职业学校建设方面取得了一定成绩，但优质特色中等职业教育资源与广西中等职业教育规模极不协调，与东部发达省区相比更有巨大的差距。比如：校舍小、实训设备设施短缺、办学条件较差等基础条件薄弱的问题依然存在，大部分中等职业学校存在同质化倾向，特色不够鲜明，专业建设集约化程度不高，资源利用率偏低，专业结构与区域经济发展关联程度不高，品牌专业和精品专业建设水平不高，优质职业教育资源不足。

启动中等职业教育示范学校建设，是打造中等职业教育品牌、壮大优质职业教育资源的需要，也是顺应国家开展中等职业教育优质特色学校建设的需要。示范学校建设将使广西中职学校的整体水平和质量迈上一个新的台阶，极大地提高广西中职学校服务地方经济和社会发展的能力和水平，更好地促进广西经济社会的建设和发展。

(2) 发挥品牌学校的引领示范作用

示范学校建设，要以改革和创新为突破口，进一步深化改革办学模式、培养模式、教学模式及评价模式等，在教学环境、专业设置、教材应用、教学方式、队伍建设、管理制度等方面开拓创新，使其成为全区中等职业学校改革创新、提高质量和办出特色的示范，成为广西产业建设、改善民生的重要支撑力量，在中等职业教育改革发展中发挥引领、骨干和辐射作用，带动全区中等职业学校办出特色、办出水平，使职业教育更好地为自治区经济建设发展服务。

（三）优化职业教育结构，初步形成促进民族地区经济社会发展和产业调整升级的职业教育体系

高质量、高素质的劳动力资源是影响产业布局和产业集群化发展的重要因素。"十二五"期间，广西将大力发展现代工业，加快社会主义新农村建设，促进城镇化跨越发展，全面加快服务业发展，构建综合交通运输体系，深入推进"两区一带"协调发展。产业经济的发展需要职业教育提供大量技能型人才作支撑，因此，切实提升职业教育支撑产业发展能力，是今后一段时期广西职业教育改革与发展重要而艰巨的任务。

1. 目标

以产业结构为导向，调整教育结构。按照广西承接产业转移和发展壮大支柱产业的要求，集中财力优先扶持发展一批产业急需的技能型紧缺人才专业，为民族地区产业发展服务。南宁、北海、钦州和防城港要重点建设发展《广西北部湾经济区发展规划》中提到的石化产业、现代钢铁产业、林浆纸产业、高技术产业、轻工食品产业、海洋产业、铝深加工产业和精细化工产业等专业；柳州应设置并重点建设汽车制造、机械加工类专业；桂林市应设置并重点建设生物制药、旅游服务、现代农业等专业；贵港、玉林、梧州、贺州要结合承接产业转移示范基地建设，设置并重点建设加工制造类专业；百色、河池、来宾应设置并重点建设有色金属冶炼、桑蚕丝绸、现代农业类专业；崇左应设置并重点建设越南语、泰语等小语种和现代物流等专业。

2. 目标分析

在共建国家民族地区职业教育综合改革试验区中，将优化职业教育结构列为目标，主要基于以下考虑。

（1）广西职业教育规模增长快，但发展不平衡

全区 14 个市之间职业教育发展水平差距较大，个别市职普比例严重失调。每万人口中等职业学校在校生数最高的为柳州市（130 人），最低的为防城港市（28 人），前者是后者的 4.64 倍。

（2）职业学校过于集中在少数中心城市

改革开放以来，这种布局没有能够根据地方经济发展的需要进行很好地调整。随着改革开放的深入发展，广西出现一批经济发展快、人口密集的县，这些地方职业教育薄弱，当地人才供给不足，在一定程度上影响了经济的进一步发展。而优质中等职业教育资源主要分布在几个中心城市，区域间的发展水平差异较大，城乡中等职业教育发展水平差距大，农村职业教育发展水平较低。县级职业学校校均在校生规模仅为 1 062 人，占全区平均数 1 251 人的 84.9%；每万人口拥有在校生数 28 人（农村人口数），仅占全区平均数 111 人的 25%。

（3）职业学校布局不合理造成资源分配失衡

一些职业学校办学方向不够明确，未能更好地为地方服务，也难得到地方的支持，造成人才资源和教育资源的极大浪费。而 20 世纪 80 年代以来建立的大批农村职业学校，办学条件较差，办学方向不明确，专业设置的适应性、针对性不强，办学质量和办学效益不高。

（4）专业结构对广西区域经济的适应性不强，与现代产业集群转型升级匹配度不高

受办学投入的制约，职业学校大多设置办学成本低的专业，有些职业学校在设置专业时缺乏市场预测和分析，所开专业与本地经济社会发展联系不紧密，无法支撑学校的后续发展。

以现有职业学校专业布点与"两区一带"重点发展产业的对应情况为例，随着广西北部湾经济区发展规划上升为国家发展战略，广西职业学校也适时地调整了专业设置，总体上相关专业的增长与北部湾经济区重点发展产业的适应度基本吻合。相对应的专业种类不少，但布点并不多。如对应石化产业、林浆纸产业、钢铁和铝加工业的专业有 22 种，其中 14 个专业仅有一两个布点，其余专业都不超过 6 个布点。布点少意味着人才培养规模小。

与西江经济带重点发展的沿江综合交通运输体系和现代物流、工业产业、

旅游等对应，职业学校开设有交通运输类、财经商贸类、加工制造类、旅游服务类等专业，但对应水道交通的水路运输管理、船舶检验、船舶制造与修理等专业分别只有1个布点；船舶驾驶、港口机械运行与维护等专业也分别仅有2个布点。

与桂西资源富集区的矿产、水能等产业对应，职业学校开设有钢铁冶炼、金属压力加工技术、水电厂动力设备安装与检修、水电厂机电设备运行等专业，但每个专业也都仅仅有一两个布点。又如制糖业不仅仅是桂西经济区的优势产业，也是广西的支柱产业和优势产业，但职业学校与之对应的仅有1个专业点。

围绕广西产业振兴和战略性新兴产业发展的要求，引导地方和学校根据区域产业需求，优化专业结构和布局，增强人才培养与产业发展的针对性和适应性，是当前广西职业教育改革与发展的重要任务。

（四）实施免费中等职业教育，建立健全学生资助体系

1. 目标

从制度上基本解决民族地区经济困难学生的上学问题。建立以国家助学金发放为主要手段、以奖学金为激励方式、以学费减免和困难补助为辅助措施的助学体系。对高等职业学校全日制在校生中家庭经济困难学生发放国家助学金；对中等职业学校全日制正式学籍的在校一、二年级所有农村户籍的学生，县镇非农业户口的学生以及城市家庭经济困难学生发放国家助学金；对就读中等职业教育的农业、林业、水产、地质、矿产、卫生和演艺等专业学生给予第三学年生活资助。

积极探索民族地区中等职业教育免费政策和办法。从2010年起对中等职业学校家庭经济困难学生和涉农专业学生免学费，今后逐步实现中等职业教育免费。

2. 目标分析

在共建国家民族地区职业教育综合改革试验区中，将实施免费中等职业教育列为目标，主要基于以下考虑。

广西中等职业学校90%以上的学生来自农村或城市困难家庭，家庭支付

能力和保障水平都比较低，而目前中等职业学校的学费普遍高出普通高中40%左右，并且由于县级职业教育发展水平和容纳量都比较低，进城异地进入中等职业学校的农村学生比例也比较高，这样进一步增加了学生的学习成本。职业教育的民生性，具体体现在健全资助体系，帮助农村家庭和城市贫困家庭子女完成学业、顺利就业。

（五）深化职业教育体制改革，形成职业教育发展新体制

1. 目标

职业教育管理体制改革与机制创新问题，是广西职业教育发展中急需解决的现实问题。要通过深化职业教育体制改革，形成政府主导、发挥行业企业作用、社会力量积极参与、公办与民办共同发展的职业教育新体制、新机制、新格局。具体是：在广西壮族自治区人民政府领导下，进一步构建政府统一管理的中等职业教育管理体制；调整、合并一批散、小、弱的职业学校，形成农村职业学校向县城集聚、城市职业学校向园区集聚、职业学校专业设置向区域产业集聚的新格局；每市要重点抓好专门化学校建设，形成与地方产业链相对应的专业群学校，改变同一地区相同专业重复建设、办学效益低下的局面；规范民办职业学校设置，采取切实的鼓励政策引导一批真心实意办学的民办学校做强做大。

2. 目标分析

在共建国家民族地区职业教育综合改革试验区中，将深化职业教育体制改革、形成职业教育发展新体制列为目标，主要基于以下考虑。

目前，广西职业教育呈现出教育部门办学、劳动部门办学、系统办学、企业办学、教育部门与有关部门联合办学等多种形式并存的局面，不同类型学校隶属于不同的主管部门，因而形成了谁办学、谁管理，哪级办学、哪级管理的多元化管理体制。

职业教育管理部门大体分为教育行政管理部门、劳动与社会保障部门、行业主管部门、企业。各主管部门条块分割对职业教育实施多头管理、职能交叉，各自掌握着办学单位的"人、财、权"，负责制定学校发展规划以及决定学校领导者的任免、人事调动等重大问题。而教育行政主管部门掌握着

教育教学管理权、毕业证书办理权、招生计划的审批权等。

由于现行管理体制存在着多头管理、职能交叉、条块分割、部门分割、人才培养与就业分割等诸多障碍，劳动与社会保障部门、政府主管部门、行业协会等与教育部门缺乏很好的沟通衔接，教育、就业与培训之间互相分离，产业发展与职业教育之间缺乏良性互动机制，学校办学与人才市场缺乏信息沟通，办学与需求之间出现严重脱节，优胜劣汰的竞争机制不明显，限制了政府、业务部门和职业学校职能的充分发挥，成为职业教育事业进一步发展的障碍。

（六）深化教育教学改革，全面推进人才培养模式改革

1. 目标

人才培养模式直接关系到人才培养质量。工学结合、校企合作、顶岗实习既体现了职业教育与经济社会、行业企业联系最紧密、最直接的鲜明特色，又是当前改革创新职业教育办学模式、教学模式、培养模式、评价模式的关键环节，更是把职业教育纳入经济社会发展和产业发展规划，促进职业教育规模、专业设置和经济社会发展需求相适应的重要途径。因此，要深化教育教学改革，全面推进工学结合、校企合作、顶岗实习人才培养模式改革，促进毕业生充分就业。

2. 目标分析

在共建国家民族地区职业教育综合改革试验区中，将教育教学改革列为目标，主要基于以下考虑。

（1）职业教育教学与社会需要还有脱节

职业教育仍以学校教育为主，校企合作还多数是在解决实验、实训等浅层次的结合上，校企互惠互利、双赢共生的战略伙伴关系还没有建立起来。从人才培养的角度看，工学结合、校企合作为主的新型人才培养模式还没有形成。学校运作机制和企业运作机制、校园文化与企业文化存在较大差异，没有真正实现校企的深度融合。在管理模式上，还没有吸引企业、行业参与职业院校的管理；办学思想还停留在学历教育上，目前能够为企业和社会开展大规模培训的职业院校还很少。

（2）职业教育教学改革受诸多因素影响，需要在试验中探索解决问题的方法

在市场经济条件下，校企合作培养人才需要通过政府、企业、行业、学校间的伙伴关系来实现。没有政府在政策制定、协调关系、经费支持和质量认定等方面的领导作用与法规保障，校企合作就无法实现。总体上看，我国尚未制定校企合作办学方面的专门法规及其实施细则，法律保障措施不力，使得产学合作中遇到的许多问题无法按章解决。多数学校开展校企合作培养人才是出于解决学校在师资、实习基地等办学能力上的不足以及疏通学生就业渠道的需要，尚未从满足企业对技能型人才需要的角度来认识和开展校企合作；一些企业开展产学合作的意识仍很淡薄，没有将校企合作培养高技能人才作为与企业发展息息相关的重要内容予以重视，缺乏主动参与合作的积极性。

三、内容研究

（一）加强职业教育基础能力建设

全面加强中等职业学校基础能力建设，是创建国家民族地区职业教育综合改革试验区的重要任务。通过基础能力建设，使职业学校的校园、校舍、设备、师资基本达到全国平均水平，彻底改变广西职业学校基础能力建设长期落后的状态。

1. 建设 100 所示范性中等职业学校

通过 100 所高标准、示范性职业学校的建设，支撑起整个广西中等职业教育的基本面，带领全区职业学校在规模、质量、特色等方面实现新的跨越。

示范性中等职业学校建设的主要内容包括以下几个方面 。

一是师资队伍建设，培养"双师"结构教师队伍、优秀教师团队和教学名师，着力提升教师队伍的整体素质和水平，为中等职业教育科学发展提供强有力的人才支撑和智力保障。

二是基础条件建设。重点加强校舍等基础设施建设，增添现代化及具有标志性的教学实训仪器设备，使广西中等职业教育优质资源进一步扩大，教学实训仪器设备现代化水平进一步提高，覆盖城乡的职业教育网络进一步健全。

三是专业与课程建设，紧贴国家经济社会发展需求，结合产业发展实际，加强专业建设，规范专业设置管理，探索课程改革，创新教材建设，实现职业教育人才培养与产业，特别是区域产业的紧密对接。

四是实训实习基地建设。在"十一五"广西中等职业教育基础能力建设一期项目成效的基础上，重点建设装备先进一流、设备对接产业、技术对接企业、管理水平较高，具备教学、培训、鉴定和生产等多种功能的中等职业教育实训基地，提高中等职业学校开展实践教学的水平和支撑产业结构调整升级的能力。

五是强化校企合作，充分发挥行业企业在中等职业教育改革创新中的作用，同步推进教产合作与校企一体办学，建立健全教育与行业合作、学校与企业一体，共同推进中等职业教育改革创新的机制。促进中等职业学校紧跟产业发展步伐，促进教育与产业、学校与企业深度合作。

六是强化学校德育工作和校园文化建设。遵循中等职业学校学生身心发展的特点和规律，拓展德育途径，丰富德育内容，创新德育载体，改进德育工作的方式、方法，增强德育工作的针对性、实效性、时代性和吸引力。大力推进校园文化建设，促进工业文化进校园，企业文化进课堂，中华优秀传统文化进校园、进课堂、进教材。

七是加强信息化建设。充分发挥现代信息技术的优势，促进现代信息技术与职业教育的深度结合，提高教育、教学、管理、决策和科研的信息技术应用水平，逐步建成服务决策、服务战线和服务社会的中等职业教育数字化公共信息资源服务体系，以信息化带动中等职业教育现代化。

八是管理制度建设。建立多方参与的决策机制和教育教学质量监测机构；创新人事分配制度；完善招生、教学、资助、就业、财务和资产等学校业务管理办法。

2. 建设100个示范性实训基地

要围绕工业布局和产业结构调整的需要，并根据相关标准和要求，组织评估认定规模较大、水平较高、资源共享、功能全面的示范性实训基地，为提高技能型人才培养水平奠定基础。

3. 建设市级职教中心学校

各市建立一所规模大、办学条件好的职业教育中心学校，带动区域内职业教育整体水平的提升。

4. 建设县级职教中心

通过政府主导、整合资源、创新机制、保障投入等方式，建立健全农村人力资源开发网络，为繁荣农村经济、农村劳动力转移培训、农业实用技术培训和扶贫开发服务。

5. 扩大办学规模

2010 年，广西全区中等职业教育招生任务数是 32.5 万人，与上年相比增加 1.5 万人。

在全区初中毕业生数出现下降趋势的情况下，采取对各地高中阶段学校招生加强统筹管理等措施，确保就读中等职业学校当年初中毕业生达到 43% 以上。进一步加强开放办学，在依法依规和确保教育教学质量的前提下，与相关部门共同创新农民工的培训模式，采取送教上门、允许学员工学交替、分阶段完成学业等灵活的办学方式，引导返乡农民工、适龄青年、农村青年、下岗失业人员、退役士兵和其他群体就读中等职业学校。

（二）全面推进城市职教园区建设

一是加强领导和管理，把职教园区建设纳入当地经济和社会发展的总体规划，加快建设步伐，严把工程质量关。

二是加大资源整合力度，集中力量建设一批办学规模大、教学条件好、办学质量高、办学效益强的职业学校。

三是坚持走政府主导、社会融资、多渠道筹措资金的路子，为园区建设提供经费保障。

四是在园区建设的内涵上下工夫，进一步强化园区的整体功能，充分发挥园区的人才培养功能、开放合作功能、产业孵化功能和示范辐射功能，努力打造规划合理、环境优美、设备先进、特色鲜明的职教园区，形成民族地区职业教育的亮点和品牌。

（三）深化职业教育办学体制机制改革

1. 政府主导，深化职业教育管理体制改革

完善政府主导、依靠企业、充分发挥行业作用、社会力量积极参与、公办与民办共同发展的多元办学格局。在自治区政府领导下，进一步构建统一管理的中等职业教育管理体制。调整、合并一批散、小、弱的职业学校，形成农村职业学校向县城集聚、城市职业学校向园区集聚、职业学校专业设置向区域产业集聚的新格局；每市要重点抓好专门化学校建设，形成与地方产业链相对应的专业群学校，改变同一地区相同专业重复建设、办学效益低下的局面；规范民办职业学校设置，采取切实的鼓励政策引导一批真心实意办学的民办学校做强做大。

2. 组建集团，深化职业教育运行机制改革

全力推进以骨干示范职业学校为核心、以企业为依托的职业教育集团化办学运行机制改革。地处城市的国家级重点职业学校均应牵头组建职业教育集团，到2013年，组建经济贸易、数控机电、电子信息、物流、旅游服务、现代农业、护理等专业化职业教育集团20个左右。自治区在安排相关职教项目时，将优先向运行规范且取得明显成效的职业教育集团牵头学校及相关成员学校倾斜。

3. 校企合作，深化职业教育办学体制改革

建立政府引导、校企互动、行业协调的校企合作运行机制。各市教育行政部门和办学主管部门负责本行政区域内或行业内的职业教育校企合作促进工作。鼓励企业与职业院校开展多种形式的合作办学；鼓励企业设立职业教育奖学金、助学金。有条件的企业可以与职业院校联合建立实习实训基地，合作建设实验室或生产车间，合作兴办技术创新机构，合作组建职业教育实体或其他形式的产学研联合体，共同参与新兴产业基地建设。

4. 开放办学，构建职业教育终身教育体系

坚持职业教育与职业培训、全日制学历教育与非全日制证书教育并举，

促进各类职业院校通过继续教育、远程教育、社区教育等各种形式，开展企业职工在岗培训、转岗培训、下岗失业人员再就业培训和农村劳动力转移培训、农业实用技术培训等，提高广大劳动者的综合素质和就业创业能力，满足民族地区人民群众多样化教育需求。建立中等职业教育与高等职业教育相互沟通和衔接的"立交桥"，到 2013 年，高等职业院校对口扩大招收中等职业学校毕业生计划达到 15%。各级政府在遴选、建设示范性职业院校时，要把职业院校开展各类职业培训的情况列入重要评估指标，促进学习型社会建设。

5. 多元筹资，强化职业教育发展保障机制

自治区制定职业院校生均经费标准，依法督促学校举办者按标准落实；各级政府用于中等职业教育的经费投入要达到逐年增长的要求，逐步提高中等职业教育预算内经费占预算内教育总经费的比重。城市教育费附加安排用于职业教育的比例，不低于国家和自治区规定的标准；农村基础设施建设经费、农村科技开发和技术推广经费要按规定比例用于农村职业教育和成人教育的发展。国家和自治区扶贫资金要有一定比例用于资助贫困地区学生接受职业教育和农村劳动力培训。建立信用担保融资平台，由各级政府采取财政全额贴息等措施，协调金融机构贷款支持职业院校建设。

6. 奖优扶先，创新职业教育评价机制

建立职业教育奖优扶先评价机制和职业学校评价机制，由自治区制定和颁布职业教育奖优扶先标准，政府教育督导部门定期开展督导检查，对按期或提前达到标准的学校予以表彰奖励。

（四）深化教育教学改革

1. 进一步抓好德育工作

要认真贯彻落实全国中等职业学校德育工作会议和教育部、中宣部等六部委《关于加强和改进中等职业学校学生思想道德教育的意见》（教职成〔2009〕11 号）精神，增强新形势下中等职业学校德育工作的主动性、针对性和实效性，全面提高学生的思想政治水平和职业道德素质。

2. 推进专业建设规范化

要建立中等职业学校专业人才培养与需求预测服务机制，制定和实行专业设置标准，加强重点专业和示范专业点建设。要重点建设一批基础条件好、特色鲜明、办学水平和就业率高的专业点。

3. 深化教学改革

要高度重视实践和实训教学环节，突出"做中学、做中教"的职业教育教学特色。要按照相应职业岗位的能力要求，加大专业技能课程的比重，突出应用性和实践性，全面推进和规范职业资格证书制度。要强化职业教育技能竞赛，做到"校校有比赛、层层有选拔"，形成"普通教育有高考、职业教育有大赛"的局面，"以赛促教、以赛促学"，切实提高职业学校师生实践能力和技能水平。

4. 加强创业教育

职业学校要突出对学生创业精神、创业意识和创业实践能力的培养。有条件的学校要开设创业教育和创业实训相关课程，要通过案例剖析、知识讲座、企业家现身说法等形式，增强创业教育的针对性和实用性。要建立和完善职业学校毕业生就业和创业服务体系。

（五）加强中等职业教育师资队伍和管理队伍建设

到 2013 年，争取专任教师学历达标率达 75% 以上，专业教师中"双师型"教师比例达 50% 以上，实习指导教师取得高级工以上职业资格的比例达 60% 以上，采取"基地培训""企业培训"或者"基地培训+企业实践"等灵活多样的方式，对 10 000 名教师开展专业技能培训，提升教师指导实践能力。建立城乡带教制度，采用进城跟教等形式，对全区农村职业学校专业课教师进行轮训，提高教师素质。建设自治区级教师培养培训基地，在全区重点建设 20 个功能齐全、管理规范、培养能力强、教学质量高、具有职教特色、能在全区起示范带头作用的职教师资培养培训基地。积极开展以骨干教师为重点的全员培训，培养一批专业（学科）带头人，加强中等职业学校校长及管理干部培训工作，努力建设一支德才兼备、年富力强、善于管理的校长及管理干部队伍。

（六）建立健全中等职业学校学生奖励和资助体系

坚持助学扶困与奖励优秀紧密结合。完善和落实国家、自治区职业学校学生奖励和资助制度，建立以勤工助学为主要渠道，以助学贷款为主要手段，以奖学金、助学金为激励方式，以学费减免和困难补助为辅助措施的助学体系。进一步加大财政投入，扩大受助学生比例，提高资助水平，从制度上基本解决民族地区家庭经济困难学生的上学问题。

加大对农村中等职业学校学生的资助并逐步实现免费。对国家级贫困县、民族县、边境县、农村户籍学生给予专项生活资助，对库区移民、扶贫异地安置、城乡低保人员家庭子女及退伍士兵和国办福利机构大龄孤儿等特定人员给予生活补贴，对涉农专业学生实行免交学费就读，向品学兼优的职业学校学生发放政府奖学金。逐步实现自治区所有农村户籍学生免交学费就读中等职业学校。

四、措施研究

（一）加强组织领导

成立国家民族地区职业教育综合改革试验区工作领导小组。组长由广西壮族自治区人民政府主席和教育部部长共同担任，副组长由广西壮族自治区政府主管副主席和教育部主管副部长共同担任。领导小组下设办公室，成员由广西壮族自治区政府有关部门和教育部有关司局的负责同志组成，负责共建日常工作。办公室设在广西壮族自治区教育厅。

建立领导小组会议制度。领导小组每半年召开一次试验区工作协调会议，听取试验工作汇报，研究有关的重大政策和重要工作，把握试验方向，推进试验进程，评估试验效果，解决存在的问题等。

（二）加大经费投入

2013 年前，自治区在筹措职业教育攻坚专项建设经费 60 亿元的基础上，继续执行城市教育费附加用于职业教育比例不得低于50%的规定，继续执行农村税费改革专项转移支付补助资金用于教育部分中，用于职业教育的比例不得低于10%的规定，继续执行职业学校学费收入用于学校基础能力建设的比例不得低于30%的规定，积极鼓励和引导行业企业和民间资金投入职业教育。

（三）加大法规、政策支持

切实加强职业教育的法制建设。加快广西壮族自治区职业教育条例的立法工作，为国家民族地区职业教育综合改革试验区提供法规制度的保证。

广西壮族自治区人民政府负责落实职业教育五年攻坚计划的各项政策。各地在制定经济社会发展规划、城乡规划、土地利用规划和年度计划时，要把职业学校建设和发展纳入其中，依法优先保障职业学校建设用地需求；职业学校设施用地按行政划拨等方式提供土地使用权，职业学校新建扩建项目列为自治区重大项目，简化建设审批，实行优惠收费；职业院校基础设施建设各项收费按最低收费标准收取，按政策享受税收减免；职业学校教学和学生生活用水电气享受民用价格。

教育部对广西职业教育发展给予更大支持。教育部鼓励试验区突破现行政策，在职业教育发展模式、体制机制、体系构建、经费筹措等方面打破常规，加大改革创新力度，先试先行，首开先河；在中央财政支持的示范性职业院校建设、县级职教中心建设、实训基地建设、教学质量工程项目、教师培养培训、家庭经济困难学生资助以及其他项目经费和政策上对试验区予以倾斜，为试验区各项工作顺利进行提供有力保障。广西要把教育部支持的上述项目作为试验区建设的重中之重，切实保障资金配套和项目建设质量。

（四）加强试验研究

成立国家民族地区职业教育综合改革试验区建设专家指导委员会，聘请全国知名专家学者对试验区工作进行咨询指导。举办广西职业教育发展暨国家民族地区职业教育综合改革试验区建设论坛，组织职业教育研究工作者深入开展改革试验研究，将试验区建设研究课题列为广西经济社会发展重点课题和国家教育发展重点研究课题，为试验区建设提供理论支持，总结试验区建设的实践经验，充分发挥试验区的示范作用，为全国职业教育又好又快发展作出贡献。

（五）加大宣传力度

充分发挥报刊、广播、电视、网络等多种媒体作用，组织开展形式多样的宣传活动，大力宣传广西与教育部共建国家民族地区职业教育综合改革试验区的进展情况和重要作用，动员各级政府、社会力量积极参与试验区建设工作，努力营造有利于国家民族地区职业教育综合改革试验区建设的良好社会氛围。

（六）加强督导评估

认真抓好试验工作的督导评估，建立和完善试验工作的监测制度，定期对试验工作进行监测、分析和评估，并组织好对实施过程进行督查和指导，促进试验的管理工作制度化、规范化和科学化，为确保实现试验工作的目标提供制度保障。

五、小结

课题组对广西"国家民族地区职业教育综合改革试验区"开展深入研究，形成了《广西壮族自治区人民政府、教育部共建国家民族地区职业教育综合改革试验区实施方案》，以及《广西壮族自治区城市职业教育园区建设项目推进计划（2009—2013 年)》、《关于全面推进工学结合、校企合作、顶岗实习人才培养模式改革的通知》、《关于组建职业教育集团的意见》、《广西壮族自治区农村中等职业教育发展规划（2009—2013 年)》、《广西中等职业学校设置标准及管理办法》、《关于我区中等职业教育布局结构调整的实施意见》等系列政策法规性文件，其中，《广西壮族自治区人民政府、教育部共建国家民族地区职业教育综合改革试验区实施方案》已被自治区政府采用，以"桂政函〔2009〕193 号"文上报教育部。

本研究有以下特点。

1. 体现了对试验区改革与发展目标的整体设计

在教育部与自治区政府签署共建国家民族地区职业教育综合改革试验区协议中,教育部所承诺的共建主要内容是:在中等职业教育改革发展示范学校建设、职业学校实训基地建设、县级职教中心建设、教师培养培训、农村学生免费就读中等职业学校、东西部职业院校合作办学等方面予以支持,为试验区各项工作顺利进行提供有力指导。

按照协议要求,广西壮族自治区在以下六个方面开展试验:一是大力发展民族地区职业教育事业;二是深化职业教育体制改革;三是深化教育教学改革;四是实施职业教育布局结构调整;五是以实施示范学校建设为引领,全面提升民族地区职业教育技能型人才培养的基础能力;六是制定地方性职业教育法规、政策,保障少数民族学生接受职业教育权益,促进少数民族人口充分就业。

本课题研究正是围绕这些协议内容进行细化,并制定实施步骤与进程。

2. 体现了对广西职业教育后攻坚的战略思考

扩大办学规模、提高教育质量、增强基础能力、落实学生资助等是广西职业教育攻坚的主要目标,而推进职业教育科学发展需要破解职业教育发展的难题:如何进一步改革职业教育体制、机制;如何进一步完善职业教育体系、模式;如何实现城乡之间、区域之间协调发展;如何发展农村职业教育;如何改善办学条件、提高教育教学质量;如何进一步促进教育公平等。这些需要加以解决的问题都列入了本课题研究。同时,本研究紧扣广西职业教育攻坚目标并注意与攻坚方案的对接,研究成果保持了与职业教育攻坚目标、攻坚步骤、主要措施、组织领导等方面的衔接。

3. 注意了作为试点为全国其他民族地区提供鲜活经验的示范性

本研究成果中提出的试验内容,如探索职业教育促进民族团结、繁荣民族经济的新功能,以实施示范学校建设为引领,全面提升民族地区职业教育技能型人才培养的基础能力,制定地方性职业教育法规、政策,建立健全中等职业学校学生资助体系,保障少数民族学生接受职业教育权益,促进少数民族人口充分就业，等等，体现了区别于其他省部共建国家职业教育综合改革试验区的特点，符合教育部"通过试验区的先试先行，进一步密切职业教育与区域经济社会发展的联系，形成适应不同区域实际的职业教育发展模式"的期望，并能够以民族地区职业教育发展的经验为国家发展规划提供实践依据。

4. 体现了打造广西职业教育发展的特色实力

本研究成果中提出要实施城市职教园区建设项目，形成带动职教跨越发展的龙头，着力建设柳州工业职教园区、南宁首府职教园区、北部湾职教园区、崇左国门职教园区等建设项目。提出了城市职教园区的建设，要在确定特色的基础上发展规模，因此，柳州工业职教园区着眼于工业城市的实力，打造"职教航母"；南宁首府职教园区着眼于中心城市的活力与影响力，形成"现代职教"；北部湾职教园区着眼于新兴城市的创新力，形成"职教创新"；崇左国门职教园区着眼于边陲城市的通道能力，形成"职教国际"。

参考文献

［1］高枫. 打民族牌　走改革路——广西创建国家民族地区职业教育综合改革试验区探析［N］. 广西日报，2010-03-12.

［2］龙德毅. 国家职业教育改革试验区建设的理论与实践研究［M］. 天津：南开大学出版社，2011：1.

［3］张扬，胡斌武. 职教园区建设研究述评［J］. 职教论坛，2011（10）.

［4］王冲. 教育园区投资模式的规模经济及问题分析［J］. 四川师范大学学报（社会科学版），2003（2）.

［5］杨治华. 常州高等职业教育园区与区域经济的互动发展［J］. 常州信息职业技术学院学报，2009（4）.

打造面向东盟的教育国际
交流与合作高地

　　广西是我国唯一与东盟既有陆地接壤又有海上通道的省区，是华南经济圈、西南经济圈与东盟经济圈的结合部，是中国通往东盟最便捷的国际大通道。随着中国—东盟自由贸易区的建立，广西作为连接中国西南、华南、中南以及东盟大市场的枢纽，在拥有5.3亿人口的东盟和5.4亿人口的泛珠三角经济圈两个大市场中，将发挥重要战略作用。积极参与中国—东盟自由贸易区建设和举办中国—东盟博览会，使广西快步走上国际经济舞台，对促进广西经济跨越式发展，推动社会全面进步将起到极其重要的作用。广西教育肩负着培养掌握东盟语言、熟悉东盟国情的国际化专门人才的重任，打造面向东盟的教育国际交流与合作高地，就是要推动广西院校走向东盟，全面发展与东盟国家院校的交流合作关系，提高教育国际化水平，成为培养具有专业知识、具有东盟国家生活经历、了解东盟国情、适合从事与东盟有关工作的人才培养摇篮和中国—东盟技能型人力资源培训的重要基地，为中国—东盟自由贸易区建设提供人才保证和人力资源支撑。

一、广西打造面向东盟的教育国际交流与合作高地的必要性

(一) 基于教育服务国家和广西发展战略的需要

　　为顺应当今世界区域经济一体化与经济全球化两大潮流，中国同东盟领

导人高瞻远瞩地作出了建立中国—东盟自由贸易区的重大战略决策。2002 年
11 月，第六次中国—东盟领导人会议在柬埔寨首都金边举行，朱镕基总理和
东盟 10 国领导人签署了《中国与东盟全面经济合作框架协议》，正式启动了
中国—东盟自由贸易区的进程。2010 年 1 月，中国—东盟自由贸易区正式宣
告建立。中国—东盟自由贸易区的建立，有利于加强中国与东盟之间的友好
合作关系，有利于进一步促进中国和东盟各自的经济发展，扩大双方贸易和
投资规模，促进区域市场的发展，提高本地区的整体竞争能力，为区域内各
国人民谋求福利，对世界经济增长也有积极作用。2003 年 10 月，温家宝总
理在印尼巴厘岛举行的第七次中国与东盟（10+1）领导人会议上倡议，从
2004 年 11 月起，每年在中国南宁举办中国—东盟博览会，同期举办中国—
东盟商务与投资峰会。2004 年 11 月以来，中国—东盟博览会已成功在南宁
举办了七届，促进了中国—东盟自由贸易区建设，为广西各行各业的发展带
来了机遇。目前，中国—东盟自由贸易区建设进程正在加快，同时，大湄公
河次区域经济合作、泛珠三角区域合作、"两廊一圈"等经济社会发展项目
也在开展落实中，广西处于上述各个经济区的交汇之处，由于地缘位置的重
要，广西已经迅速成为中国通往东盟的门户，借助发展与东盟国家的全面关
系来拉动广西的发展已经成为广西经济社会发展的重大战略举措。

　　中国—东盟自由贸易区的建立，中国与东盟在政治、经济、教育、文化、
科技等方面合作的深化和拓展，《关于高等教育合作谅解备忘录》的签订，
东盟博览会永久落户南宁，这些机遇将广西推上了国际化的舞台，为广西进
一步扩大对外开放提供了合作平台，广西的教育国际化发展也迎来了难得的
机会。2000 年以来，广西全面实施开发带动战略，形成全方位、多层次、宽
领域的对外开放格局，国民经济发展势头强劲。

　　在中国—东盟友好合作关系全面发展中，教育合作交流显得尤为重要。
教育交流与合作作为最容易、最直接、最便捷的合作方式，应该率先为其他
合作做出良好的铺垫。当代各国都在致力于培养具有国际视野的人才，为各
国的政治、经济服务，提升本国高等教育的知名度及竞争力。广西建设面向
东盟的教育国际交流与合作高地将是一个"双赢"的策略：一是国际合作交
流有利于促进政治、经贸的进一步合作交流；二是有利于提升广西地方高校

的竞争力，利用区位优势，做好"引进来"及"走出去"，有利于高校留学教育产业化的发展及解决就业等诸多现实问题。

（二）基于广西人才需求结构的变化

在广西快速的经济发展及国际化形势下，人才需求急速扩大与当前广西存在的人才缺口成为制约广西发展的主要原因。

根据《广西北部湾经济区 2008—2015 年人才发展规划》预测，2010 年，北部湾经济区人才总量达 115 万人左右，2015 年，人才总量将达到 168 万人左右。其中，按照《广西北部湾经济区发展规划》所确定的产业发展目标，重点确定了石化、林浆纸、能源、钢铁和铝加工、粮油食品加工、海洋产业、高技术、物流和现代服务业九大重点发展产业中的人才需求量与方向（见表 11-1）。

表 11-1　广西北部湾经济区人才需求总量与结构

序号	重点发展的产业	2010 年人才需求总量（人）	2015 年人才需求总量（人）	需求方向
1	石化产业	17 000—18 000	24 000—26 000	化学工程、石油化工专业的石油仓储、运输管理人才；具有化学工程、化学机械、高分子化工等专业背景的石油冶炼工程人才；管道工程、工业与民用建筑、热能工程、安全管理等专业的本科以上学历人才
2	林浆纸产业	2 500	3 900	人才需求可大致分为造林工程和造纸工程两大类。其中，造林工程主要需求林学、土壤学、育种育苗、造林、病虫害防治的专业人才；造纸工程主要需求林产化工、造纸工程、化学工程、电气自动化等专业的本科以上学历的工程技术人才和相关专业的操作人才，以及造纸、化学工程等专业同时具备企业管理、市场营销能力的复合型人才

序号	重点发展的产业	2010 年人才需求总量（人）	2015 年人才需求总量（人）	需求方向
3	能源产业	12 800	16 100	电力电气工程、电力系统维护、供继电技术，与水电及火电相关的专业技术等专业人才；高级技术工人需求量较大，需求具有丰富市场运作经验的企业管理人才；需求机械制造与自动化、汽轮机等专业的本科以上学历的检修、维护、试验人才，核物理等专业的特殊人才也较紧缺
4	钢铁产业、铝加工业和修造船产业	51 500	96 000	需求材料工程、金属材料热处理、金属材料加工、冶金机械等专业人才；需求冶金材料和工艺冶装备、自动控制、仪器仪表、化工机械、环保等专业的配套产业人才，以及计算机等专业的信息化人才和市场营销、国际贸易等专业的管理和营销类人才等
5	粮油食品等现代农业加工业	61 000	85 500	粮油加工大型企业主要需求食品加工、饲料工程、化学工程等专业的人才；农产品加工企业人才需求量较大，主要需求具有食品加工、自动控制、农学、畜牧学、企业管理等专业背景的技术、管理人才，具备一定营销经验和网络、具有一定市场开拓能力的营销人才
6	海洋产业	40 700— 41 700	54 800— 55 800	海洋运输与渔业需求交通运输、机械制造、电气工程、机电一体化等专业的人才；海洋化工与制药主要需求药学、生物化工、精细化工等专业的操作与管理人才，以及相应专业的中层管理和技术人才

续表

序号	重点发展的产业	2010年人才需求总量（人）	2015年人才需求总量（人）	需求方向
7	旅游、会展、金融等服务业	旅游业：98 500人；会展业：14 000人；金融业：27 000人	旅游业：123 200人；会展业：23 000—28 000人；金融业：29 800—31 300人	旅游业主要需求酒店运营管理、旅游管理和策划等运营管理类人才，急需高级人才和小语种导游；会展业主要需求具有较丰富的国际会展经验的高级会展策划组织、会展现场协调与服务、外语等人才；金融业人才需求以高层次人才为主，网上交易等计算机专业人才需求量增长，投资分析与咨询、风险投资、个人理财咨询等新型金融人才需求量逐年增长
8	物流产业	62 300	95 800	国际贸易、国际法、外语等专业的外向型人才；港口规划建设与管理、仓储管理、货物运输与代理、物流配送等专业的技术人才；熟悉进出口加工贸易、报关通关的专业人才；展示、展览、交易以及相关咨询代理、技术培训和物流服务等专业人才
9	高技术产业	31 300	45 000	软件及计算机产业需求以网络工程、软件工程以及电子信息工程专业的本科以上学历人才为主，软件开发、电子通信工程、网络开发管理类等专业的人才需求量很大；生物工程主要需求：生物工程、精细化工等专业的本科以上学历的研究、开发和技术人才，以及市场营销、经营管理等经济类人才

数据来源：《广西北部湾经济区2008—2015年人才发展规划》。

从表11-1中可看出，广西需求较多的人才是机械工程、海洋工程、现代农业、旅游管理、物流管理、市场营销类、计算机技术等。同时，广西壮族自治区人民政府门户网站发布的《广西北部湾经济区人才队伍现状分析》

指出，北部湾经济区人才缺乏，中高级专业人才严重不足，特别是缺乏复合型高级管理经营人才和高水平技术带头人、各类高技能专业人才，缺乏大量高层次的资本运作人才、能开拓国际市场的国际化外贸人才，精通东盟国家语言、熟知东盟国家情况并具有国际导游资格的小语种人才尤为稀缺。

在中国—东盟自由贸易区建立、东盟博览会落户南宁、泛北部湾广西经济区的开放开发的背景下，广西对专业技术人才、经贸涉外人才、会展人才的国际型人才需求大大增加。根据国际经济活动和东盟的特点，目前广西需要大量的国际化人才：一是专业技术人才，这类人才指掌握先进科技和一流工艺水平的各类专业技术人才；二是经营管理人才，这类人才专门从事企业国际化经营，有较强的理论基础知识和丰富的国际化经营实践经验，具备当代企业管理素质；三是涉外专门人才，这类人才要求对他国的国际礼仪、语言熟悉，同时有组织和执行能力，如在历届东盟博览会上最紧缺的同声传译人才；四是会展招商人才，这类人才要求具有策划运作能力，可以联络外商，如东盟十国联络官人才。广西在管理、技术方面的人才不足，涉外人才更显不足。

（三）基于广西教育改革与发展的需求

国家大力支持西部地区教育国际合作交流。国务院西部开发办发布的《2004—2010 年西部地区教育事业发展规划》指出，加大对西部地区教育的支持力度，继续加大对西部地区教育政策的倾斜力度，并把扩大开放，加强国际合作与交流作为一个积极因素，积极推动教育国际合作与交流，扩大中外合作办学规模，利用国际优质教育资源，提升西部教育的国际竞争力。

由于历史和自然环境等诸多复杂因素影响，广西经济社会发展的总体水平相对比较落后，教育普及水平低，教育发展也较为缓慢。近些年来，提高教育质量成为世界教育改革的趋势。教育的国际交流与合作有利于提高教育水平，弥补资源的匮乏；有利于传播先进的技术和经验，促进不同文化间的融合；有利于提高社会开放程度，拓宽社会成员的视野。教育的国际交流与合作为教育的各项改革提供了新路径，使我们在一些教育科研及决策上能少走或不走弯路，有利于教育质量评价与国际接轨。教育的国际交流与合作一般发生在高等学校，广西区内各高等学校及教育机构由于自身和外部因素的限制，国际合作交流不多，这样使得高等教育很难有效地提高教学科研及管理水平，除了西部地区难吸引人才的原因之外，高等教育不能有效利用国外先进教育和技术提升自身发展水平也是一个重要因素，这同时导致了西部地区高等教育的国际地位得不到认可，无法共享国际教育市场。广西高等教育水平相对于我国较发达地区而言是较为落后的，如果不合理利用高等教育自身改革发展的有利条件，西部地区的高等教育发展将会错失很多良机。现在广西凭借中国—东盟全面合作这个大背景，发展面向东盟的教育国际交流与合作，促进国际化人才培养将会大有作为。

二、广西打造面向东盟的教育国际交流与合作高地的可行性

（一）政治经贸合作交流机制的良性运行为教育交流与合作奠定了基础

在政治方面，至 2007 年，在中国与东盟"10+1"多边机制下，我国已与东南亚的所有国家建立了对外交流与合作关系，政治关系密切，推动了各领域、各层次的对话与合作。

在经济方面，中国—东盟自由贸易区的建立为广西带来了新的机遇和挑战。中国与东盟的双边合作加强，为广西的经贸发展注入活力，同时给广西教育国际交流与合作，特别是高等教育的国际交流与合作建立了更好的平台。中国—东盟"一轴两翼"战略构想的提出，《广西北部湾经济区发展规划》获得国家的批准实施，将会进一步推动中国—东盟自由贸易区的建设，更进一步加强广西与东盟各国的合作，推动广西经济、社会和文化教育的全面、和谐、快速发展。

（二）得天独厚的地缘优势为教育交流与合作提供了便利条件

广西沿海、沿边、沿江，地处华南经济圈、西南经济圈与东盟经济圈的

结合部，是连接西南、华南、中南以及东盟大市场的枢纽，是我国唯一与东盟既有陆地接壤，又有海上通道的省区，是西南地区的出海大通道，位于整个中国—东盟自由贸易区的中心，区位优势非常明显。在中国与东盟泛北部湾、泛珠三角等国际、国内区域合作中，广西具有不可替代的战略地位和作用。目前，以沿海港口为龙头，以南昆铁路为骨干，高级公路、水运、航空和其他基础设施相配套的西南地区出海大通道基本形成，使广西拥有现代化的立体交通网络，由国内边陲变为国际通道的枢纽，是中国进入东南亚的"桥头堡"。这天然的地缘优势和便捷的交通使广西与东盟的教育交流与合作前景更加广阔。

（三）相近的文化习俗增进了教育交流与合作的发展空间

首先，广西是中国的第三大侨乡，有 200 多万华侨华人，其中大部分在东南亚，尤其是泰国、马来西亚、越南等国家。其次，广西的许多民族与东南亚多个国家多个民族有着亲缘关系，他们的生活习俗相同或相近，相互之间日常用语几乎可以听懂，壮族与泰族、京族与越族同源，较高的文化习俗认同感是广西与东盟各国高等教育国际合作的有利基础。

（四）广西的办学特色与优势为教育交流与合作产生了磁吸效应

从广西高等教育内部条件看，在广西自身经济发展的带动下，近年来，广西各高校加快了对外开放的步伐，在一些领域已形成了具有地方特色的优势。例如，广西民族大学是国家四个非通用语种本科人才培训基地之一，其充分利用毗邻东南亚的区位优势与语缘优势，以东南亚语言学为依托，大力发展小语种教学，开设有越南语、老挝语、泰国语、柬埔寨语等专业，并承办了中国汉语水平考试（HSK），目前在国内的东南亚小语种专业领域已小有名气。广西师范大学、广西民族大学是国内为数不多的承担"国际汉语教师中国志愿者计划"培训任务的高校，特别是针对东盟国家的对外汉语专业，已经发展得较为成熟。广西大学、广西民族大学、广西师范大学等高校已经与部分东南亚国家高校共建孔子学院，有利于进一步拓展广西与东盟国家间高等教育的交流与合作。

（五）汉语热的升温和广西的消费水平有力地吸引了东盟各国年轻人

目前，东南亚国家的汉语热在不断地升温，学好汉语对很多年轻人来说是一项新的重要技能，也是在激烈的竞争中取得优势的重要砝码。由于广西的消费水平不高，物价稳定，很适合东盟各国留学生的消费层次，所以，这些年到广西高校学习汉语的东盟各国留学生也成倍地增加。

三、广西面向东盟的教育交流与合作的发展现状与问题

（一）发展现状

1. 广西高校全面发展与东盟国家高校的务实合作关系

广西现有各种类型二十多所高校与东盟国家高校建立了合作交流关系。广西高校与东盟高校通过校际间的联合教学、合作科研项目，实现教师互派、学生互换、专业对接、学分互认、学位互授联授，加强广西高校东盟小语种及与其相融合的各类专业建设，鼓励这些专业的学生在教学计划内到东盟国家学习、实习6—12个月。

表11-2　广西高校与东盟高校合作项目

广西师范大学	中泰、中越联合培养本科"2+2"项目；泰国兰实大学、泰国清迈皇家理工大学、泰国南邦国际技术大学、泰国装甲盛大学教师交流项目；越南河内大学、越南顺化外国语大学教师交流项目；印尼彼得拉基督教大学教师交流项目；广西师范大学—越南国家第一体育大学"2+1"体育硕士项目
广西大学	中越科研及学生交流项目
广西民族大学	中泰、中越、中老、中柬"3+1"学生交流项目
广西中医学院	泰国孔敬大学科研合作项目
南宁职业技术学院	中泰、中越学生交流项目

资料来源：广西各高校国际交流处。

另外，广西高校在境内合作办学方面也取得了一定的成绩，其中广西师范大学、广西民族大学在与东盟高校合作中走在了前面，开办"2+2""3+1"本科项目与"2+1"硕士项目，取得了良好的经济与社会效益，为高校国际化人才培养模式做出了榜样，以点带面，带动和拓宽了合作的内容和形式。校际之间学生、教师交流项目也丰富了教师和学生的多样化选择，为国际化人才的培养提供了良好的平台。

2. 建设区域国际学生流动工作

广西设立政府东盟留学生奖学金，改善广西高校留学生教育基础设施，成立外国留学生服务机构，通过各种渠道扩大招收东盟留学生规模，使广西成为东盟国家青年学生出国留学首选地之一，同时鼓励广西大学生到东盟国家学习、实习、就业，形成区域内国际学生流动中心。

表 11-3 东盟国家留学生增长情况

年　份	外国留学生数（人）
2000	758（东盟生 339）
2001	886（东盟生 594）
2002	1 190（东盟生 1 035）
2003	1 800（东盟生 1 434）
2004	1 883（东盟生 1 650）
2005	2 200（东盟生 1 891）
2006	2 542（东盟生 2 036）
2007	3 281（东盟生 2 818）
2008	4 378（东盟生 3 696）

资料来源： 广西壮族自治区教育厅 10 年教育发展报告（2009 年）。

从表 11-3 可看出，自 2004 年中国—东盟博览会永久落户南宁后，东盟国家来广西的留学生人数急剧增长。2008 年中国—东盟博览会举办 5 周年之际，东盟国家留学生从 2004 年的 1 650 人增加到了该年的 3 696 人。2008 年，东盟留学生约占广西外国留学生总量的 85%。东盟国家留学生选择广西作为留学的主要目的地，说明了广西的高等教育对东盟国家的学生具有很大的吸引力。相近的文化、便利的交通和相对较低的学习和生活费用是吸引东盟国家留学生来广西留学的主要原因。

3. 加强国际汉语教育工作

在国家汉办/孔子学院总部的领导下,广西民族大学、广西师范大学、广西大学3所高校在泰国、老挝、印度尼西亚等国共建了5所孔子学院(见表11-4)。

表11-4　广西高校与东盟国家共建的孔子学院

序号	广西高校	东盟国家	孔子学院名称
1	广西民族大学	泰国	玛哈沙拉坎大学孔子学院
2	广西民族大学	老挝	老挝国立大学孔子学院
3	广西师范大学	泰国	宋卡王子大学孔子学院
4	广西师范大学	印度尼西亚	玛琅国立大学孔子学院
5	广西大学	泰国	川登喜皇家大学素攀孔子学院

资料来源:广西壮族自治区教育厅国际交流处。

通过与东盟国家共建孔子学院,广西逐步扩大派出东盟国家国际汉语教师志愿者的数量,积极为东盟国家培训汉语师资。通过孔子学院和国际汉语教师志愿者的派出,为东盟国家培训汉语人才,宣传广西,宣传中国,传播中国文化。

4. 打造广西国际教育展平台

2004年以来,广西壮族自治区教育厅连续组织高校到越南、泰国、印度尼西亚、马来西亚等国家举办广西国际教育展,大规模、近距离、全方位地宣传广西和广西高等教育,取得了良好的成效。

(二)存在的问题及分析

广西现有各种类型二十多所高校与东盟国家高校建立了合作交流关系,国际合作交流是高等教育国际化的主要途径和实践方式,以下将从国际化专门机构的设立、教师国际化、学生国际化、科研学术国际化、课程国际化及中外合作办学几个维度分析广西高等教育国际化所面临的问题。

1. 大部分高校设置了国际化专门机构，但是未能充分发挥相应的作用

大学国际化的职能需要专门的组织系统去完成。从世界范围来看，一所大学的国际化组织有三级：校一级的国际化事务委员会、院一级的国际化事务委员会和学校国际办公室。除此之外，许多大学还设立了国际文化交流学院或海外教育学院等，这对引进更多的外国学生到中国学习是较有效的做法。目前，广西高校中有 38 所高校开展了国际交流活动，占高校总数的 77%；25 所高校设有国际化职能机构，占高校总数的 49%。大部分高校都开展了国际合作交流活动，但是部分学校的国际交流职能机构只是流于常规的工作，并没有切实、有效地开展国际合作交流，未能为本校的教学科研及人才培养改革作出相应贡献。

2. 东盟国家教师比例较小，以从事语言教学为主

教师结构的国际化是高校国际化的重要指标。首先是外籍教师方面，广西全区目前有四十多所高校聘请了外籍专家和教师，主要来自英国、美国、加拿大等母语为英语的国家，来自东盟国家的外教数量不多（见表 11-5）。

表 11-5　2006 年广西部分高校东盟国家外籍教师分布

高校 ＼ 国家	外籍教师	越南	泰国	老挝	柬埔寨
广西师范大学	29	3	2	0	0
广西民族大学	13	4	5	1	1
桂林工学院	11	0	1	0	0

资料来源：广西各高校国际交流处。

由于英语教学的需求较大，广西各高校的外教主要来自英、美等英语国家。在广西的东盟国家非通用语种外教不过 20 人，且分布的面很窄，来自越南和泰国的外教较多，东盟其他国家的外教较少。这个数量相对于当前广西与东盟经贸合作升温，二十多所学校与东盟国家高校建立合作关系的背景而言还是较少。同时，外籍教师从事专业教学的较少，除广西大学农、林、商专业，桂林电子科学技术大学信息技术专业，广西师范大学旅游管理、经济、法学、计算机及教育学等专业有外籍专业技术专家短期讲学外，其他高校聘

请的外籍专家大多是文学语言类的专家，从事语言类教学。虽然各高校每年都会邀请外籍专家来校讲学，但是效果不如长期明显。所以，加大引入东盟国家的高水平专业师资是关键问题，对广西高校目前的学科发展、教师国际化具有重要意义。

其次是留学归国教师、外派教师方面。据了解，广西各大高校每年都有1—2名教师通过校际交流项目到东盟国家任教、研究。这些教师归国后，国际化的经验能够帮助教师建立起国际性的课程内容。先进的教学方法和理念，充实和提高了课程的国际化程度。但是教师派出人数与教师总数相比较少，制约了广西高校教师及课程的国际化。

3. 东盟国家留学生人数逐年上升，但分布不均

广西留学生教育近几年来获得了较大的发展，但是从各高校的留学生来源国来看，大部分是越南学生，马来西亚、印度尼西亚、新加坡的学生很少。马来西亚、印度尼西亚、新加坡等国拥有众多华人华侨，汉语和中医在这些国家有很大的市场，广西高校应抓住有利机会开拓这些国家的市场。越南与广西交界，经贸往来较多，开拓的留学教育市场自然会大些，但是众多高校竞争有限的生源，势必会造成竞相压价导致恶性循环，并且会使高校忽视了与其他国家的交流合作。所以，促进广西高校与东盟其他国家高校的交流合作，拓展这些国家的留学市场，将会进一步促进广西留学生教育的发展。

4. 国际化课程及专业有所增加，但涉及范围较窄

课程的国际化是指在国际观念指导下，把国际的、跨文化的知识与观念融合到课程中来，通过课程内容、课程结构、课程管理、教材建设、外语教学等各种形式，培养出具有国际观念、国际视野和技能的国际型人才的动态发展过程，是高等教育国际化的一个重要内容。

广西高校近几年来相继增开与东盟相关的国际化专业及课程。如2004年广西财经学院开设国际贸易（东南亚方向）专业，当时在广西属首创。2006年广西师范学院开设了国际经济与贸易（东南亚方向），同时开设有关与东盟经济贸易、法律、风俗礼仪等全校性选修课。广西师范大学在文化与旅游学院、文学院开设了泰语、越语及东南亚国家旅游方向的选修课。2006年广西大学有1/3的专业开设了双语教学课程；广西大学商学院2005年已开设国

际关系（东南亚方向）选修课，国际贸易专业、外贸英语专业也开设了相对应的与东盟相关的选修课。此外，各高校外国教师、专家及一部分留学访问归国的教师也充实了课程的国际化内容。在教材的选择方面，大部分高校中英双语教学的课程使用引进教材，部分学校使用引进和自编教材相结合，开设东南亚语及东南亚方向选修课的教材基本为自编教材。如桂林电子科技大学、桂林工学院的计算机与信息技术、通信与信息工程等专业引进或自编外语教材进行双语教学。

5. 中外合作办学发展较快，但形式及内容有待拓展

高校聚集的南宁、桂林两地，大部分本科院校都与国外高校合作办学，其中，工科类院校，如桂林电子科技大学、桂林工学院、广西大学根据学科特点与欧美高校联合培养工科类人才；师范类、文科类高校则偏重与东盟国家高校合作培养语言类、教育类、旅游类人才。广西高校的境外合作项目较少，主要为孔子学院，对于东盟国家高等教育水平相对较低的国家，没有充分利用广西高校的优势拓展合作办学；境内的合作办学项目大多是语言类的项目，有些项目也只是基本的学生交流及教师互派，合作的形式及内容都有待拓展。

6. 学术成果丰富，但科研合作力度不够，形式单一

大学是中国—东盟研究的主要阵地之一。广西大学东南亚研究中心近几年来在中国—东盟合作研究方面先后完成课题、专著及论文颇丰。研究机构是中国—东盟研究的另一个主要阵地。广西社会科学院东南亚研究所主办的《东南亚纵横》杂志是全国同类刊物中唯一的中文核心期刊，为国内各界了解东盟的经济、教育、社会发展提供了大量的信息资源。各高校近年来举办了多个国际性学术会议，并且频频邀请国外的专家学者来校讲学。

虽然广西大多数高校都与东盟国家开展了国际学术交流，但在交流的深度上还不够，大多数仅限于简单的办学经验交流、双方交换访问学者、进行短期友好往来等，涉及科研合作的项目很少，举办的国际性会议也不多，尚处于初级交流阶段。

四、广西打造面向东盟的教育国际交流与合作高地的应对策略

（一）增强国际交流与合作意识，促进广西高校国际化发展

高等教育国际化建设首先要确立国际化的理念。理念是行为的先导，理念具有先在性、前提性，没有对国际化的理性认识和理想追求，就转化不成高等教育国际化的有效实践。高等教育国际化不仅是现代社会对高等教育的要求，也是高校自身发展的需求。无论在政府层面，还是高校层面，都应该以开放的思想去面对机遇和挑战。广西地处民族边疆地区，经济、文化都相对落后，广西高校更应抓住中国—东盟自由贸易区、中国—东盟博览会及泛北部湾广西经济区开放开发战略的契机，加快树立高等教育国际化的办学理念，改革高等教育管理及人才培养模式，提升广西高校的竞争力，缩小与国内外高校的差距。

（二）建立长期、稳定的广西—东盟高等教育合作机制

国际教育合作机制就是在国际教育合作过程中各个国家之间的相互关系及其运行方式。国际教育合作机制具有保证国际教育合作活动规范运作的功能。1997年，《中国与东盟国家首脑会晤联合声明》中指出："加强在所有领域的对话与合作机制，以增进了解和扩大互利。"2003年，《中华人民共和国与东盟国家领导人联合宣言》中明确指出，要"进一步活跃科学、环境、教育、文化、人员等方面的交流，增进双方在这些领域的合作机制"。

为推进中国—东盟教育合作长期、稳定地发展，应当进一步确立实施合作的具体机制，构建教育合作的良好平台。第一，建立国际合作会议机制。国际合作会议机制是指一系列有关国际合作会议的形式、程序、运作规则的安排，是一种新型的国际合作机制。第二，建立广西—东盟教育博览会机制及大学校长会议。一是平台式会展，主要形式有国际教育展、国际教育论坛、

教育合作项目洽谈、留学服务等活动；二是流动式会展，由地方政府牵头组织，各相关院校参与，在东盟国家举办教育展，形成地方政府推动、学校积极参与的教育合作支撑体系。大学校长会议可以在"中国—东盟高等教育合作论坛"的基础上进一步发展。这些机制的建立将会使广西与东盟国家高等教育合作持续、稳步、深入发展，使广西与东盟国家的教育合作交流走向更高层次。

（三）优化高校布局和高等教育结构

1993 年发布的《中国教育改革和发展纲要》指出："高等教育要适应加快改革开放和现代化建设的需要，积极探索发展的新路子，使规模有较大发展，结构更加合理，质量和效益明显提高。"高等教育内部各组成部分之间的合理结合方式和比例关系是促进高等教育功能发挥的重要因素。调整、优化高等教育的结构包括层次、科类、形式和地区结构，是高等教育改革的一项重要任务。

高校布局和结构调整是适应区域经济发展的一个重要内容。广西高校布局和教育资源配置经过几年来的重组、合并之后正逐步趋向合理。未来广西仍然要坚持与区域经济相适应、因地制宜、合理布局、优化资源配置的原则，统筹进行广西高等学校的布局结构调整，进一步强化高等教育为区域经济建设和社会发展服务的职能。随着广西经济发展和不断开放，各行业对人才的需求增多，不仅需要高级技术管理人才，而且需要大批的中级技术人才，所以建立适应现代经济发展需要的合理人才结构，培育和发展高等教育市场，实现教育类型的多样化就显得十分重要。依据广西目前的实际情况，未来要重点扩大高等职业教育规模，稳步发展硕士研究生和本科生规模，使高等教育层次结构更趋于合理。

（四）进一步深化高校人才培养模式改革及人才结构调整

地方高校承担着为地方培养人才、科技创新、社会服务的职能。针对中国—东盟自由贸易区、泛北部湾广西经济区开放开发这一背景，广西高校尤其应注重办学特色，在利用"地利"为地方经济建设服务中办出特色，调整专业设置，改革课程体系和教学内容，深化人才培养模式改革及人才结构调整。广西与东盟高水平学校合作，可以借鉴先进的办学理念，达到与发达国家同步的课程设计，这对广西人才培养模式及专业课程设置的探索，推动部分基础性和技术性课程与专业的国际化都十分有益。现行的高校人才培养模式较为单一，这是影响大学生个性发展及创新能力的主要原因之一。突破当前单一的培养方式，通过国际化的培养方式，让学生在多样化的校园环境里充分发挥专业、能力、特长和个性，将是当前及今后人才培养的极佳的方式和途径之一。

建立适合广西当前社会发展的人才结构也是当前广西高等教育人才培养面临的重大问题。根据"广西高校学科专业布局与结构调整研究"课题组的《广西"十五"期间人才需求调研与预测报告》，广西目前的人才总量不足，技术类人才特别是高级技术人才严重缺乏，需求较多的专业为市场营销、机械工程、西医类、计算机软件及网络、建筑工程、现代农业、外语外贸、交通和环保工程等。广西有着层次、类型较为齐全的高校，广西大学、广西师范大学、广西医科大学、桂林电子科技大学作为省属重点高校，有品牌优势和学科优势；广西财经学院、广西中医学院、桂林工学院、南宁职业技术学院等高校有各自特色学科。广西高校需主动适应区域经济结构调整，以人才市场需求和提高产业竞争力的需要为出发点，进行高等教育学科专业结构调整，在促进优势特色学科发展的同时，加快对现行的专业结构和教学内容进行整合，优化专业结构和人才培养质量。

（五）构建国际化专业及课程，进一步促进双语教学发展

世界各国教育发展的经验表明，教育内容和课程体系是实现培养目标、提高人才培养质量的核心。构建国际化的课程及专业，是实现高等教育国际化培养目标的关键。越来越多的国家在高等教育人才培养目标上增加了国际化的内容。针对当前广西社会经济发展形势，设置与东盟经济发展相关的专业和课程，注重涉外人才和国际规则人才的培养，增强其他专业和课程的国际性，加大国际知识、跨文化理解课程的比重是非常必要且必需的。如广西民族大学对外汉语专业，开设了东盟国家语言、东南亚国家民俗风情等限定

选修课，利用与东盟国家合作的密切关系，把学生派到东盟国家实习实训，这种培养方式不仅丰富了学生对课程的选择，促进了学生对国际问题、多元文化的理解，同时是学生专业特长发展非常合适的实践基地，也给学生提供了相当广阔的就业前景。

广西大部分高校都开设了双语教学课程，广西大学商学院 30% 的专业实行双语教育，特别是理、工、医学类，双语教学的课程较多，但是面还不够广。广西高校有必要将双语教学纳入学校办学思想和学校战略发展的计划之中，增设更多的双语教学课程。这对学生掌握国际科学前沿，提高外语水平有着不可估量的作用。基于中国—东盟自由贸易区的背景，建议广西高校注重对东盟国家小语种的教学，开设院系性或全校性的选修课，为学生就业拓宽门路。

五、小结

在经济全球化和区域经济一体化的潮流中，中国与东盟的合作方兴未艾。广西位于中国与东南亚的接合部，政治经贸合作交流机制的良性运行、得天独厚的地缘优势、相近的文化习俗、广西的办学特色与优势、汉语热的升温和广西的消费水平等条件得天独厚，具备将广西打造成面向东盟的教育国际交流与合作高地的潜力。广西正在日益发展成中国—东盟教育国际交流与合作的平台，并为进一步推进中国—东盟的友好乃至与东亚地区的合作作出新的更大贡献。

参考文献

[1] 广西北部湾经济区人才队伍现状分析 [OL]. 广西壮族自治区人民政府门户网站 www.gxzf.gov.cn, 2011-04-01.

[2] 刘易. 面向中国—东盟自由贸易区的广西人才培养体系研究 [D]. 南宁：广西大学工商管理硕士论文，2005.

[3] 教育部.《2004—2010 年西部地区教育事业发展规划》通知 [EB/OL].

中国教育和科研计算机网，http://www.edu.cn/20041124/3121929.shtml,2004-11-24.

[4] 薛天祥. 高等教育学 [M]. 桂林：广西师范大学出版社，2002：77.

第十二章

广西教育改革与发展战略目标选择

一、外部机遇和挑战

（一）外部机遇

1. 广西国民经济发展为教育发展提供了良好的物质基础

广西地处祖国南疆，处于西南、华南经济圈和中国—东盟经济区的结合部，是全国唯一具有沿海、沿江、沿边优势的少数民族自治区。改革开放30多年以来，广西国民经济持续较快发展，社会事业蓬勃发展，城乡面貌发生了巨大变化，民族团结，边疆巩固。2009年与1978年比较：全区国民生产总值由75.85亿元增长为7 759.16亿元，增长了101.3倍；三次产业结构由40.9：34.0：25.1调整为18.8：43.6：37.6；城镇居民人均可支配收入由289元提高到15 451元；农民人均收入由120元提高到3 980元。与2008年相比，广西2009年生产总值（GDP）7 759.16亿元，增长10.5%。分产业看，第一产业增加值1 458.49亿元，增长5.3%；第二产业增加值3 381.54亿元，增长17.6%；第三产业增加值2 919.13亿元，增长13.8%。第一、二、三产业增加值占地区生产总值的比重分别为18.8%、43.58%和37.62%。第一、二、三产业对经济增长的贡献率分别为7.0%、55.2%和37.8%。按常住人口计算，全区人均地区生产总值为15 923元，全年居民消费价格比上年下降2.1%。2009年年末全区就业人员2 862.6万人，比上年增长 1.8%。全年财政收入 966.89 亿元，比上年增长 14.7%，其中一般预算收入 620.99 亿元，增长 19.8%。各项税收收入 417.68 亿元，增长 20.5%。一般预算支出 1 621.82 亿元，增长 23.8%。广西国民经济持续较快地发展，为教育发展提供了良好的物质基础。

2. 广西产业发展为教育发展带来了巨大的需求空间

一是工业化加快推进，需要培养石化、电力、冶金、海洋、新能源、物流和管理等方面的重点产业人才、紧缺专业人才和创新人才。自治区党委政府全面贯彻落实科学发展观，加快经济结构的调整和经济发展方式的转变，布局的 14 个千亿元产业和 4 大战略性新兴产业快速发展，钦州保税港区、南宁保税物流中心、广西凭祥综合保税区建设加快推进，一批石化、电力、冶金、海洋、新能源的大项目迅速向北部湾经济区聚集，北部湾已呈现出千帆竞发、生机勃勃的景象，产业发展迫切需要大量人才。

二是城镇化快速提高，需要增加教育投入，优化教育资源配置。大量农村人口进入城镇，城镇人口持续增加，统筹城乡教育发展，解决农民工子女就读问题，加快新农村建设，优化教育资源配置，促进教育公平，必须着力解决教育适应的问题。

三是国际化加快发展，需要培养各类产业需要的专业人才以及适应中国与东盟贸易往来的国际型高层次人才、公共管理与服务人才等。在当前国际化水平迅速提高的阶段，广西日益成为国内外产业转移的重要地区，尤其在加强与东盟的务实开放合作、服务国家周边外交战略上有着重要作用。广西已连续成功举办七届中国—东盟博览会、中国—东盟商务与投资峰会和五届泛北部湾经济合作论坛，有效地促进了与东盟的贸易投资，现正朝着打造成为中国与东盟的区域性物流基地、商贸基地、加工制造基地和信息交流中心目标努力。

因此，广西的新发展迫切需要教育提供强大的人才保证和人力资源支撑，努力培养和造就高素质劳动者、专业人才和拔尖创新人才，增强发展后劲和综合竞争力。

3. 广西区位特点有利于建设面向东盟的教育国际交流与合作平台

随着国家批准实施《广西北部湾经济区发展规划》和《国务院关于进一

步促进广西经济社会发展的若干意见》的贯彻落实，随着新一轮西部大开发的实施，随着中国—东盟自由贸易区如期建成，随着中国—东盟博览会、中国—东盟商务与投资峰会连续举办，广西经济社会发展面临前所未有的大好机遇。广西是中国和东盟合作的桥头堡，广西北部湾经济区是广西经济社会发展的新引擎，必须抓住机遇，把自身发展同区域合作紧密结合起来，积极参与中国—东盟自由贸易区建设和泛北部湾经济合作、大湄公河次区域合作等多区域合作，特别是要发挥好作为中国—东盟自由贸易区前沿地带和"桥头堡"作用，努力把广西建成中国与东盟的区域性物流基地、商贸基地、加工制造基地、信息交流中心，把广西打造成连接多区域的国际通道、交流桥梁、合作平台。

为了实现上述目标，广西必须抓住机遇，建设面向东盟的教育国际交流与合作平台，这是广西教育服务国家和广西发展战略的必然。广西与东盟近在咫尺，与东盟各国历史、人文、文化相近，具有与东盟国家开展教育国际交流与合作的独特区位优势、历史文化对接优势，从而更加凸显了广西与东盟的教育国际交流和合作地位。广西肩负着培养掌握东盟语言、熟悉东盟国情的国际化专门人才的重任，广西教育必须抓住先机，狠抓东盟特色，构建以东盟国家为重点的教育开放与合作战略新格局，加快开放教育理念、教育目标、交流与合作机制、教育体制和教育方法的国际化进程，加快推进与东盟国家教育交流合作平台相适应的载体建设，以拓展东盟教育市场作为广西教育国际化的突破点和亮点，不仅可以提升广西教育国际化水平，而且可以提升广西教育的国内、国际影响力、竞争力和吸引力，进而逐步提高广西教育的国际话语权，广泛参与国际双边、多边和全球化教育合作。

4. 国家发展教育的大好形势是广西教育发展的重大机遇

《国家中长期教育改革和发展规划纲要 2010—2020 年》提出到 2012 年实现教育财政性支出占国内生产总值 4% 的目标，表明了党和政府推动教育改革和发展的坚定决心，也表明国家对教育的投入将有较大幅度的增长。广西是国家重点支持的民族地区，国家对教育的大投入，对广西来说，是解决教育多年以来积累的基础薄弱问题的历史机遇，同时也是广西加快转变经济发展方式，保持投资增长良好势头的新途径之一。

5. 创新型国家需要具有创新实践、跨领域合成、高情商合作、高效能沟通等技能的复合型人才

迈向创新型国家，需要相适应的人力资源。进入 21 世纪，世界多极化、经济全球化深入发展，科技进步日新月异，人才竞争日趋激烈。广西和全国一样正处在政治体制和经济体制改革创新发展的关键阶段，政治建设、经济建设、文化建设、社会建设以及生态文明建设全面推进，工业化、信息化、城镇化、市场化、国际化深入发展，人口、资源、环境压力日益加大，经济发展方式加快转变，都凸显了提高国民素质、培养创新人才的重要性和紧迫性。

21 世纪真正有价值的人是能够创新的人。在 21 世纪我们更多的工作是靠我们脑力的创造，是靠平等的竞争，每个人都可以自由地选择，他们会积极地去获取自己的信息，追求自己的兴趣。在这样的一个环境之下，需要的是创新实践者、跨领域合成者、高情商合作者、高效能沟通者、积极主动者、热爱工作者、乐观向上者。我们不仅需要创新者，还需要创新实践者；在未来，我们更需要的人才不只是那些把一个学科学得非常深的、本行业领域做得很好的，而是那些把自己学科学好，同时能够进行跨领域结合的跨领域合作者；在 21 世纪，需要进行跨领域的合作、跨国度的合作、跨语言的合作，因此，我们需要能够与人团结、合作、客观、尊敬别人、聆听别人的高情商人才；在 21 世纪这个信息时代，人仍是很好的信息传播渠道，沟通能力很好的人可以把很难懂的信息很好地传播给别人，因此我们需要高效能的沟通者；积极主动者不只是积极地等待机会，还需要积极地把握机会，为自己创造机会；此外创新所需的人才还要非常热爱他的工作、乐观向上，这样才会更有热情地去做，才能发挥潜力、不被挫折打倒、更好地完成工作。

因此，创新型国家需要具有创新实践、跨领域合成、高情商合作等技能的复合型人才，当下紧迫的问题是，培养这样的人才不仅需要构建多层次的创新人才体系、需要良好的创新教育生态，而且需要创造一个有利于创新人才生存的环境。仅靠大学、科研单位自身的力量远远不够，需要政府、学校、科研单位联手进行系统的建设。

6. 广西经济发展目标对教育提出更高的要求

广西"十二五"时期经济社会发展的主要目标是：经济平稳较快发展，产业结构调整取得重大进展、科技教育发展明显加快、生态文明建设成效显著、人民生活全面改善、社会建设明显加强、改革开放不断深化，使得地区生产总值年均增长 10%，财政收入年均增长 15%，力争实现地区生产总值翻一番，财政收入、全社会固定资产投资、社会消费品零售总额、进出口总额翻一番以上；工业增加值占地区生产总值的比重提高 5 个百分点，服务业增加值比重提高 2 个百分点，城镇化率提高 9.4 个百分点；九年义务教育巩固率提高 8 个百分点，高中阶段教育毛入学率提高 18 个百分点；全区总人口控制在 5 400 万人以内；城镇居民人均可支配收入年均增长 10%，农村居民人均纯收入年均增长 11%。这些目标的实现都离不开全区各族人民共同努力，而 21 世纪人们改变世界的知识来源关键是靠教育，教育是民族振兴、社会进步的基石，这对广西的教育事业提出了更高的要求，要把广西的人口负担转化为人力资本优势，培养适合广西经济发展所需的重点产业人才、紧缺专业人才、国际型高层次人才、公共管理与服务人才和创新人才等，这既可以为广西经济的持续健康发展提供高素质劳动者，也可以为广西经济跨越式发展培养和造就大量人才。

7. 广西的主要经济指标位于西部省区前列

广西作为西部地区的一个省区，通过西部大开发特别是在中国—东盟博览会落户南宁后，其经济发展较快，一些主要经济指标名列西部地区前几位。表 12-1 显示，按照 2008 年统计数据，广西生产总值、消费品零售总额和进出口总额在西部 12 个省市区中分别名列第三名、第二名和第二名。前两项指标较为领先，与广西人口规模有关，而后一项指标较为领前，则得益于区位优势，既临海又沿边，是其独有的优势。

表 12-1　2008 年西部省区主要经济指标比较

省　区	GDP（亿元）	总人口（万人）	全社会固定资产投资（亿元）	财政一般预算收入（万元）	教育支出（万元）	进出口总额（万美元）	社会消费品零售总额（亿元）
内蒙古	7 761.8	2 413.73	5 334.537	6 506 764	2 064 017	891 848.3	2 363.3
广　西	7 171.58	4 816	3 816.065	5 184 245	2 512 210	1 323 617	2 338.4
重　庆	5 096.66	2 839	4 197.121	5 775 738	1 534 951	952 139.4	2 064.1
四　川	12 506.25	8 138	7 318.317	10 416 603	3 692 812	2 211 365	4 800.8
贵　州	3 333.4	3 792.73	1 988.109	3 478 416	2 297 665	336 620.8	1 014.9
云　南	5 700.1	4 543	3 596.315	6 140 518	2 419 508	959 691.6	1 718.5
西　藏	395.91	287	396.150 2	248 823	470 800	76 582.9	129.1
陕　西	6 851.32	3 762	4 617.407	5 914 750	2 649 055	832 882.6	2 256.1
甘　肃	3 176.11	2 628.12	1 672.946	2 649 650	1 829 256	609 543.3	990.1
青　海	961.53	554.3	563.5 856	715 692	488 084	68 882.3	252.8
宁　夏	1 098.51	617.69	793.3 989	950 090	540 553	187 940.4	285.2
新　疆	4 203.41	2 130.8	2 272.581	3 610 616	1 992 132	2 221 736	1 025.7

数据来源：根据《中国统计年鉴 2009》整理。

8. 财政收入状况基本良好，财政教育支出力度大

广西财政收入状况基本良好。就财政教育支出来看，广西教育支出呈现出支出力度大、比重高的特点。2008 年广西财政教育支出为 251.22 亿元，在西部 12 个省区中仅次于四川和陕西，排在第三位，而教育支出占财政支出的比重也达到了 19.37%，仅次于贵州，排在第二位。由此可见，广西在财政许可的情况下，已经尽可能加大了对教育的投入和扶持，这在西部地区中是做得相当出色的。

（二）外部挑战

1. 人口多

广西人口多，尤其是农村人口多（占总人口的 64%）、少数民族人口多（有 12 个世居少数民族，是全国少数民族人口最多的省份）、贫困人口多

（目前仍有 230 多万人），扶贫开发任务艰巨。由于人口众多，人均教育支出水平偏低。

人口发展趋势对教育的影响是机遇也是挑战。广西 2010—2020 年期间，学前、小学、初中教育阶段学龄人口总体上呈现出上升的趋势，表明广西普及学前教育和义务教育的任务仍然十分艰巨，这是挑战；而高中阶段与高等教育阶段学龄人口则呈下降趋势，这对于普及高中阶段教育与高等教育是一个有利时机，学龄人口的减少会带来毛入学率的自然增长。

2. 底子薄

（1）与全国的比较。

广西经济社会发展水平比较低。全区人均生产总值相当于全国平均水平的 66%；人均财政收入相当于全国平均水平的 38.9%；工业增加值占 GDP 的比重比全国平均水平低 4 个百分点，城镇化率比全国平均水平低 7.4 个百分点。

（2）与西部省区主要人均经济指标的比较。

虽然广西经济的总量指标在西部地区排位较为靠前，但人均指标低于西部平均水平（如表 12-2 所示）。广西人口众多（广西人口占西部地区的 13.18%），使得那些占有总量相对优势的指标，在人均量上显得相对不足。根据测算，广西人均地区生产总值、消费品零售总额和进出口总额分别排在西部地区的第八、第五和第五位，位置相对靠后。值得注意的是，上述三个重要的人均指标，广西均低于西部平均水平，分别相当于西部平均水平的 93.4%、92.2% 和 94.0%。发展经济学认为，经济发展不同于按经济总量计算的经济增长，而是取决于人均量的进步。因此，截至 2008 年，广西经济发展水平与西部地区的平均水平仍然存在一定的差距，这应当引起高度重视。

表 12-2　2008 年西部省区主要人均经济指标比较

省　区	人均 GDP（元）	人均教育支出（元）	人均社会消费品零售额（元）	人均进出口总额（美元）
内蒙古	32 156.87	855.12	9 791.07	369.49
广　西	14 891.15	521.64	4 855.48	274.84

续表

省 区	人均 GDP（元）	人均教育支出（元）	人均社会消费品零售额（元）	人均进出口总额（美元）
重 庆	17 952.31	540.67	7 270.52	335.38
四 川	15 367.72	453.77	5 899.24	271.73
贵 州	8 788.92	605.81	2 675.91	88.75
云 南	12 547.00	532.58	3 782.74	211.25
西 藏	13 794.77	1 640.42	4 498.26	266.84
陕 西	18 211.91	704.16	5 997.08	221.39
甘 肃	12 085.10	696.03	3 767.33	231.93
青 海	17 346.74	880.54	4 560.71	124.27
宁 夏	17 784.16	875.12	4 617.20	304.26
新 疆	19 726.91	934.92	4 813.69	1 042.68

数据来源： 根据《中国统计年鉴2009》整理。

（3）与西部省区产业结构的比较。

我们将西部地区产业结构的相关数据单独列出，如表12-3所示。可以看出，尽管西部12省区绝大部分为欠发达地区，但与其他省区相比，广西产业结构的低端化特征更为明显，突出表现在：第一产业比重居高不下，2008年还高达20.27%，是西部所有省区中比重最高的，较比重最低的宁夏还要高出约10个百分点；广西的第二产业比重也严重偏低，第二产业比重为42.36%，在西部12个省区中排在倒数第三位，仅高于西藏和贵州。应该看到，近几年广西大力发展工业，工业化进程明显加速，与2000年相比，第一产业比重已经下降了6.5个百分点，第二产业比重提升了7.1个百分点，就2008年当年而言，广西生产总值增长12.8%，在西部12个省区中排名第二。可见，进入21世纪，广西经济的进步是显著的，但从产业结构的角度，广西不仅与全国平均水平相距甚远，而且在西部地区也是落后的。从总体上判断，广西从2007年起已经处于工业化的中期阶段，但距2020年全面实现小康的目标还有较大差距。因此，从产业结构的角度看，广西不仅与全国平均水平相距甚远，在西部地区也是落后的。广西仍处于以投资拉动为主的发展时期，教育的发展更要加大投入，这应当成为我们制定教育发展战略目标的重要参考因素。

表 12-3 2008 年西部各省区产业结构比较

省 区	第一产业增加值（亿元）	第二产业增加值（亿元）	第三产业增加值（亿元）	第一产业增加值比重（%）	第二产业增加值比重（%）	第三产业增加值比重（%）
内蒙古	906.98	4 271.03	2 583.79	11.69	55.03	33.29
广　西	1 453.9	3 037.74	2 679.94	20.27	42.36	37.37
重　庆	575.4	2 433.27	2 087.99	11.29	47.74	40.97
四　川	2 366.15	5 790.1	4 350	18.92	46.30	34.78
贵　州	547.85	1 408.71	1 376.84	16.44	42.26	41.30
云　南	1 020.94	2 451.09	2 228.07	17.91	43.00	39.09
西　藏	60.51	115.76	219.64	15.28	29.24	55.48
陕　西	753.72	3 842.08	2 255.52	11.00	56.08	32.92
甘　肃	463	1 471.43	1 241.68	14.58	46.33	39.09
青　海	105.58	529.4	326.55	10.98	55.06	33.96
宁　夏	120	581.24	397.27	10.92	52.91	36.16
新　疆	691.1	2 086.74	1 425.57	16.44	49.64	33.91

数据来源：根据《中国统计年鉴 2009》整理。

（4）与西部省区固定资产投资结构的比较。

与西部其他省区一样，广西经济仍处于投资拉动为主的发展阶段，因此固定资产投资的力度和结构对广西的经济社会发展至关重要。表 12-4 显示，2008 年广西固定资产投资总额约为 3 816 亿元，低于四川、陕西、内蒙古、重庆，略高于云南，排在第五位，在西部省区中属于中等偏上的水平。与广西经济总量排名第三相比，固定资产投资的力度还是略有欠缺。因此，"十二五"及以后的一段时期，如何加大投入、保持广西固定资产投资较快的增长速度，仍将是广西经济社会发展的重大问题。

表 12-4　2008 年西部省区固定资产投资结构比较　　（单位：亿元）

省　区	投资总额	国家预算内资金	国内贷款	利用外资	自筹资金	其他资金
内蒙古	5 334.537	222.753 3	383.848 1	46.672 5	4 411.22	270.042 8
广　西	3 816.065	209.394	491.301 1	80.572 4	2 329.38	705.417 3
重　庆	4 197.121	188.029 6	905.896 2	70.908	2 137.902	894.385 7
四　川	7 318.317	216.680 2	1 203.871	100.259 6	4 672.736	1 124.77
贵　州	1 988.109	138.063 5	479.249 4	14.330 3	1 092.782	263.684
云　南	3 596.315	328.159 6	749.576 9	22.998 6	1 924.477	571.102 4
西　藏	396.150 2	232.581 7	5.946 3		97.119 2	60.503
陕　西	4 617.407	425.059 7	599.208 2	29.811	3 044.555	518.773 1
甘　肃	1 672.946	193.480 5	288.591 8	13.265 2	910.027 8	267.580 4
青　海	563.585 6	81.976 7	93.291 7	8.704 8	299.151 8	80.460 6
宁　夏	793.398 9	56.570 2	220.357 4	2.989 2	415.997	97.485 1
新　疆	2 272.581	338.814 1	302.000 1	9.023 3	1 319.724	303.020 4

数据来源：根据《中国统计年鉴 2009》整理。

就固定资产投资结构来看，与西部其他省区相比，广西固定资产投资有以下几个特点：一是国家预算内投资及国内贷款额度较低，总量分别排在第七位和第五位，两者相加占全部固定资产投资的比重为 18.3%，在西部 12 个省区中排名倒数第二，说明国家对广西的扶持力度相对较弱，广西应争取更多的国家资金扶持；二是利用外资情况较好，在西部 12 个省区中排名第二，广西利用沿海沿边优势，借助于中国—东盟桥头堡的优势区位，争取境内区外资金投入的力度较大，这也是广西的一大独特优势；三是自筹资金和其他资金的投入比重较大，在西部地区中排名第二，说明广西的投资结构总体上是良性的。

但有一个情况值得我们高度关注。就按投资项目的结构来看，2008 年广西城镇固定资产投资中，1 亿元以上的项目投资额的比重仅为 47.6%，在西部 12 个省区中排名倒数第一。这说明广西大项目太少，将严重影响广西经济的发展后劲。因此，在"十二五"及之后的一段时间内，应加大项目特别是大项目的储备和申报力度，以保证固定资产投资的稳定增长。

⑤ 与西部省区人均教育财政支出的比较。

广西财政教育支出力度大、比重高，但同样受到人口多的影响。就人均教育财政支出来看，2008 年仅为 521.84 元，仅相当于西部平均水平的 84.7%，在西部 12 个省区中排名倒数第二。

3. 人才总量不足，高层次人才严重匮乏

广西虽然人口多，但人才总量不足，高层次人才严重匮乏。广西每万人口中拥有专业技术人才的人数只相当于全国平均水平的 78% 左右，在全国排倒数第八位。

4. 维护社会稳定的形势仍较为严峻

广西作为少数民族地区、边疆地区，周边环境复杂，谋发展、保稳定、促团结的任务很重，这不仅事关广西自身的改革发展，还事关国家边疆的安宁。因此，必须重视对那坡县、靖西县、大新县、龙州县、凭祥市、宁明县、防城区、东兴市以及享受边境地区待遇的天等县、德保县等 10 个边境县（区、市）的边境民族地区教育，加大对边境民族地区教育发展的扶持力度。

5. 西部其他省区提出的教育改革与发展战略目标给广西带来了压力

如本节第一部分所述，广西与西部其他省区的教育水平相对接近，且地理位置同属西部地区，这些省区的教育改革与发展战略目标涉及 "教育大省" "教育强省" "学习型社会" "人力资源强省" "各级各类教育发展规模" "教育现代化" 等提法；而与广西相邻的云南、贵州和四川，云南的战略目标是 "到 2020 年基本实现教育现代化，基本形成学习型社会，进入人力资源强省行列"，贵州的战略目标是 "到 2020 年，各级各类教育普及程度达到全国平均水平，从根本上改变我省教育长期落后于全国平均水平的状况，逐步向实现教育现代化目标迈进，基本形成学习型社会，进入西部人力资源强省行列"，四川的战略目标是 "到 2020 年，基本实现教育现代化，基本形成学习型社会，建成教育强省和西部人才高地"。广西是西部省区中也是全国唯一的具有沿海、沿江、沿边优势的少数民族自治区，与东盟国家最近，具有独特的地理位置和区位优势，又有国家政策支持，因而广西的教育改革与发展战略目标不能和西部其他省区相差太远，甚至要有更高的要求。

二、内部优势和劣势

（一）内部优势

1. 广西已逐步开展民族教育示范区和民族地区职业教育综合改革实验区建设

2008 年广西壮族自治区成立 50 周年时，中共中央政治局常委、中央政法委书记周永康同志代表党中央、国务院高度评价广西是民族团结的模范、维护统一的模范、维护稳定的模范，是我国民族关系"三个分不开"的模范，是中华民族强大凝聚力的生动体现。毋庸置疑，教育事业在这一过程中作出了不可磨灭的贡献。今后，我们将继续发挥教育在这方面的重要作用，加强民族学校建设，强化壮汉"双语"教育，组织创作壮文大型教学史料片，促进民族教育加快发展，争当国家民族教育示范区。

按照区部共建协议，积极推进各项工作，提升广西职业教育办学水平及服务能力。启动柳州、南宁、崇左、北部湾四市职教园区二期工程建设，这四大园区建设规划总投资共 73 亿元，规划占地 1.35 万亩，入驻职业院校 30 所，在校生规模超过 20 万人。同时，为了为北部湾经济区开放、开发和广西经济建设及社会发展培养数量更多、质量更高的高技能人才，面向广西重点产业和地方支柱产业人才培养需求，为广西实现科学发展、加快发展、跨越发展作出更大的贡献，已经批准了柳州职业技术学院、广西机电职业技术学院、广西职业技术学院、桂林航天工业高等专科学校、桂林旅游高等专科学校等十几所高职高专院校为首批自治区职业教育攻坚示范性高等职业院校，批准了广西城市建设学校等几十所学校为自治区示范性中等职业学校。示范性高职院校和中等职业学校以提高学校综合实力为目标，不断加强学校基础能力建设，深化教育教学改革，在办学模式、办学机制、人才培养模式创新、课程建设、校内外生产性实训基地建设上起到示范带动作用，大大提高了学校的办学能力和水平；在招生、就业和实践环节上树立起管理的示范，极大地促进了职业教育攻坚顺利开展。

2. 义务教育全面普及，全面实现城乡免费义务教育，跨入均衡发展新征程

2007 年 7 月，广西成为全国第一个实现"两基"目标的少数民族自治区。近几年来，广西致力于抓经费保障、校舍安全、教师绩效工资、常规管理和均衡发展，义务教育巩固提高达到新水平。

3. 普通高中教育不断推出新举措，中等职业教育攻坚取得新成效，高中阶段教育跨入协调发展新阶段

从 2008 年开始，广西组织实施三年职业教育攻坚，两年来共投入攻坚经费 52.6 亿元，超过攻坚前 20 年的总和。从 2009 年开始，自治区财政首次安排示范性普通高中奖励专项经费，支持示范性普通高中建设。2009 年高中阶段教育招生职普比达到 1.2∶1。

4. 高等教育规模不断扩大，跨入大众化发展新行列

经过连续 10 多年的扩大招生，目前，广西高考的录取率达到 70%，高等教育毛入学率达到 17%。改革开放 30 多年来，全区高等学校培养了 136 万名本、专科毕业生，为广西经济和社会发展提供了重要的技术和智力支持。

5. 教育公平迈出了重大步伐，资助工作跨入"全覆盖"新时期

2009 年至 2010 年，广西壮族自治区相继设立了广西普通高中助学金项目和库区、国定贫困县普通高中学生免学费资助项目，填补了普通高中没有财政资助项目的空白，建立健全了从小学到大学"无条件贷款、无障碍入学、无缝隙衔接"的家庭经济困难学生资助体系，实现了"资助政策应知尽知、困难学生应助尽助、申请贷款应贷尽贷"的目标。

6. 继续教育体系逐步完善

广西现有普通高校继续教育、广西广播电视大学的远程继续教育、成人高校继续教育、成人自考四大类继续教育，已为广西继续教育的发展作出了重要贡献，继续教育办学体系逐步完善。广西普通高校继续教育已形成一定规模，拥有较好的继续教育教师和管理干部队伍；广西广播电视大学已经形成由广西电大总校、19 所市级分校、126 个教学点组成的广西最大的现代远程开放教育系统，在资源建设上不断丰富、完善，在教学管理等支持方面服务水平不断提高；成人高校继续教育主要以各种类型的学历教育为主，承担着 3 万多人的学历教育，大约占全区高等学校在校人数 60.09 万人的 5%，机构设置逐渐健全，师资建设取得一定成绩；成人自考利用高校的教育资源，创办全日制高等教育自学考试助学班，开展自学考试向农村拓展的工作，开发建设自学考试计算机管理系统等。

7. 教育国际交流合作不断加强，面向东盟的教育对外开放跨入新层次

2010 年，在广西留学的东盟学生突破 1 万人，广西成为招收东盟国家留学生比较多的省区之一。目前，广西高校建立了 6 个孔子学院，其中 5 个建在东盟国家。广西民族大学是国家 10 个外语非通用语种本科人才培养基地之一，东南亚小语种比较齐全。

（二）内部劣势

1. 广西教育事业发展与全国平均水平差距较大

广西教育事业发展与全国平均水平差距较大。小学、初中一级学历比例分别比全国平均水平低 5 个和 3 个百分点。高中阶段教育毛入学率为 61%，比全国平均水平低 18.2 个百分点，排全国第二十八位、西部第九位、五个少数民族自治区第四位（仅高于西藏）；高等教育毛入学率为 17%，比全国平均水平低 7.2 个百分点，排全国第三十位（仅高于贵州）、西部第十一位、五个少数民族自治区第五位。从前文对教育大省评价指标、教育强省评价指标和教育现代化指标的研究可知，目前和以后 10 年里广西也很难被称为教育大省和教育强省，教育现代化指标在全国的排位不容乐观，其中教育事业指标与全国平均水平有一定的差距。

2. 广西教育事业发展现有水平与《国家中长期教育改革和发展规划纲要（2010—2020 年）》确定的主要目标的差距较大

与《国家中长期教育改革和发展规划纲要（2010—2020 年）》确定的主要目标相比，广西学前三年毛入园率相差 18 个百分点，义务教育巩固率相差

10 个百分点，高中阶段教育毛入学率相差 29 个百分点，高等教育毛入学率相差 23 个百分点。高等教育毛入学率是各级各类教育入学率的综合反映，也是提升人力资源指标的关键，由于广西高等教育不发达，未来广西中高端人才培育也不占优势，广西人才资源总量、结构，以及总体竞争力在全国的排位均不容乐观。

3. 教育基础薄弱

广西教育基础总体比较薄弱。城乡公办幼儿园建设相对滞后，全区乡镇中心幼儿园建园率仅 25% 左右，民办幼儿园需要进一步提高质量；义务教育"城市挤、农村弱"，城市中小学建设用地和校园面积不足，"大班额"现象较为严重，2009 年，广西城市小学、初中大班额分别达 58% 和 59%；广西教育的重点和难点在农村，农村中小学校舍安全建设任务繁重，根据 2009 年校舍安全排查鉴定，危房校舍面积占 69%，农村教师素质有待进一步提高。

4. 教育者和教育管理人员严重匮乏

广西小学阶段、初中阶段、普通高中、普通中专、普通高校的生师比分别为 19.78、17.47、18.16、30.02、17.04，而全国生师比平均水平小学阶段、初中阶段、普通高中、普通中专、普通高校的生师比分别为 17.88、15.47、16.30、27.82、17.27，广西各级普通学校的生师比均低于全国平均水平。

西部 12 个省区以及全国平均水平的生师比排名如表 12-5 所示。广西各级普通学校的生师比均排在全国平均水平之后；在西部省区当中，广西小学阶段的生师比排在第八位、初中阶段排在第八位、普通高中排在第九位、普通中专排在第六位、普通高校（包括本科院校和专科院校）排在第七位。可见，广西各级普通学校的生师比均处于西部省区的中下水平，广西的各级普通学校的教育者和教育管理人员严重匮乏。

表 12-5　西部省区与全国平均水平生师比排名（2009 年）

排　名	小　学	初　中	普通高中	职业高中	普通中专	普通高校
1	内蒙古	新　疆	西　藏	青　海	新　疆	青　海
2	新　疆	内蒙古	新　疆	内蒙古	内蒙古	西　藏
3	陕　西	陕　西	青　海	新　疆	甘　肃	新　疆
4	西　藏	全　国	云　南	全　国	陕　西	云　南
5	重　庆	青　海	全　国	云　南	全　国	陕　西
6	全　国	西　藏	宁　夏	甘　肃	云　南	全　国
7	甘　肃	宁　夏	内蒙古	四　川	广　西	贵　州
8	云　南	重　庆	甘　肃	安　徽	宁　夏	广　西
9	广　西	广　西	陕　西	重　庆	贵　州	重　庆
10	青　海	甘　肃	广　西	宁　夏	青　海	宁　夏
11	宁　夏	四　川	贵　州	贵　州	四　川	内蒙古
12	四　川	云　南	四　川	西　藏	西　藏	四　川
13	贵　州	贵　州	重　庆		重　庆	甘　肃

资料来源：依据《中国统计年鉴 2010》数据整理而得。

5. 广西办教育的观念与发达地区的差距比较大

目前，广西教育体制机制不够完善、素质教育推进比较困难等问题比较突出。

三、SWOT 矩阵及战略选择

依据广西教育面临的机遇和挑战以及内部存在的优势和劣势分析，可得到广西教育的 SWOT 矩阵（如表 12-6 所示）。

表 12-6　广西教育 SWOT 矩阵

战略方案 / 内部条件 / 外部环境	优势—S（1）义务教育全面普及，全面实现城乡免费义务教育，跨入均衡发展新征程。（2）普通高中教育不断推出新举措，中等职业教育攻坚取得新成效，高中阶段教育跨入协调发展新阶段。（3）高等教育规模不断扩大，跨入大众化发展新行列。（4）教育公平迈出了重大步伐，资助工作跨入"全覆盖"新时期。（5）继续教育体系逐步完善。（6）广西已逐步开展民族教育示范区和民族地区职业教育综合改革实验区建设。（7）教育国际交流合作不断加强，面向东盟的教育对外开放跨入新层次。	劣势—W（1）广西教育事业发展与全国平均水平差距较大。（2）广西教育事业发展现有水平与《国家中长期教育改革与发展规划纲要（2010—2020 年）》确定的主要目标差距较大。（3）教育基础薄弱。（4）教育者和教育管理人员严重匮乏。
机会—O（1）广西国民经济发展为教育发展提供了良好的物质基础。（2）广西产业发展为教育发展带来了巨大的需求空间。（3）广西区位特点有利于建设面向东盟的教育国际交流与合作平台。（4）国家发展教育的大好形势是广西教育发展的重大机遇。（5）创新型国家需要具有创新实践、跨领域合成、高情商合作、高效能沟通等技能的复合型人才。（6）广西主要经济指标位于西部省区前列。（7）财政收入状况基本良好，财政教育支出力度大。	SO 战略——"适应型追赶式发展"战略：基本实现教育现代化；基本形成学习型社会；与全国人力资源平均水平差距明显减小；打造面向东盟的教育国际交流高地与合作高地；加强民族地区教育基础能力建设和民族地区职业教育综合改革实验区建设。	WO 战略——建设和完善教育硬件和软件战略
威胁—T（1）人口多。（2）底子薄。（3）人才总量不足，高层次人才严重匮乏。（4）维护社会稳定的形势仍较为严峻。（5）西部其他省区提出的教育改革与发展战略目标给广西带来了压力。	ST 战略——差异化战略	WT 战略——配合型发展战略

从广西教育的 SWOT 矩阵可知，广西教育改革和发展可采取四个战略：SO 战略——"适应型追赶式发展"战略、WO 战略——建设和完善教育硬件和软件战略、ST 战略——差异化战略、WT 战略——配合型发展战略。广西教育改革与发展应选择 SO 战略——"适应型追赶式发展"战略。

广西与全国同步基本实现教育现代化的战略属于"适应型追赶式发展"战略，其核心内容是：

"基本实现教育现代化，基本形成学习型社会，与全国人力资源平均水平差距明显减小，打造面向东盟的教育国际交流与合作高地，加强民族地区教育基础能力建设，建成民族地区职业教育综合改革试验区。"

今后十年，广西教育工作最基本的要求是适应广西新发展，最紧迫的任务是追赶全国平均水平，最终目的是让边疆少数民族地区的孩子与全国的孩子"同在蓝天下，共同成长进步"，同时提高各族人民的素质，促进人的全面发展。

其他三个备选战略如下：

WO 战略——建设和完善教育硬件和软件战略。广西教育基础薄弱、教育者和教育管理人员严重匮乏，广西教育事业发展与全国平均水平差距较大，因而广西要抓住国家发展教育的大好形势、产业发展需要大量人才等机遇，加大教育的硬件和软件投入，培养广西国民经济发展、产业发展所需的复合型人才。

ST 战略——差异化战略。广西人口多、底子薄、人才总量不足；西部其他省区提出的教育改革与发展战略目标给广西带来了极大压力，广西的教育改革与发展战略目标不能与西部其他省区相差太远，甚至要有更高的要求。而广西已逐步开展民族教育示范区和民族地区职业教育综合改革实验区建设；教育国际交流合作不断加强，面向东盟的教育对外开放跨入新层次；全面实现城乡免费义务教育，跨入均衡发展新征程；普通高中教育不断推出新举措，中等职业教育攻坚取得新成效，高中阶段教育跨入协调发展新阶段；高等教育规模不断扩大，跨入大众化发展新行列。因此，广西教育事业可利用已有的优势，实施与西部其他省区不同的独特的教育发展模式。

WT 战略——配合型发展战略。广西人口多、底子薄、人才总量不足，而教育基础薄弱、教育者和教育管理人员严重匮乏，因此，可考虑配合型发展，逐步增加教育投入，逐步完善广西各级各类教育，培养更多的高素质教师和教育管理人员。

参考文献

[1] 国家统计局：中国统计年鉴 2009 ［EB/OL］. http：//www. stats. gov. cn/ijsj/ndsj/2009/indexch. htm.

[2] 国家统计局：中国统计年鉴 2010 ［EB/OL］. http：//www. stats. gov. cn/tjsj/ndsj/2010/indexch. htm.

[3] 2010 年广西统计公报 ［EB/OL］. http：//www. stats. gov. cn/tjgb/ndtjgb/dfndtjgb/t20100506_402656910. htm.

[4] ［美］弗雷德·R. 戴维. 战略管理 ［M］. 北京：清华大学出版社，2010：10.

[5] 徐飞. 战略管理 ［M］. 北京：中国人民大学出版社. 2009：7.

[6] 王方华、吕巍等. 战略管理（第 2 版）［M］. 北京：机械工业出版社，2011：1.

[7] 胡瑞文.《国家中长期教育改革和发展规划纲要》主要精神解读与热点、难点探析 ［J］. 中国高等教育评估，2010（2）.

[8] 骆小所.《教育战略新视角——云南省与 GMS 五国高等教育国际竞争力比较研究》的序言 ［J］. 楚雄师范学院学报，2010（7）.

后　记

在全党全国上下认真学习贯彻党的十七届五中全会精神、深入贯彻落实全国教育工作会议精神和《国家中长期教育改革和发展规划纲要（2010—2020年)》的关键时期，作为西部地区、民族地区的广西教育事业如何发展，需要务实地制定相应的区域教育中长期改革和发展规划。为此，广西壮族自治区人民政府副主席李康同志提出了"区域教育改革与发展战略目标研究：广西2020的实证"课题并亲自担任课题组组长，副组长由教育厅党组书记、厅长高枫，自治区政府副秘书长吴建新，教育厅副厅长杨伟嘉担任，由广西幼儿师范高等专科学校校长袁旭担任执行组长。课题组组织了20多位研究人员展开了实证研究。

研究过程中，李康副主席主持召开了5次课题组会议，确定了研究目标和主要内容以及研究思路，提出了"适应型追赶式"发展战略；高枫厅长负责人力、数据资源等的统筹和调配；袁旭校长负责课题的具体管理等工作。在时间紧、任务重的情况下，课题组成员以高度的责任感，排除困难，完成了课题研究任务。课题主要研究成果被《广西壮族自治区中长期教育改革和发展规划纲要（2010—2020年)》所采用，并获得2011年度广西壮族自治区政府决策咨询成果一等奖。

本书就是在该课题研究成果基础上修改完善而成的。各部分写作分工如下：第一章，李康、袁旭；第二章，郑作广、林霁峰、覃宇环、陈禄青；第三章，王楠、何茂勋；第四章，高枫、杨伟嘉、莫少林；第五章，袁旭、甘鹏、余鑫、王友保；第六章，姚华、闭乐华、袁旭；第七章，胡泽民、杨雄、李兵；第八章，袁旭、文现、闭乐华、姚华；第九章，钟海青、欧以克、李枭鹰；第十章，黄艳芳、张建红；第十一章，袁旭、甘鹏；第十二章，李康、吴建新、袁旭、闭乐华。全书由袁旭负责统稿。

在研究和写作过程中，课题组得到了广西壮族自治区人民政府、发改委、教育厅、社会科学院和中国教育科学研究院及各有关高等院校的大力支持，参考了许多论文、著作、研究报告，引用了许多公开发表的统计数据，在此一并表示感谢。

出　版　人　　所广一
责任编辑　　李宗喜
版式设计　　杨玲玲
责任校对　　贾静芳
责任印制　　曲凤玲

图书在版编目（CIP）数据

　　区域教育改革与发展战略目标研究：广西2020的实证/《区域教育改革与发展战略目标研究：广西2020的实证》课题组著.—北京：教育科学出版社，2013.1
　　ISBN 978-7-5041-7294-5

　　Ⅰ. ①区… Ⅱ. ①区… Ⅲ. ①地方教育-教育改革-研究-广西-2011～2020②地方教育-发展战略-研究-广西-2011～2020　Ⅳ. ①G527.67

　　中国版本图书馆CIP数据核字（2013）第007528号

区域教育改革与发展战略目标研究——广西2020的实证
QUYU JIAOYU GAIGE YU FAZHAN ZHANLUE MUBIAO YANJIU

出版发行	教育科学出版社				
社　　址	北京·朝阳区安慧北里安园甲9号		市场部电话	010-64989009	
邮　　编	100101		编辑部电话	010-64981259	
传　　真	010-64891796		网　　址	http://www.esph.com.cn	
经　　销	各地新华书店				
制　　作	北京鑫华印前科技有限公司				
印　　刷	保定市中画美凯印刷有限公司		版　　次	2013年1月第1版	
开　　本	169毫米×239毫米　16开		印　　次	2013年1月第1次印刷	
印　　张	19.75		印　　数	1—2000册	
字　　数	350千		定　　价	39.00元	

如有印装质量问题，请到所购图书销售部门联系调换。